U0492459

科层制组织内部控制的性质与设计研究

黄寿昌 著

Research on the Nature and Design of Internal Control in Bureaucratic Organization

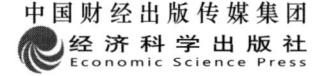

中国财经出版传媒集团
经济科学出版社
Economic Science Press

图书在版编目（CIP）数据

科层制组织内部控制的性质与设计研究／黄寿昌著. —北京：经济科学出版社，2021.11
 ISBN 978-7-5218-3133-7

Ⅰ.①科… Ⅱ.①黄… Ⅲ.①企业内部管理 Ⅳ.①F272.3

中国版本图书馆 CIP 数据核字（2021）第 250145 号

责任编辑：杨　洋　赵　岩
责任校对：蒋子明
责任印制：王世伟

科层制组织内部控制的性质与设计研究
黄寿昌　著

经济科学出版社出版、发行　新华书店经销
社址：北京市海淀区阜成路甲 28 号　邮编：100142
总编部电话：010-88191217　发行部电话：010-88191522
网址：www.esp.com.cn
电子邮箱：esp@esp.com.cn
天猫网店：经济科学出版社旗舰店
网址：http://jjkxcbs.tmall.com
北京季蜂印刷有限公司印装
710×1000　16 开　15.75 印张　280000 字
2022 年 2 月第 1 版　2022 年 2 月第 1 次印刷
ISBN 978-7-5218-3133-7　定价：63.00 元
（图书出现印装问题，本社负责调换。电话：010-88191510）
（版权所有　侵权必究　打击盗版　举报热线：010-88191661
QQ：2242791500　营销中心电话：010-88191537
电子邮箱：dbts@esp.com.cn）

前　言

在科层制的背景下,通过将内部控制理解为一个重要的组织现象,以哲学、社会学、经济学及组织理论为基础,本书试图发展一套组织视角的内部控制理论。我们认为,一套完整的内部控制理论至少必须回答以下三个相互关联的基本问题:其一,什么是内部控制?也就是关于内部控制的内涵;其二,作为组织现象的内部控制为什么会存在?也就是关于内部控制存在的基本价值;其三,为最大化内部控制存在的基本价值,在建构内部控制的过程中应当依循的原理与原则是什么?其中,前两个问题规定了内部控制的性质,后一个问题则攸关内部控制的机制设计。通过为以上三个方面的基本问题提供一套探索性的解决方案,本书在对内部控制的性质提供理论解释的基础上,进一步为内部控制的设计提供了一套逻辑一贯的设计语言。本书以内部控制的目标作为理论构建的逻辑起点,并将其定义为在技术和经济的双重约束条件下最小化组织目标实现过程中的不确定性。

本书首先回答了什么是内部控制及内部控制为什么会存在这两个基本问题。我们首先引入了"偏差"概念,并将其定义为组织目标实现不确定性的现实度量。偏差产生的行为基础是组织成员的行为失范与行为失败。其中,行为失范表现为组织成员在实现组织目标过程中对于组织道德期望的背离,机会主义构成其存在的心理学依据;行为失败表现为组织成员在实现组织目标过程中对于组织能力期望的背离,有限理性构成其产生的生物学基础。通过引致行为失范和行为失败,机会主义和有限理性构成偏差产生的人性根源,进而为内部控制的存在提供了基本前提。为了有效地应对组织成员的机会主义和有限理性,组织成员之间的信息分享与知识整合相应地发展成为两项基本的组织策略。其中,信息分享有助于降低组织成员的机会主义,知识整合则可以弱化组织成员的有限理性。为了在组织成员之间实现充分的信息分享与有效的知识整合,权威沿着组织的科层结构实现纵向扩散及在同一科层级次上实现横向扩散便成为必然。透过权威的扩散,科层制组织内部形成了一个网络状的权力体系,所有的组织成员被结构化在这一权力体系之中,信息分享与知识整合在这一权力体系的实际运作中得以实现。最终,本书将内部控制定义为一个实现权威扩散、信息分享与知识整合的一体化过程。通过结构化组织成员之间的关系模式,内部控制将促成科层秩序的建构,从而为组织目标的实现提供合理保证。总之,本书实现了内部控制性质的"过程观"向"秩序观"的跃升。

在设计方法论及权力范式的基础上,本书借助于制度分析方法进一步就内部控制的设计发展了一套逻辑一致的概念框架。概念框架首先表现为一系列应用于内部控制设计实践与设计研究的基础性概念。这些基础性概念包括作为内部控制研究对象的行为与关系、作为内部控制基本分析单元的任务与作业、作为内部控制基本模式的行为控制及作为内部控制基本功能的行为约束与行为优化。基于以上各基础性概念之间所存在的内在关联,本书概括了"行为"与"作业"之间所存在的逻辑关系和控制关系,并因此将内部控制的机制设计现实地定义为作业设计。同时,借鉴交易成本经济学的分析逻辑,本书在以上概念的基础上进一步对内部控制设计过程的逻辑结构做出规划,从而为内部控制的设计提供一个基本的思想路径(或认知路径)。内部控制设计过程的逻辑结构自上而下依次穿越组织、任务和作业三个层面,先后表现为组织背景分析、任务识别、任务分析和作业设计四个阶段。最后,通过将任务属性与作业链结构和作业点结构相联系,本书分别得到了任务属性与作业链结构以及任务属性与作业点结构之间的关系矩阵。总之,内部控制设计的基础性概念与内部控制设计过程的逻辑结构共同构成一个完整的概念框架。

以概念框架为基础，借助委托代理模型，本书最后对内部控制设计展开均衡分析，从而提出了5个方面的设计命题。均衡分析依次在以下三个层次上逐步推进：单一代理人模型、双代理人模型及 N-代理人模型。单一代理人模型的分析表明，由于纯粹的工资性激励并不足以成为一个防止舞弊的有效措施，因此，内部控制的存在对于降低组织成员发生舞弊和差错的概率有着基本的必要性。此外，虽然舞弊被发现后所施加的处罚足以影响代理人的保留金额，进而影响其舞弊动机，但实施舞弊所需努力的上升带来的负效用对保留金额将能够产生更大的影响。因此，事前的内部控制设计比事后的奖惩机制能够更有效地降低舞弊的概率。多代理人模型的分析表明，代理人的保留金额与作业链长度正相关；也就是说，随着作业链长度的增加，代理人的舞弊动机将越弱。此外，组织成本与作业链长度、舞弊发现后所施加处罚的程度均负相关；也就是说，在与完成某项任务相关的雇员数量被给定的前提下，委托人要实现舞弊和差错概率及相应组织成本的最小化，就必须实现作业链长度的最大化，并且寻求事后处罚的最大化。最终，概念框架与设计命题共同构成了一套完整的设计语言，从而为第三个基本问题的回答提供了初步答案。

目　录

第 1 章　导论 ·· 1

  1.1　研究边界的界定 ·· 1

  1.2　研究问题的提出 ·· 5

  1.3　本书的研究方法 ·· 11

  1.4　本书的结构与创新 ·· 31

第 2 章　内部控制性质的理论解释 ·· 35

  2.1　引言 ·· 35

  2.2　文献回顾与评述 ·· 38

  2.3　机会主义与有限理性：内部控制存在的基本前提 ················ 46

  2.4　信息分享与知识整合：应对机会主义和有限理性的组织策略 ··· 60

  2.5　内部控制的性质：一个概念模型 ······································· 70

第 3 章　内部控制设计的制度分析 ·· 83

  3.1　引言 ·· 83

  3.2　内部控制设计研究的权力范式 ··· 85

  3.3　内部控制设计研究的概念基础 ··· 100

  3.4　内部控制设计过程的逻辑结构 ··· 138

第4章 内部控制设计的均衡分析 177

4.1 引言 177
4.2 文献回顾与评述 179
4.3 单一代理人模型 185
4.4 双代理人模型 198
4.5 N—代理人模型 206
4.6 小结 215

第5章 结论 218

参考文献 225

附录 公式推导与命题证明 239

第 1 章
导　论

1.1　研究边界的界定

　　理论的有限性与理论的有效性同样重要。如果某项理论宣称能够解释相关领域中的几乎所有现象，甚至能够做到"放之四海而皆准"，则几乎可以肯定的是，该"理论"一定是谬误，而不可能是所谓的真理。因此，作为本书的开篇，本节的目的便是对研究边界做出限定，进而明确本书所研究理论的适用边界。正如本书书名所显示的那样，"科层制组织"构成本书的研究边界。这就意味着，为了对研究边界的界定做出合乎逻辑的解释，当前我们所要做的全部工作就是为"科层制组织"一词提供足够充分的注解。

　　在研究资本主义经济制度的过程中，威廉姆森（1985）区分了三类最基本的制度形式：市场、科层制及混合制。在一个极其一般的意义上，以上三种制度形式都属于广义上的"组织"，因为它们有着共同目的，即实现对经济交易的组织，只不过组织经济交易所遵循的基本规则有所不同而已。既然都属于广义上的"组织"，三者自当有着各自的、广义上的"内部控制"[①]。在无法对所有组织类型的内部控制同时做出研究的情况下，我们只能在研究对象上有所取舍。就市场而言，如果我们假设存在所谓的"内部控制"，则

[①]　内部控制为因应组织内部的冲突而存在，有冲突则必有控制。无论是在市场、科层制还是混合制中，基于人性的原因，利益、观念等方面的冲突将无处不在。

该内部控制非价格体系（或价格机制）莫属。哈耶克就曾提出过类似的构想，将价格体系看作市场上的控制机制。不过，由于新古典经济学为解释价格体系的运行取得了令人叹为观止的成就，哈耶克为价格体系的自发演进提供了令人信服的雄辩，因此，本书不需要、更没有能力就市场的"内部控制"增加哪怕一丁点的知识，市场组织的"内部控制"自然也就不在本书的研究边界之内。就其余两类组织形态而言，它们似乎更符合我们对于"组织"的通常理解，因为与竞争性的市场不同，科层制与混合制均表现为不同行为主体之间有意识合作的产物，只不过科层制属于一体化合作形式，而混合制属于非一体化的合作形式罢了①。因此，与市场相比，科层制与混合制更应该有着我们通常所理解（亦即狭义上）的内部控制。从而，为了准确地界定研究边界，我们将面临以下三种类型的研究策略：以科层制为研究对象，以混合制为研究对象，以及将科层制和混合制同时作为研究对象。在以上三种研究策略中，我们首先排除最后一项研究策略。只要稍微回顾一下自然科学和社会科学的理论发展史，我们就应该知道理论的发展一定是一个渐进的过程，一个由特殊情形逐渐推广到一般情形的过程②。因此，试图整合科层制和混合制这两种性质截然不同的制度形式，从而"一步到位"式地发展出一个一般性的理论模型，显然不符合理论发展的基本逻辑③。由此可见，在研究对象上我们只能于科层制和混合制之间做出非此即彼的选择。基于以下考虑，本书选择在科层制的背景下对组织的内部控制展开研究：首先，历史地看，科层制产生于混合制之前。根据钱德勒（1977），即使在19世纪美国就已产生了规模巨大、结构复杂的科层制企业。至于混合制，作为其典型形态的企业网络（或网络企业）虽产生有时，但表现为一种普遍的经济现象，则是近年来随着信息技术的高度发展使得与混合制所对应的新古典

---

① 一体化合作与非一体化合作的本质区别在于产权或所有权是否构成合作的基础。一体化合作是在统一产权的基础上进行的，表现为一个独立的法人企业内不同组织单元或组织成员之间的合作，非一体化合作是在多元产权的基础上进行的，表现为不同产权主体之间的合作，比如战略联盟中不同企业法人之间的合作。

② 理论发展的这一渐进式过程在系统理论的演进中表现尤为明显。

③ 由于没有对研究边界或问题边界做出清晰界定，国内很多文献在有意或无意地重复着这样一个错误。明确地界定研究边界有3个方面的目的：其一，使得研究项目具有可行性；其二，使得读者能够理解论文所发展理论的解释边界；其三，使得理论的未来拓展具有明确的方向。以上三个原因将有助于提高理论发展的效率。

合同的交易治理成本的急剧下降才开始的①。其次，现实地看，虽然作为混合制的企业网络正在不断涌现，但一个基本的事实是：至少在可预见的未来，科层制企业仍然是市场经济中最基本的合作性组织形式。最后，系统地看，作为独立法人的科层制企业是构成作为一个更大系统的企业网络的要素，而不是相反。也就是说，与科层制相比，混合制更具一般性。基于以上三个原因，内部控制理论的一般化进程应该由科层制推向混合制，而不是由混合制推向科层制。因此，本书最终选择了第一项研究策略，即在科层制的背景下研究科层制组织的内部控制。

在语义学上，"科层制"是一个抽象的范畴，用来概括存在于组织中的一般性的层级式结构。也就是说，科层制所意指的是某一特定类型的组织现象，即权力体系在组织内部被层次化结构这一现象，而不是蕴含该现象的具体的实例②。因此，当我们要具体指代由这一组织现象所规定的组织实体时，我们经常采用说法是"科层制企业"或"科层制组织"③。从逻辑上讲，既然存在着科层制企业，自然就应当存在非科层制企业。事实上，上述推论不仅在逻辑上成立，在组织演进的历史中同样也是成立的。所谓非科层制企业，最典型的恐怕就是纯粹的家族式企业。在一个纯粹的家族企业中，虽然也存在着一个权力体系，但这一权力体系并不符合马克斯·韦伯关于科层制的定义。根据韦伯的科层制理论，科层制企业内部的权力体系建立在法理型权威的基础上，而纯粹的家族式企业内部的权力体系则建立在企业创始人的魅力型权威的基础上。在科层制企业不同，在纯粹的家族式企业中，某一主体所拥有权力的多寡更多地取决于该主体在整个家族中所拥有的身份，或者

---

① 在给《企业网络论》（刘东，2003）所做的序言中，洪银兴对网络企业的兴起与发展做了至为精辟的论述："在网络经济下，生产的社会组织形式发生了一系列新的变化。一是社会之间的纵向非一体化和横向非一体化有序地发展起来，即市场的专业化、社会化更加深化了。二是企业与企业之间的交易关系随着日益发展的外包、供应链协调、战略联盟和特许经营等方式的出现，更加复杂化了。三是出现了以虚拟企业为名的新的社会生产组织形式，实现了以快速响应客户为目的的跨地区企业之间灵捷生产式的合作。这些纷繁复杂现象中的一个共同特点是：市场的自组织代替了企业的组织；跨企业紧密协调的准一体化代替了企业实体意义上的一体化，纵横交错的企业网络代替了日益增大的单个企业。"

② 比如，内部控制与公司治理都是抽象的范畴，都是指代附着于组织实体之上的抽象组织现象，而不是组织实体本身。

③ 但在习惯上，在一个特定的语言环境下，人们确实经常采用"科层"或"科层制"指代企业或组织本身。在后面的行文中，本书也在一定程度上接受了这一习惯性说法。

与企业创始人之间的亲密关系，而不是其所具有的能力大小。在整个权力体系的建构中，家族成员的私人情感发挥着至关重要的作用。因此，纯粹的家族式企业实施的是个人性的身份管理，而不是非个人性的职位管理（或角色管理）。然而，随着市场经济的不断发展，这种纯粹的家族式企业在现实中已不再多见，更多的家族式企业在发展到一定规模之后，除了组织的最高领导者职位为某一主要家族成员所占据之外，组织权力体系的建构已与科层制企业无异[①]。既然纯粹的家族式企业在现实中一定不是最主要的组织形态，本书自然将其排除在研究边界之外。不过，由于（纯粹）家族式企业的权力结构与科层制企业有着不同的特征，导致其内部控制与科层制企业也必然有着不同的特征。因此，就未来而言，这将是一个有意义的研究方向。

如果将视线聚焦到科层制企业内部，我们会发现，科层制企业的内部结构也并非铁板一块的均质存在。在韦伯的科层制理论中，"科层制"是一种所谓的"理想类型"（ideal-type）。也就是说，"科层制"范畴的提出只是一种方法的建构，目的是用来概念化组织的科层制类型。因此，科层制并不代表现存组织结构的一般情况，而只代表一种从所有已知组织的最主要结构特征中抽象出来的纯粹类型。正由于完美无缺的科层化在现实中并不存在，科层制才被韦伯称为"理想类型"（布劳和梅耶，1987）。本书即将开展相关研究将表明，这样一个并非铁板一块的科层制企业的内部结构将首先被区分为正式组织和非正式组织，而正式组织又进一步由科层结构（即权力的层级式结构）[②]、准市场组织与共同体（比如工作团队）交织而成，其中，科层以权威为基础，准市场组织以（内部）价格为基础，共同体则建立在信任的基础之上。因此，科层制企业在整体上是一个复合式的组织系统，只不过由于科层结构（亦即正式权力的层级结构）基本地规定了科层制企业的存在，企业才因此被一般地称为科层制企业。因此，本书在科层制的背景下来研究企业的内部控制，一个潜在的假设就是在设定研究边界时排除了类市场组织和共同体组织，从而将内部控制的组织边界以及研究问题的边界严格地

[①] 国美集团就是一个典型的例子。之所以出现这种情况，是由于与纯粹的家族式管理相比，科层制能够带来更高的效率。这也正是韦伯的科层制理论的基本精神。

[②] 在指代企业时，我们一般使用"科层"或"科层制"提法，这是科层的广义理解；在指代企业内部的层级结构时，我们一般使用"科层结构"提法，这是科层的狭义理解。后文将对此做出更详细的讨论。

限定在科层结构中。对此我们将在后文做进一步的讨论。

由于威廉姆森所讨论的"科层制"归根到底来自韦伯所创立的科层制理论，因此，要彻底理清"科层制"概念，就必须追根溯源。在韦伯的科层制理论中，作为大型组织中对工作进行协调和控制的组织原则，科层制不仅适用于商业性组织，同样也适用于非商业组织①。因此，韦伯意义上的科层制组织既包括商业性的科层制组织，亦即科层制企业，也包括非商业性的科层制组织，比如政府、医院乃至大学等。在本书的标题中，我们使用的"科层制组织"而不是"科层制企业"，一个重要的含义就是本书的研究边界并不仅局限于科层制企业，同时也涵盖到非商业性的科层制组织。因而，本书所发展的内部控制理论也就不仅适用于科层制企业，同时也适用于非商业性的科层制组织。不过，本书有时明确地以科层制企业为例来发展相应的理论观点，但这样处理只是出于论述的方便，而并非表明本书的研究边界仅局限于科层制企业。

1.2 研究问题的提出

按照波普尔（1972）的观点，人类知识的进化是一个由识别问题、给出探索性的解决方案、在对探索性解决方案予以排错的基础上识别新的问题所构成的一个循环往复的过程②。因此，问题的识别贯穿于人类知识累积的全过程。本节的任务便是在研究边界的基础上进一步提炼出本书所试图解决的研究问题。

如果试图用一句话来概括内部控制领域当前的研究现状，我们想表达的一个基本观感是：内部控制是一个被广为讨论而少被研究的领域。之所以说内部控制被广泛地讨论，理由大概有以下两个方面：从口头表达来看，无论是在实务界、学术界还是在监管层，若想找到自认为不了解内部控制以及未

---

① 习惯上，商业性组织也被称为营利性组织，而非商业性组织也被称为非营利性组织。
② 波普尔（1972）将客观知识进化的基本序列描述如下：$P_1 \rightarrow TS \rightarrow EE \rightarrow P_2$。其中，$P_1$表示待解决的问题，亦即当前的理论研究对象，TS表示研究者所提供的试探性解决方法，EE表示对现有试探性解决方案的排错，P_2表示经过排错之后所形成的、等待进一步解决的新问题。P_2之所以不同于P_1，部分原因是已试验过的试探性解决办法，以及控制这些解决办法的排错。

曾公开谈论内部控制的人士还真不容易，这一情形自2002年美国"安然事件"之后俨然已形成一股风潮，在本书写作之今日尤甚；从见之于文字来看，虽然我们未曾实际尝试，但可以想象的是，如果在国内期刊网上以"内部控制"作为关键词，所搜索的文献在数量上绝不会输于严格意义上的会计类文献。为了解释为什么内部控制"少被研究"，我们首先对此处的"研究"做出严格的定义：研究在本质上是一个以发展理论为目标的智力活动。至于从事这项智力活动的人的身份则不限。鉴于自认为使命之所在，某些身份为职业学者的人可能更关注现实问题，在报刊上开专栏发表他对于时事的独特见解是他最大的责任；相反，基于兴趣使然，某些勤于思考的实务工作者可能习惯于将其日常的工作经验上升到一般性的理论高度，并乐于通过文字的形式与他人分享①。简言之，此处的"研究"被严格地限定在学术性范畴，而不包括通常意义上的政策性研究②。按照"研究"的这一定义，在期刊网上搜索而来的绝大部分内部控制文献实难归入严格的学术性研究范畴③。因此，在内部控制领域，当前存在的一个独特景观是：与发达的内部控制实践相比，国内甚至国外学术界针对内部控制所开展的理论研究相形见绌④。因此，无论是基于实践的需求还是基于知识的创造，内部控制研究的理论化将是一项非常重要、同时也是非常急迫的工作，本书的目的就是试图为这一工作的推进提供些许贡献。

在国内学术界，内部控制研究通常被划分为审计导向、管理导向与治理导向三种类型。这一分类大概是基于内部控制所呈现出来的不同功能，因而属于横截面的分类。然而，由于同样的内部控制机制完全可能同时实现不同的功能，加上不同的功能往往又难以截然分开，比如治理与审计、治理与管

---

① 实务工作者与学者的一体化在美国的管理学界表现得尤为明显，以至于成就了一项独特的学术传统。至于职业学者以对现实问题发表观感为己任，则在我国的经济学界表现得至为充分。
② 关于研究的分类在后文将做详细讨论。
③ 此处的学术性研究与政策性研究的区分纯属一个客观的描述，并不包含任何价值取向，诸如学术性研究比政策性研究更高雅、更重要等。实际上，两种研究类型各有其独特的价值，简单地厚此薄彼显然是不合适的。因本书属于学术性研究，我们自然更多地从理论发展的角度来观察研究形态，但这绝不意味着我们对政策性研究有任何程度的看轻。
④ 能够给内部控制研究的理论化带来启示的研究领域是公司治理。公司治理之所以在20世纪80年代逐渐成为一个独立的研究领域乃至学科领域，其原因无非有二：其一，公司治理的现实问题变得日益重要；其二，理论研究的及时跟进。当前，内部控制问题的重要性绝对不亚于当初的公司治理，但问题在于严谨的、系统性的理论研究没有及时跟进。

理，所以，与20世纪50年代美国注册会计师协会所属的审计委员会将内部控制划分为内部会计控制和内部管理控制相类似，上述分类其实并未带来多少洞见，反而模糊了我们所试图解决的问题。因此，本书尝试从一个不同的角度来理清内部控制的研究形态。历史地看，随着企业与市场的不断演进，内部控制研究的理论基础先后经历了以下两个阶段：审计理论阶段和组织理论阶段。在审计理论阶段，研究者站在审计师的角度研究内部控制问题，内部控制的存在以及内部控制的研究被认为是为了满足审计师的需求。国外早期大量的内部控制理论文献基本属于这一类型。在组织理论阶段，研究者站在组织自身的角度来研究内部控制问题，内部控制的存在乃至内部控制研究的目的被认为是为了满足组织自身的需求[①]。基于以上认知，本书将内部控制研究划分为审计视角和组织视角两种基本类型。与审计视角的内部控制研究将内部控制看作为满足外部需求而存在的一项工具或手段不同，组织视角的内部控制研究将内部控制看作组织本身不可分割的一部分，也就是看作一个特定的组织现象。与横截面分类不同，本书的这一分类完全是依据内部控制理论发展的历史逻辑。可以认为，当前的内部控制研究已完全实现了由审计视角向组织视角的彻底转变。比如，美国COSO委员会于1992年颁布的《内部控制——整合框架》（以下简称"COSO框架"）就明显地属于组织视角的内部控制政策性研究，这一点可以从COSO框架关于内部控制目标的讨论得到最直接的印证。与审计视角相比，组织视角的内部控制研究能够更全面和完整地考虑组织本身的内在需求，所发展的理论自然对内部控制实践具有更强的解释能力、预测能力以及指导意义。因此，在科层制的背景下，通过将内部控制理解为一个重要的组织现象，以哲学、社会学、经济学及组织理论为基础，本书试图发展一套组织视角的内部控制理论。从而，本书所要解决的研究问题自然就表现为组织视角的内部控制理论所应当关注的最基本的问题。而要对组织视角的内部控制理论所关注的基本问题做出概括，一个最恰当的做法就是回到韦伯的科层制理论，从而理解内部控制与科层制之间可能存在的内在联系。

作为一种组织现象，科层制早在几千年以前的古罗马和古埃及便以各种简单的形式而存在，不过，大型组织的科层化趋势则是在19世纪才逐渐加

---

① 很明显，组织对于管理、治理乃至审计均有着内在的需求。

速发展起来，时至今日，科层制已成为当今社会主导性的组织形式。对于科层制的开创性研究是由德国社会学家马克斯·韦伯开展的。根据韦伯的"理想类型"（ideal type）观点，专业化、权力等级、规章制度和非人格化这四个因素是科层制组织的基本特征。科层制解决的不仅仅是单个雇佣者的生产效率，而且是如何最大限度地在组织成员之间实现合作与控制，并由此提高组织的管理效率。韦伯相信，充分发达的科层制机构，其工作效率与其他组织相比，恰恰如大机器生产与手工生产之间的比较。韦伯关于科层制的分析进一步得到西蒙的管理决策模型的支持。西蒙指出，正式组织的一个基本功能就是帮助克服个人的有限理性，并由此大大改善组织的决策效率。科层制组织中的等级制度及其不同下级单位中的劳动分工，将复杂的决策分解为不断细化的决策。与此同时，这些决策制定每个雇员的职责，理想的结果是，组织的沟通渠道能够提供给每个雇员有效完成职责所需要的信息。由此，正式结构为所有雇员提出由其职责所决定的工作目标和完成目标的手段，这些手段包括在信息交流中。对给定目标和手段的了解，使得决策中的理性限制得以破解（西蒙，1961）。不过，科层制并非仅具有提高组织效率的正功能。韦伯就曾提到科层制存在着如下三个负面的问题：信息垄断、抗拒变迁及行为专断。在韦伯之后，更多学者逐渐关注到科层制所具有的反功能[①]。对韦伯科层制理论的最著名批评来自默顿。他指出，在许多不断发生的例子中，一些为了效率的非常操作化的设计，常常会导致仪式化或过度刚性的行为，而两种行为都有损效率。规则原本只是实现目标的手段，现在却变成了目标本身。当"工具性价值转变为终极性价值"时，就会出现人们所熟悉的目标置换（Merton，1958）。法国社会学家克罗齐埃（1986）对于科层制的批判则更加尖锐，认为科层制结构应该被理解为天生的低效率，而不是有效率的管理手段。由于科层制没有能力修正自己的错误，因此，科层制的反功能正好是其自我平衡的一部分[②]。

由此可见，科层制与组织效率之间的关系是非常复杂的。不过，我们并不赞同克罗齐埃全盘否定科层制效率的观点。事实上，回应克罗齐埃的最简

---

① "反功能"是社会学家用来指称社会系统中有损适应和调整的一些特性，而适应和调整是使社会系统正常发挥功能的能力（布劳和梅耶，1987）。

② 在社会学中，科层制的反功能还体现在对社会不平等的固化和对民主的限制上。不过，这显然超越了本书的研究范围。

单并且也是最有效的问题是：既然科层制必然低效率，那么为什么科层制在人类制度演变的历史进程中生存下来并最终成为当今社会主导性的组织形式？韦伯虽然是科层制理论的开创者，但科层制本身并非韦伯个人的发明创造，而是韦伯对其存在的一种理论抽象。作为一种组织现象，科层制在韦伯正式提出科层制理论之前便早已存在。因此，试图通过建构一种自称完美的不存在从而替代一种现实的存在，显然是建立在建构者自认为其个体智慧大于全部历史智慧的基础之上。除了建构者本人，大多数人不会愿意面对建构者所倡导的制度试验所带来的潜在风险。在我们看来，科层制与组织效率之间关系所存在的复杂性可做如下表述：虽然科层制在理论上有助于改善组织效率，但在现实中组织效率的改善并不必然得以实现。科层制是否能够提高组织效率将取决于以下两个情形：第一，由于组织所面临任务性质的不同，并非所有的组织都适合采用科层制。也就是说，科层制显然不是万能的[①]；第二，对于那些适合采用科层制的组织而言，科层制能否促进效率的提高将基本地取决于科层制本身是否能实现良好的运作。由于科层制对于组织效率同时存在着正功能和反功能，即使对于那些适合采用科层制的组织而言，我们完全可以设想如下情形的存在：科层制正功能的效应既可能大于、也可能等于甚至还可能小于其反功能的效应。因此，现实地看，我们关注的不应该是试图消灭科层制，而是如何实现科层制正功能效应的最大化以及反功能效应的最小化。就科层制的具体实施而言，现有组织理论文献主要探讨了两类机制，其一就是科层权威，它保证了下级对上级意志的自愿服从；其二是组织结构，它使权威关系跨越几个等级层次。科层权威和组织结构在协调和控制方面发挥着积极贡献，其中，组织结构关注的是组织特征，而不是组织中的人及人与人之间的关系（布劳和梅耶，1987）。然而，作为现代国家在行政和生产管理中广泛实行的一种组织形式，科层制所包含的内容不仅涉及组织结构的设置原理，更重要的是机构内部人与人关系的行为规范（布劳和梅耶，1987）。因此，在以上两类实施机制的基础上，我们进一步将内

---

① 有研究文献对比了美国建筑业与大型制造业的组织（Stinchombe, 1959）。二者的共同特点是，工作是理性地组织起来的，运作基于理性的经济考虑。然而，大型制造业的运行表现为大型科层制组织，而建筑业主要涉及承包商与次级承包商的小企业。换句话说，大型科层制体制管理的是大型制造业而非建筑业。根据这些观察，该文献认为必须区分劳动组织的理性特征与具体的科层制特征，科层制管理只是理性地组织工作的方法之一，而不是唯一方式。

部控制作为科层制的第三类实施机制。与组织结构关注的静态的组织特征不同，内部控制由组织成员之间的动态关系所构成。也就是说，组织结构表现为科层权威从而科层制的静态实现，内部控制则在组织结构的基础上进一步表现为科层权威从而科层制的动态实现。由于内部控制在三类实施机制中最具基础性，因此，我们将内部控制称为科层制的微观实施机制。作为科层制的微观实施机制，内部控制具有两项基本功能：科层制的实现以及科层制的优化（或改善）。科层制的实现表现为最大限度地发挥科层制的正功能，科层制的优化则表现为最大限度地弱化科层制的反功能，从而避免科层制的异化。据此，科层制的具体实施机制可以简略表示为图1-1。

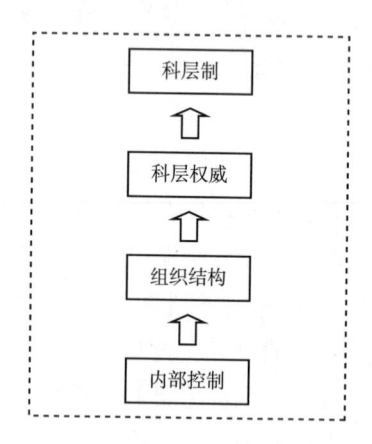

图1-1 科层制的具体实施机制

通过回顾科层制理论，我们得到的一个基本结论是：在组织肌体上，内部控制是科层制不可分割的组成部分，没有科层制，自然就不存在相应的内部控制；在组织功能上，内部控制是实现和优化科层制的微观机制，没有内部控制，科层效率的实现便将缺乏最基本的保障。也就是说，科层制为内部控制的存在提供了组织前提，内部控制则为科层效率的实现提供了机制保障。从而，组织视角的内部控制理论所关心的基本问题自然就是：其一，如何在科层制的背景下对内部控制的内涵做出界定？这是关于内部控制是什么的问题；其二，内部控制为科层效率的实现提供保障的具体机制是什么？这是关于内部控制存在的基本价值的问题；其三，为了最大化内部控制存在的基本价值，内部控制的设计应该遵循的原则与原理是什么？在以上三个基本问题中，前两个问题与内部控制的性质直接相关，最后一个问题的回答则攸关内部控制的设计。通过对以上三个基本问题提供探索性的解决方案，本书在为内部控制的性质提供理论解释的基础上，进一步为内部控制的设计提供一套逻辑一贯的设计语言。三个研究问题与相应研究领域之间的内在关系如图 1-2 所示。

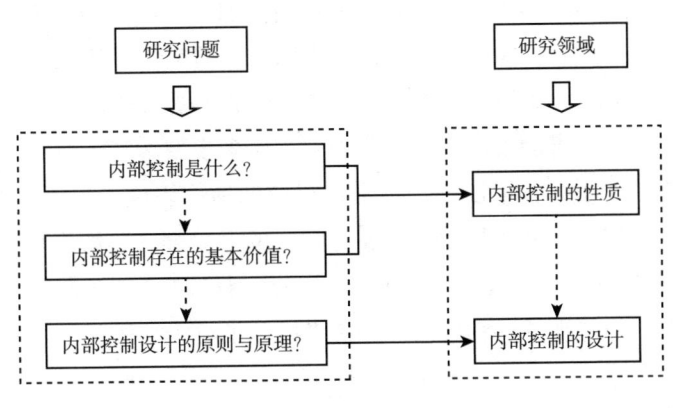

图 1-2 本书的研究问题

1.3 本书的研究方法

1.3.1 研究的方法论基础

图 1-2 表明，本书的基本任务是在为内部控制的性质提供理论解释的基础上，为内部控制的设计提供一套逻辑一贯的设计语言。本章节的目的便是进一步为内部控制的性质研究和设计研究提供方法论依据。其中，内部控制的性质研究遵循的是科学方法论，内部控制的设计研究遵循的是设计方法论。

1. 内部控制研究的科学方法论

历史地看，社会科学常以自然科学为参照，认为社会科学研究同样应该遵循自然科学（以下简称"科学"）的方法论[①]。这一学术传统在组织研究

---

① 在英文的语境中，"science" 通常专指自然科学。

中的体现，便是科学方法论（science methodology）长期以来构成组织研究的主流方法论，从而组织科学（organization science）成为组织研究中的主要领域①。科学的目的在于通过探索和分析现存客体，从而发展有关"已经存在"的知识（Simon，1996）；体现在组织科学研究上，就是试图获得不同组织变量之间的一般性因果关系。因此，组织科学研究的直接成果表现为因果关系模型（causal model），这些因果关系模型通常既可能以定量的形式表现为分析性模型，也可能以定性的形式表现为概念模型。基于组织变量之间的因果关系模型，研究者可以进一步提出相应的理论假说。在科学方法论下，组织现象被看作一个具有种种可描述性特征的经验客体，组织秩序（organizational order）在经验意义上被假设通过一系列稳定的规则表现出来，而理论假说则被认为体现了这些规则，并最终揭示了组织性质，也就是揭示了支撑不同组织关系的一组客观机制（Donaldson，1985；1996）。从而，借助因果关系模型和理论假说所具有的描述性和分析性，研究者可以对现存的组织现象进行解释，并对将要出现的组织现象做出预测。

科学方法论宣称知识在本质上是具有代表性的（representational），也就是能够代表世界的本来模样（Donaldson，1985；1996）。因此，科学方法论所关注的关键研究问题自然是所宣称的一般性知识的有效性。为了确保科学知识的有效性，科学方法论往往建立在若干价值观的基础之上，其中首先是无私利性（disinterestedness）。所谓无私利性，是指研究者必须确保科学知识的生产过程不受个人偏见及他人利益的主观影响（Merton，1973；Ziman，2000）。由于研究者事实上永远不可能完全避免个人偏见及他人利益对其研究过程的主观影响，科学方法论遵循的另一个重要价值观是普遍的客观性（consensual objectivity），也就是说研究者所得到研究结论必须能够获得学术同行的普遍认可（Pfeffer，1993；Ziman，2000）。体现在组织理论中，上述价值观意味着组织科学研究必须试图在解释组织现象的一般模式和动力机制方面努力获得普遍的客观性。

本书第2章在解释内部控制性质的过程中遵循的实际上就是科学方法论。基于科学方法论，我们获得了一个描述不同内部控制变量之间因果关系的概念模型。这一概念模型不仅可以解释内部控制的现实存在，还可以用来

---

① 这一领域的顶尖期刊 *Organization Science* 的刊名便足以说明这一点。

预测将要出现的内部控制现象，比如在信息化条件下科层制组织内部控制的可能形态。然而，正如科学方法论无法促成组织系统的创新一样（Bunge，1979；Ziman，2000），有关内部控制性质的概念模型在引导内部控制的具体设计上也显得无能为力。因此，若要进一步探索内部控制设计的内在机理，就必须首先在方法论上实现突破。

2. 内部控制研究的设计方法论

1969年，西蒙在其著作《人造事物的科学》（*The Sciences of the Artificial*）中首次在方法论的意义上对科学与设计做出严格的区分[①]，认为科学方法论与设计方法论（design methodology）依据全然不同的认识论来理解组织现象：科学方法论从外部观察组织系统，从而将其看作一个经验客体，设计方法论则试图从内部构造组织系统，从而将其看作一个人造客体[②]；科学方法论通过调查和分析现存系统以发展有关"已经存在"（what already is）的知识，从而解释和预测组织现象，其思维方式具有描述性和分析性，设计方法论的目的是发展服务于行动（action）的知识，以支持那些尚未存在的全新系统的创造或既有系统的改进，其思维方式具有规范性和综合性。在本书中，我们将设计研究的主要目的概括为以下两个方面：一是发展有关内部控制设计的概念框架，二是发展相关的设计命题（proposition）。与科学假说相比，设计命题表现出如下特征：首先，科学假说产生的基础是一系列先验的假设以及严格的逻辑推演，设计命题则产生于一套内在逻辑一贯的概念框架；其次，与科学假说所具有的解释和预测功能不同，设计命题的主要功能在于帮助设计者对于人造事物的具体建构，也就是说，与科学假说相比，设计命题具有更为强烈的应用导向。总之，科学方法论试图解释现存系统，对应着科学研究；设计方法论则试图超越现存系统，对应着设计研究。从而，设计方法论的确立为内部控制的设计研究提供了方法论基础。科学方法论与设计方法论之间的比较如表1-1所示。

[①] 西蒙（Simon，1969）认为设计一个实物产品与为一家公司设计一项新的销售计划，或为一个国家设计一项福利政策所涉及的智力活动（intellectual activity）并无二致，这就为在方法论的意义上一般性地讨论"设计"研究提供了可能。

[②] 一个设计者只有真正深入到组织系统内部，才能洞察其独特之处，进而使设计方案适应这一特定的组织环境。

表1-1　　　　　　　科学方法论与设计方法论之比较

	科学方法论	设计方法论
研究目的	发展有关"已经存在"的知识,以理解现存的内部控制现象和预测将要出现的内部控制现象	发展服务于行动的知识,以支持那些尚未存在的内部控制系统的创造或既有内部控制系统的改进
研究对象	将内部控制现象看作具有种种可描述性特征的经验客体,并假定能够从外部人的角度对经验客体予以有效的研究	内部控制系统被看作一个人造客体,并假定该人造客体能够从内部人的角度加以构造
知识观	所获得的知识能够代表世界的本来面目,思维的性质具有描述性和分析性	坚持实用主义的知识观,思维的性质具有规范性和综合性
理论观	发现不同变量之间的一般性因果关系,理论的表现形式为科学假说	寻找设计因果律,理论的表现形式为概念框架以及设计命题

虽然设计方法论的正式确立是在20世纪70年代,但是,以实用主义哲学(pragmatism)作为认识论基础,组织研究的设计思想在19世纪晚期和20世纪初期便得以逐渐酝酿①。以西蒙(1969)为界,我们将组织设计(organization design)研究的历史大概分为两个阶段,即西蒙前阶段(20世纪70年代以前)与西蒙后阶段(20世纪70年代以后)。西蒙前阶段的组织设计研究在泰勒提出科学管理(scientific management)思想之后而达到高潮。科学管理思想提出的基本动因是那些拥有工程学背景的经理人员试图将他们学科中的一般原理应用到生产过程的组织当中②,其中的设计理念最主要地表现在针对成本会计系统、生产控制系统和工资支付计划提出具体的方案或实践,以改善组织的管理控制与协调(Barley & Kunda, 1992)。20世纪70年代以来,随着设计方法论的正式确立,组织设计的研究思想发展到一个新的时期。为了论述的方便,我们将20世纪70年代以前的研究称为西蒙前阶段,将20世纪70年代以后的研究称为西蒙后阶段。与西蒙前阶段的组织设计研究相比,虽然西蒙后阶段的组织设计研究仍然以寻找组织管理者能够运用于其工作过程的、具有普遍性的定理为目的(Burrell & Morgan, 1979),但

---

①　经典实用主义者主要关心的不是理论构造而是实际行动,不是形成一般的原则以完成神圣使命,而是运用独特理智以解决社会问题(理查德·罗蒂,2004)。实用主义哲学的主要代表人物是杜威,因而也被称作杜威主义。正是由于实用主义哲学的发源地在美国,组织研究的设计类文献主要出现在美国也就不足为奇了。

②　泰勒的早期著作大多发表在工程类的期刊中。

同时也表现以下几个特征：对社会技术系统（socio-technical systems）及人际关系（human relations）给予更多的关注（Checkland，1981；Drucker，954；Emery & Trist，1972；Jaques，1962）；更加注重对一般性的设计过程和方法的描述和总结（Checkland，1981；Emery & Trist，1972）；越来越明确地强调设计研究的哲学和理论基础。在西蒙前的组织设计研究者那里，设计概念通常被认为是一个技术的、工具性的概念，这一技术和工具被管理者用来使整个组织在他的理性控制之下。然而在西蒙后的组织设计研究中，管理者不再被看作组织的全能建筑师，他们对于组织的影响被假定是有限的，因为他们并非构成作为合作系统的组织过程的唯一参与者（Banathy，1996；Endenburg，1998）。从这个意义上说，现实的组织设计过程并非仅由组织管理者单独完成，而是由组织的所有成员共同实现的。

在组织理论中，设计研究文献主要分布在组织控制（organization control）、管理控制系统（management control systems，MCS）、内部控制及组织学习4个方面。不过，这4个领域的研究进展呈现出不同的特点。组织控制及管理控制拥有大量的理论和经验文献，因而已构成相对成熟的研究领域。组织学习则属于组织设计研究的一个新兴领域，其文献目前正在不断地积累中。内部控制设计研究则呈现出一个非常独特的景象。虽然"内部控制"在概念上比"组织控制"和"管理控制系统"更加传统与经典，但其理论与经验文献甚至比作为新兴领域的组织学习还要少。与理论和经验文献的缺乏形成鲜明对比的是，内部控制设计研究的政策性文献却非常之多，比如美国的COSO整合框架（1994；2004）、英国的Turbull报告（1999）及加拿大的COCO报告（1995）。根据我们的推断，学术界长期缺席内部控制设计研究领域的原因大概有以下两个：其一，由于内部控制是一个实践性极强的领域，因此，在学术界看来，其研究工作主要由实务界人士在政策层次上开展是很自然的；其二，正是由于内部控制的实践性极强，因此，在理论层次上对其设计展开研究所面临的困难也就极大。然而，在我们看来，以上两个理由并不必然成立。首先，组织控制与管理控制系统同样具有极强的实践性，但却拥有大量的理论与经验文献，其次，理论研究所面临的巨大困难恰恰为学术界提供了实现理论创新的契机，而不是逃避的理由。

为了给内部控制的设计研究提供方法论依据，本书在科学方法论和设计方法论之间做出区分，但这并不意味着二者在理论研究中是相互分离的。事实上，内部控制理论研究的未来发展在很大程度上取决于科学方法论与设计方法论之间的交流与合作，这主要有以下几个原因：首先，设计研究与科学研究的结合有助于弱化组织理论研究中长期存在的"相关性隔阂"（relevance gap）问题。长期以来，组织与管理理论一个重要的倾向是与组织的管理实践并不明确地相关（Huff，2000；Miner，1997；Priem & Rosenstein，2000），而这一情形在内部控制领域表现得更为明显[①]。在一项与美国管理教育相关的调查研究中，波特和麦克本（Porter & McKibbon，1988）发现实务界在总体上对来自学术界的研究成果视而不见，相反，那些被学界所蔑视的所谓"管理时尚"（management fads）反而对管理者的行动产生直接影响[②]。在美国管理学会的一篇发言中，汉姆瑞克（Hambrick，1994）就管理研究对于管理实践的微弱影响表达了同样的关注，认为管理研究应该对组织组管理产生重要影响，然而事实却远非如此。我们认为，理论研究之所以对管理实践影响甚微，除了汉姆瑞克所宣称的学术界对于理论的宣传不力之外，真正深层次的原因在于理论研究者固执地坚持研究的目的仅在于解释组织现象，而不是试图改造组织现象。也就是说，正是由于对科学方法论的过度强调以及对设计方法论的忽视使得学术界所提供的管理知识难以满足管理实践者的应用性需求。因此，通过在理论层次上开展严密的设计研究，可以在科学研究与管理实践之间中架起一座桥梁，从而缩短理论与实践之间存在的所谓"相关性隔阂"。其次，与设计研究相比，科学研究具有更强烈的基础性，因此，缺乏科学研究的支撑，设计研究也将成为无源之水。认识事物永远是改造事物的前提，我们很难想象在对内部控制现象一无所知的前提下能够开展有效的内部控制设计研究。最后，正是由于科学研究构成设计研究的基础，设计实践将同时需要设计知识和科学知识指引。也就是说，在设计者的知识结构中，设计知识与科学知识都将扮演相应的角色。一个简单的例子是，为了设计一座桥梁，工程师固然需要掌握本学科所发展的有关桥梁的设计知

---

① 对内部控制实务产生重大影响的并非学术性的研究成果，而是那些由职业机构所发布的政策性文件，比如 COSO 框架等。

② 按照学术界的说法，所谓管理时尚，是指流行一时的管理理念，典型的例子有 EVA 和平衡计分卡等。之所以将它们称管理风尚，是由于一方面它们传递着独特的管理理念，另一方面是由于它们大多不存在坚实、严密的理论基础，更多地来自开发者个人的经验与洞见。根据本书的话语体系，管理时尚的提出过程主要属于政策性研究层次。

识，以便了解不同类型的桥梁所具有的不同性质，同时还必须掌握诸如数学、物理学等方面的基础性的科学知识。正是基于以上三个方面的原因，本书将基于科学方法论的内部控制性质研究和基于设计方法论的内部控制设计研究紧密地结合起来。

3. 设计研究与设计实践

在西蒙（1969）的基础上，本书进一步在设计研究和设计实践之间做出严格区分。设计既可能是一项研究活动，也可能是一项职业性的实践活动。我们将前者称作设计研究，将后者称作设计实践。设计研究是学者开展的活动，设计实践则是工程师或管理咨询师等专业人士所从事的工作。设计研究和设计实践之间的区别与联系表现在：设计研究的目的在于创造一般性的设计知识，设计实践的目的则是在一般性设计知识的基础上针对特定的个案提出具体的设计方案。也就是说，学者的任务在于开展设计研究以创造设计知识，专业人士的工作则是运用其自身的经验、创造力及学者所提供的设计知识来解决现实中的具体问题。为了有效地开展设计实践活动，除了自身的经验与创造力之外，专业人士必须掌握专业的设计知识。当然，就像我们对每天的日常活动做出规划一样，设计实践完全可能建立在某些隐性观念或直觉的基础上。然而，当组织问题具有重大影响并且其边界没有被明确界定的情况下，系统性的设计知识是非常必要的（Boland，1978）。设计研究的目的正是为了发展既具有可操作、又具有可验证的设计知识，从而支持专业人士开展对人造事物的设计工作。

设计实践的基本要义在于在行动之前或行动过程中对该项行动做出设计与规划（Schön，1983），从而形一个设计方案。因此，为了确保设计过程的有效性，设计实践的开展必须建立在以下三项原则的基础上：聚焦于理想的解决方案、必须意识到每个个案的唯一性①及必须采用系统性思维。聚焦于理想的解决方案意味着设计实践的基本任务就是针对具体问题提出相应的设

---

① 如果存在一个普遍适用于各种情形的解决方案，事实上也就不需要开展设计实践。比如，在上市公司的层面就不存在开展会计准则设计的必要，因为每一家上市公司都必须遵循权威机构统一颁布的通用会计准则。个案之间在设计意义上的差异，既表现为横向的差异，比如A企业与B企业之间的差异，也表现为纵向（即动态意义上）的差异，比如企业当前的情形与早期情形之间的差异。

计方案。由于设计实践的工作对象是一个个特定的个案，因此，设计者必须意识到每个个案所具有唯一性。也就是说，设计者必须意识到没有两个情形是完全相同的，每个情形都被嵌入一个唯一的背景中，因而要求一个唯一的解决方案（Checkland & Scholes, 1990; Nadler & Hibino, 1990）。系统思维的运用则有助于设计者将每个唯一的问题嵌入一个更大的系统中（Argyris et al., 1985; Checkland & Scholes, 1990; Vennix, 1996），它不仅能帮助设计者看清系统内不同要素之间的关系及其相互依赖性，同时还可以确保设计方案的形成过程中包括所有必要的要素（Nadler & Hibino 1990）。因此，为了确保一个具体的设计方案在一个特定的环境下正常地发挥作用，设计者必须借助于系统性的思维。由于设计研究的基本目的就是满足设计实践对于设计知识的需求，因此，以上三项原则表明设计研究所创造的设计知识必须具有一般性和抽象性，能够有效地运用到具有唯一性和特殊性的各个个案之中。也就是说，设计知识不能只在某项情形下适用，而必须能够适用于某一类情形。

在明确与设计实践相关的具体活动的基础上，范阿肯（Van Aken, 2004）详细讨论了设计实践对于设计知识的具体需求。他将设计实践区分为以下三项相互联系的具体设计活动：目标设计（object-design）、实现设计（realization-design）以及过程设计（process-design）。其中，目标设计是指对干预（intervention）或人造事物（artifacts）本身所做的设计，其结果表现为具体的设计方案；实现设计是指对干预的具体实施或人造事物的具体建构所做的规划，其结果表现为设计方案的具体实施计划；过程设计是指对形成设计方案的具体过程（或循环）所做的设计，其结果表现为对设计过程逻辑结构的具体规划。相应地，在设计实践中需要运用以下三类知识：目标知识（object knowledge）、实现知识（realization knowledge）以及过程知识（process knowledge）。其中，目标知识是与所要设计的干预过程或人造事物的性质及其背景相关的知识，也就是有关设计方案形成的知识；实现知识则是有关如何有效地实施设计方案的知识；至于过程知识，则是指有关如何有效组织设计过程本身的知识。

设计知识的分类对于内部控制设计研究的开展具有一定的指导意义（Aken, 1994）。不过，我们更倾向于将设计研究所提供的设计知识分为以下两个更为一般的形式：概念框架（conceptual framework）及设计命题（design propositions)①。在引导设计实践的过程中，概念框架具有如下功能：其一，通过呈现内部控制设计过程的逻辑结构，概念框架有助于引导设计者运用系统性的设计思维；其二，通过引入相关概念，并厘清概念属性的不同维度，概念框架有助于引导设计者对具体的个案做出深入的分析。除了引导设计实践，概念框架的另一个重要功能就是为设计命题的产生提供逻辑基础。设计命题通常以如下方式表达："在情形 S 的情况下，为了获得后果 C，采取行动 A"（Argyris 1993，Argyris et al. 1985）。因此，与概念框架不同，设计命题明确地体现了设计因果律（design causality）（Argyris，1993），亦即不同设计变量之间的因果关系。如果与范阿肯（2004）关于设计知识的分类相对照，我们大概可以这样认为：概念框架相当于过程知识，其基本功能表现在为设计者形成具体的设计方案提供了一个基本的思想路径，设计命题与目标知识和实现知识相对应，其基本功能表现在为设计方案的形成提供更为具体的指引。概言之，一项有效的设计实践必须同时依赖于概念框架的引导与设计命题的指引。本书所提供的设计知识将同时包括概念框架与设计命题，其中，第 3 章的目的是提出有关内部控制设计的概念框架，第 4 章的目的则是以概念框架为基础，同时借助委托代理理论，就内部控制的设计提出若干设计命题。

1.3.2 研究的基本方法

内部控制是一个被植入科层制组织肌体的动态过程。研究科层制组织的内部控制，就必须真正深入到科层制组织的内部，从而对其微观结构做出富有意义的观察与解释。因此，微观分析方法构成本书所采用的最基本的研究方法。

顾名思义，微观分析实践最早出现在微观经济学中。微观经济学的历史渊源可以追溯到亚当·斯密的《国富论》及艾尔弗雷德·马歇尔的《经济学原理》，不过，直到"凯恩斯革命"使得西方经济学在分析方法上实现了宏观分析与微观分析的分野，西方经济学的理论体系才开始被正式地划分为

---

① Van Aken（2004）认为管理学研究的重要任务就是发展具有理论基础并且可检验的各种技术性规则（technological rules）。所谓技术性规则，实际上就是所谓的设计命题。

微观经济学和宏观经济学。与宏观经济学以整体国民经济作为研究对象不同，微观经济学的研究对象是单个经济单位的经济行为，比如家庭、厂商（即企业）等。由于将企业作为最小的分析单元，因此，在微观经济学的生产函数中，企业被抽象为一个原子，亦即"黑箱"。这一与现实相差甚远的分析方法最早受到了科斯的批评。在那篇发表于1937年并最终使科斯获得诺贝尔经济学奖的《企业的性质》一文中，科斯开宗明义地指出："经济学一直饱受不能清晰阐明其假设之苦。经济学家在构建理论时，经常忽略考察其赖以建立的基础。……由于经济理论有从单个企业而非产业开始分析的明显趋势，就有必要不仅清晰地定义'企业'一词，而且如果所定义的'企业'与'真实世界'中的企业存在差异，还应该明确地界定这一差异"（Coase，1937）。为此，科斯试图就"企业"提出一个既符合现实、又易于采用马歇尔所提出的边际替代概念进行分析的定义。科斯的这篇论文最终成为日后得以最终确立的交易成本经济学（乃至整个新制度经济学）的滥觞。与新古典的微观经济学不同，交易成本经济学将经济制度（包括市场、科层以及混合制等）作为研究对象，目的是理解不同制度在治理不同类型的交易过程中所具有的比较效率优势。这就需要研究者真正走入经济制度，尤其是科层制企业的内部，从而打开企业制度的"黑箱"。

作为交易成本经济学的最终确立者，威廉姆森对交易成本经济学与新古典经济学之间的区别做了深入的讨论，认为交易成本经济学之所以能够对微观经济学做出贡献，根本原因在于其更深入地推进了微观分析（microanalytics）方法。为了对交易成本经济学所坚持的微观分析方法作出解释，威廉姆森（1985）写道："我们看一个机械系统能够正常运转，就要看它各个部分的情况：齿轮是否契合？机件是否润滑？有无多余的传动装置或耗能过大？经济学上所讲的摩擦就是交易成本：交换双方行为是否和谐？会不会经常因误解、冲突而推迟成交、合作破裂并造成其他问题？"为了突出分析方法所具有的"微观性"，威廉姆森（1985）甚至将那种把"企业"作为最小分析单元的新古典经济学称为非制度性的前微观分析。阿罗（Arrow，1969）在解释旧制度经济学之所以失败而新制度经济学（包括交易成本经济学）之所以成功时指出，与旧制度经济学试图以不同方式解决新古典经济学所关心的那些问题不同，新制度经济学试图回答新古典经济学所忽视的全新的问题，亦即为什么经济制度以这种而不是那种形式出现，并且，与新古典经济学相比，新制度经济学对经济制度实施了超微观经济分析（nanoeconomic reasoning）①。

为了使交易成本经济学所坚持的微观分析方法具有可操作性，威廉姆森提出了一个所谓的"三阶段方案"。第一阶段是开展比较合同分析（comparative contractual approach），具体包括以下步骤：(1) 接受旧制度经济学的代表人物康芒斯的建议，将"交易"作为基本的分析单元②，在交易分析的过程中审视治理结构（也就是不同形式的经济制度）以及行为主体的种种细节。(2) 识别用以评估合同的行为假设。交易成本经济学坚持有限理性与机会主义行为假设，所关注的基本问题是从有限理性出发来设计合同结构与治理结构，同时保证交易不受机会主义的侵害。尽管行为假设通常为正统的微观理论所忽视，但交易成本经济学认为这些行为假设对于理论的构建极为重要。(3) 划分并解释交易的不同属性维度。交易的属性维度被划分为资产专用性、不确定性及交易频率三个方面，其中，资产专用性是最重要的交易属性。微观分析方法的第二阶段任务是在交易成本最小化目标的引导下评估不同治理结构在组织不同类型交易方面所拥有的比较效率（conmparative efficacy）优势。微观分析的最后一个阶段就是借助过程分析（process analysis）以研究不同治理模式的动态（即跨时期）差异，从而就治理结构与交易类型之间的匹配做出最终的权衡（Williamson 1988）。

根据威廉姆森为具体实施微观分析所提出的"三阶段方案"，我们可以发现，微观分析首先表现为比较制度分析。所谓比较制度分析，就是将不同的治理结构（即经济制度）看作不同的合同形式，从而在交易成本最小化目标的引导下分析不同治理结构在组织不同类型交易过程所具有的比较效率优势。其中，市场表现为古典合同，科层制表现为关系合同，混合制表现为新古典合同。由于将不同的经济制度看作不同的合同形式，因此，所谓制度比较分析，实际上就相当于合同分析或比较合同分析；或者说，在将交易作为基本分析单元的前提下，交易成本经济学通过实施合同分析从而实现制度比

---

① Nano 的中文意思是"纳米""毫微"。
② 西蒙（1946）曾主张将"决策前提"（decision premise）作为基本的分析单元。威廉姆森认为这是一个比"交易"更微观的分析框架。不过，由于交易成本经济学开展的是"中等水平"（middle range）的分析，威廉姆森认为"决策前提"太过微观而不适合作为交易成本经济学的基本分析单元。

较分析。除了比较制度分析，微观分析最主要地表现为对过程分析的坚持，过程观点在交易成本经济学中发挥着至关重要（prominent）的作用（Williamson，1988）。交易成本经济学坚持认为，对经济制度开展比较研究，就是从成本最小化的视角（ecomomizing perspective）来发现和解释经济制度运行所呈现出来的过程特征（process features）和过程问题（process issues），也就是关注制度运行过程中所包含的种种细节问题（specifics）（Williamson，1988）。不过，过程分析并非交易成本经济学所独有，在除了经济学之外的整个社会科学界，尤其是在组织理论和管理理论中，过程重要的观点受到普遍的赞同①。至于经济学界，重视过程分析的主要是奥地利经济学派以及演化经济学。不过，早期的过程分析是极为抽象的，交易成本经济学的贡献不仅表现在明确指出过程的影响比目前大多数经济学和经济学模型所承认的要微妙和广泛得多，同时也表现在通过在各种特定的合同关系中研究经济制度的过程特征，从而将过程方法推进到更具体、更细小的微观分析。不过，在经济学界也不乏批评过程分析的声音，机制设计理论的倡导者克雷普斯②便提出如下观点：首先，如果在适合采用"公式化处理"的问题中所发生的令研究者感兴趣的行动能够通过事前的激励相容（ex-ante incentive alignments）来解决，则没有必要借助过程分析以考虑组织内的微观力量；其次，用以实现激励相容的分析工具比用来对过程实施评估的相关分析工具要更为完善和成熟；最后，过程分析需要研究者掌握大量阿罗所提到的有关超微观经济细节（nanoecomomic details）的知识，然而绝大多数经济学并不具备这些知识（Kreps & Spence，1985）。为了捍卫交易成本经济学所坚持的微观分析方法的正当性，威廉姆森（1988）对以上观点做出了一一回应：首先，激励方法的采用将取决于对问题的有关激励特征的充分了解，而这一了解并非是一件容易的事；其次，过程机制（process mechanics）非常重要，但现有的经济学分析方法却很少能够对此做出解释；再次，如果有限理性使得所有复杂的

---

① 威廉姆森之所以提出过程分析，与他将组织理论作为交易成本经济学的理论来源之一是分不开的（威廉姆森，1983）。

② 机制设计理论与交易成本经济学都关注合同问题，但前者关注的是合同的事前激励方面，并假定人们遇到合同纠纷就习惯地提交给法庭，而法庭也确实能够有效地（即不费成本地）做出裁决。后者则认为各种合同关系主要靠私人秩序所形成的各种制度来治理，而不是通过所谓的"法律至上论"（legal centralism）来解决。尽管事前激励组合的重要性人所共知，但人们主要关心的还是合同对事后各项制度的规定。

合同都注定是不完全的话，则应用机制设计方法来研究科层制组织就存在很大的问题（Grossman & Hart，1986；Hart，1988），而在不完全的缔约环境中研究微妙的过程细节正是过程分析所要做的工作；最后，为了开展过程分析，就必须将经济学与组织理论结合起来，也就是说，科层制组织的研究者对制度运行的种种细节应当了然于心。

本书将内部控制看作一项重要的组织现象，从而对内部控制的性质及设计做出研究，因此，本书所发展的内部控制理论归根到底属于组织理论的范畴。与交易成本经济学一样，本书的研究对象也是经济制度，只不过我们聚焦于科层制企业这一特定形式的制度形态。因此，本书将坚持微观分析方法。同时，由于本书在组织过程的意义上定义内部控制，因此，过程分析同样构成本书的研究方法。不过，本书并非简单地照搬交易成本经济学的微观分析方法，而是结合内部控制研究的具体情况对微观分析做出进一步发展。首先，与交易成本经济学将"交易"作为基本分析单元不同，在构建内部控制理论的过程中，本书将"任务"与"作业"作为基本分析单元。所谓微观分析，就是要求我们必须深入到任务与作业层次，观察内部控制的运行以及研究内部控制的设计。也就是说，交易成本经济学的微观分析是通过实施合同分析来实现，内部控制研究的微观分析则通过任务分析以及作业分析来完成。由于任务与作业在分析层次上比交易更加微观，因此，本书实际上进一步发展了微观分析方法。正是由于采取了更微观的分析方法，内部控制理论能够解释交易成本经济学所无法解释的科层制组织的内部结构[①]。图1-3比较了新古典经济学、交易成本经济学及内部控制理论的基本分析单元。其次，与交易成本经济学采取制度比较分析不同，由于内部控制理论专注于科层制组织，因此，在内部控制研究中我们将采取制度分析，而无须采用制度比较分析。也就是说，与交易成本经济学不同，内部控制研究无须在不同的经济制度（或治理结构）之间进行效率比较。再次，虽然与交易成本经济学一样采取过程研究，但二者所关注的过程却有着完全不同的内涵。交

---

① 企业理论有三个方面的基本问题：其一，解释企业存在的原因，其二，解释企业的边界，其三，解释企业的内部结构。借助于制度比较分析，交易成本经济学能够有效地解释企业的存在及其边界，但在解释企业的内部结构方面却显得无能为力。在企业理论中，能够有效地解释企业内部结构的是哈特开创的（新）产权理论。但这一理论主要用来解释公司治理层与管理层之间的权力配置，对于管理层以下的权力结构的解释力相对有限。

易成本经济学关注的是一般性的缔/履约过程以及这一过程中所包含的合同关系，这一缔/履约过程既可能发生在市场上，也可能发生在科层制组织中，还可能发生在混合式组织中，内部控制研究关注的则是科层制企业内的任务/作业的完成过程以及这一过程中所体现的权力关系。最后，在本书所采取的微观分析中，我们还进一步采用了为信息经济学所坚持的均衡分析。具体而言，本书借助过程分析以解释内部控制的性质，借助制度分析为内部控制的设计提供了一套概念框架，借助均衡分析为内部控制的设计提供若干命题。

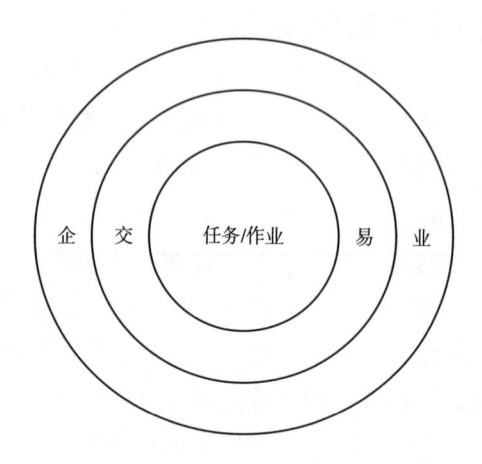

图 1-3 基本分析单元的比较

与研究方法密切相关的另一个问题是研究类型。之所以说二者密切相关，是由于研究类型归根到底还是研究方法，只不过是根据某项研究方法所产生研究成果的具体形态（比如，提供的理论还是证据？提供的是实证理论还是规范理论？等等）所做的重新表述而已；并且，与作为研究方法的微观分析相比，此处所要讨论的研究类型更具方法论的意义。在国内会计学界，学者们在论文中正式地及在口头上非正式地将会计研究区分为规范研究与实证研究两种类型，并且，在将会计理论区分为规范会计理论和实证会计理论的基础上，潜在地假设规范研究的目的是提供规范会计理论，实证研究的目的是提供实证会计理论。据说，这一分类方法是源自瓦茨和齐默尔曼（1986）。为此我们有必要回到瓦茨和齐默尔曼的原著《实证会计理论》一书。为了得到更具说服力的结论，我们首先对瓦茨和齐默尔曼（1986）原文中的主要观点做出比较详细的引用：

> 对变量之间相互关系的解释需要理论。经验性研究（empirical research）并不探索会计和审计的本来面目，研究人员从理论中明确提出假设并加以检验。如果假想中的关系得以证实，那么，这一理论便可以用于解释研究中的发现。但是，研究人员的证据常常导致对理论的修正，产生新的假设，并反过来对新假设进行检验，结果使理论得以演变（第1页）；

> 我们所介绍的理论概念①具有一套与之相联系的研究方法。这套方法是注重实际经验的研究人员在多年理论研究探索中经验累积的结果（第1页）；

> 上述理论观点（即用于解释和预测会计实务的实证理论，笔者注）直接或间接地构成了经济学上大部分以经验为依据的研究的基础，它也是科学上广为采用的理论观点（第2页）；

> 本书所采用的理论概念是公司财务理论发展的结果，而公司财务的概念则继承经济学的概念；

> 证券价格研究中（CRSP）所建立的证券价格大型电子计算机数据库促进了对分析过程中所形成的假设进行经验性检验（empircal test）（第4页）；

> 会计上早期以经济学为基础的经验研究（60年代后期和70年代早期）验证了现存会计文献上的许多假设（第5页）；

> 实证会计理论（positive accounting theory）的产生与当时流行的由政府管制财务报告是否合理的争论也有联系。早期的经验性研究对现存有关政府管制的合理性的理由表示怀疑（第6页）；

> 在经济学中，科学上所采用的理论概念（即本书所描述的概念）传统上被称为实证理论（positive theory），以便与描述性或规范性理论（normative theory）相区分。这个由弗里德曼加以普及的名词经常导致实证理论概念与另一个概念即哲学上的逻辑实证主义相混淆（第7页）；

> 理论家必须严格区分实证性命题（positive proposition）与规范性命题（normative proposition）。实证性命题关注的是世界如何运行，……

---

① 亦即将会计理论的目标定义为解释和预测会计实务，而不是规范或限定会计实务。

规范性命题涉及的是各种限定（第7页）；

本书旨在介绍建立在经济学基础上的经验性会计文献的重要理论与方法。这些文献所依据的理论概念是理论的科学概念；这种理论的目的是解释和预测现象（在会计上指会计实务）。在经济学上，这种概念被称为"实证理论"；……实证理论概念直至60年代才出现在会计文献上（第12页）。

综观以上所有引文，我们可以发现，在瓦茨和齐默尔曼（1986）的语言体系中我们很难、事实上几乎无法找到所谓"实证研究"（positive research）或"规范研究"（normative research）的措辞，他们再三强调的是实证（会计）理论（或命题）与规范（会计）理论（或命题）之间的区分，这一点更是从其著作的标题《实证会计理论》得到印证。在研究方法层次上，他们反复提到的是经验性检验及经验性研究，而不是所谓的"实证研究"。关于经验性研究与实证理论之间的关系，他们明确地指出经验性研究的目的是"从理论（即为实证理论，笔者注）中明确提出假设并加以检验"[①]。总之，在范畴的意义上，瓦茨和齐默尔曼（1986）提供给我们的信息是：一是所有的理论可以区分为规范理论和实证理论，二是规范性理论不需要、也无法被施以后续的经验性检验，实证理论能够、且需要被施以后续的经验性检验，也就是说，经验性研究是发展实证理论的一个不可或缺的环节。实际上，瓦茨和齐默尔曼（1986）的这一观点完全来自弗里德曼（Friedman 1953）关于实证经济学（或理论）与规范经济学（或理论）的讨论，此处就不再赘述。

在瓦茨和齐默尔曼（1986）的基础上，我们明确地将研究（严格地说是学术性研究）分为以下两种类型：理论研究与经验研究。理论研究是指据以形成理论命题（包括规范性命题和实证性命题）的那种研究，经验研究则是在将理论命题转换为经验假说的基础上，利用实际的数据对理论或理论命题进行检验的那种研究[②]。由于"理论源自研究"，研究类型与理论形态之间直接相关。由于规范理论不需要检验，因此，规范理论完全来自理论研究，而无需后续的经验研究。由于实证理论在被用来解释和预测自然现象和社会

[①] 严格地说，英文hypothesis应被翻译为"假说"，而不是"假设"。
[②] 至于具体的检验方法，则存在着多种选择，在此不再赘述。

现象之前必须经过实际数据的检验，因此，实证理论的形成与发展必定包括理论研究和经验研究两个相互交织的阶段。这一有关实证理论发展过程的观点与波普尔关于人类知识进化范式的讨论完全一致。研究类型与理论形态之间的这一关系如图1-4所示。为了对图1-4关于研究类型及其与理论形态之间关系的界定提供支持，我们在此引用美国著名社会学家彼得·布劳和马歇尔·梅耶（1987）在研究现代社会中的科层制时所说的一段话：

> 任何科学（即实证理论，笔者注）的向前推进都依赖于理论和经验研究。理论，无论是自然科学或是社会科学，均由命题组成，这些命题至少在原则上可以被经验研究证实或证伪。爱因斯坦的相对论和涂尔干的失范论都陈述了变量之间的关系，因而二者都可以用于研究检验。通过检验理论命题，并根据研究结果修正理论命题，这样才推动了科学的发展。精心设计不能被检验的命题（也就是所谓规范性命题，笔者注），并不能推动科学的发展。……这里让我们再重述一遍科学的基本原则：必须有一个理论陈述或多个可检验的命题，经验观察必须用于检验理论，并对理论作出修正。

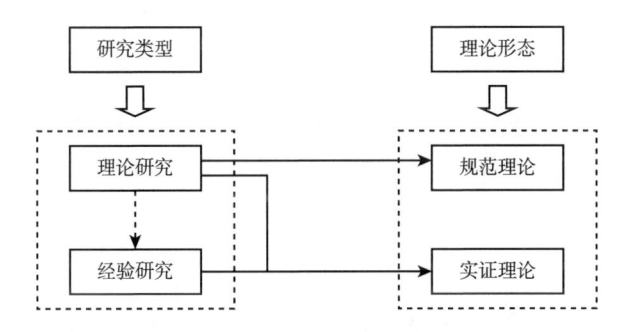

图1-4 研究类型与理论形态

在社会科学，尤其是应用性的社会科学中，非学术性研究，亦即政策性研究在文献的形成中占据着相当的比重[①]。与学术性研究（即理论研究和经验研究）的目的是为了发展理论不同，政策性研究的目的是在将理论与实践

[①] 政策性研究及其与理论研究和经验研究之间关系的一个例子是：每当美国的资本市场发生重大问题，美国的国会通常会组建一个临时的专家委员会，该专家委员会的一种重要任务就是向国会提交研究报告。该研究报告属于典型的政策性研究。为了撰写研究报告，专家不仅会引用某些理论观点，同时还会引用大量的经验证据。

相结合的基础上就某一具体的现实问题提出具有可操作性的解决方案。因此，研究类型首先表现为学术性研究和政策性研究，而学术性研究又进一步被划分为理论研究和经验研究①。在以上三种类型的研究中，从所要解决问题的基础性来看，依次是理论研究、经验研究和政策性研究；从研究发生的时序来看，依次也是理论研究、经验研究和政策性研究；从文献数量的理想状态来看，依次是政策性研究、经验研究以及理论研究②。本书之所以就研究类型及其与理论形态之间的关系给出一个全新的概括，实在不仅是为了澄清曾经的概念误区，最重要的原因乃是一个科学的认识将有利于我们恰当地组织研究工作，并在不同研究项目之间实现的建设性互动。就本书而言，在研究类型上，我们开展的是理论研究而不是经验研究或政策性研究；就所发展的理论形态而言，属于实证理论而非规范理论③。

联系到早前在科学方法论（从而科学研究）及设计方法论（从而设计研究）之间所作的区分，我们可以对研究类型做更深入的分类。图1-5显示，无论是科学研究还是设计研究，均存在理论研究以及相应的经验研究两个层次。也就是说，一个完整的科学研究或设计研究必定是理论研究和经验研究的统一体，仅有理论研究而没有后续的经验研究，科学研究或设计研究的过程便没有被真正地完成。由于政策研究属于纯应用性研究，往往同时综合了科学研究和设计研究的成果，因此，很难简单地将其归入科学研究类型或设计研究类型。任何一个研究领域，如果想要变得逐渐成熟并最终为实践

---

① 根据本书关于研究类型以及理论形态的划分，我们认为那种简单地将早期的会计研究称为规范研究是不恰当的，虽然目前大家对此已经习以为常。根据本书的观点，在任何领域所开展的任何一项研究，要么将其归为非学术性的政策性研究（主要发表在非学术性期刊上，但也可能发表在学术性期刊上），要么将其归为学术性研究。一项研究能够作为严格意义上的学术性研究，一个基本标志是看其是否符合逻辑地发展了相应的理论命题，否则，要么属于非学术性研究，要么属于不合规范的所谓"学术性研究"。在学术性研究中，究竟属于理论研究还是经验研究，则要看研究的目的是为了发展理论命题，还是为了检验因理论命题而来的经验假说。理论研究则进一步存在以下两种情形：以发展规范理论为目的的理论研究和以发展实证理论为目的的理论研究。至于究竟属于哪种情形，则要考察理论研究所发展的命题是否属于价值判断，是否能够被证实或证伪。

② 根据本书对于研究形态的划分，如果要判断某一研究领域是否已达到成熟阶段，一个重要的标志就是看其是否在理论研究、经验研究以政策性研究这三个层次上同时拥有足够的文献数量。只要稍稍想象以下会计研究领域的情况，就可以理解上述判断方法的合理性。由此观之，内部控制是一个非常独特的领域：在理论研究以及经验研究非常不充分的情况下，却存在着难以计数的政策性研究。这一情形并非正常，而只是意味着理论研究的开展对于内部控制领域的重要性和迫切性。

③ 本书关于内部控制性质与设计所发展的相关理论命题都具有可检验性。

提供有益的导引，其研究活动的基本进程应该是先有理论研究，然后针对理论假说开展大量的经验研究，最后才是开展运用理论研究和经验研究所创造的知识以解决具体问题的政策性研究①。以内部控制的设计研究为例，在没有开展充分的理论研究以及相应的经验研究的情况下开展大规模的政策性研究，所面临的风险就是可能将个别经验强加给所有的组织。这些个别经验既可能是个别组织的经验，也可能是政策研究者（比如职业机构中的专业人士）在其职业生涯中所获得的个体经验。由于这些个别经验缺乏足够的一般性，建立在个别经验基础上的政策性研究自然很难为内部控制的设计实践提供正确的引导。因此，本书的基本任务是在理论层次上开展内部控制的科学研究和设计研究。就理论研究而言，无论是科学研究还是设计研究，其最终目的均表现为新知识的创造。在内部控制的理论研究中，我们曾将来源于科学研究的新知识称作内部控制的科学知识，将来源于设计研究的新知识称为内部控制的设计知识。鉴于所依据方法论的不同，科学知识与设计知识有着不同的功用。其中，科学知识的目的是用来理解现存的内部控制现象，设计知识的目的是用来改造内部控制现象。理论层次的设计研究所要解决并非实际的内部控制问题②，而是试图发展出一套系统的设计知识，从而为某一类型内部控制问题的解决提供依据。因此，设计知识是抽象而非具体的、是一般而非特定的。与科学知识一样，只有那些经过经验检验的设计知识才能为设计方案的具体形成提供逻辑基础③。

---

① 这一研究进程在会计领域表现得非常明显。在 20 世纪 60 年代末期，经验会计研究之所以得以开展，除了受到相关学科（比如公司财务理论）的启发之外，更为深层次的原因是早期会计理论研究的不断成熟。在 20 世纪 60 年代以前，西方会计学界积累了大量的理论文献，正是这些理论文献为后来的经验研究提供了大量可供检验的命题。到 20 世纪 70 年代末期，以财务会计概念框架为核心的政策研究逐渐得到广泛开展，政策性研究所需要的知识不仅受益于早期的理论研究，同时也受益于晚期的经验研究。

② 简单地将科学知识或设计知识用于解决现实的内部控制问题，要么属于政策研究层次，要么属于实践范畴。

③ 通过区分研究模式 1 和研究模式 2，吉本斯等（Gibbons et al., 1994）试图革新组织与管理的研究方法。他将以学科为基础的、关注抽象知识的理论研究称作研究模式 1，研究模式 2 则运用跨学科的知识在一个应用的背景下创造知识。在研究模式 2 下，潜在的解决方案来自在一个应用和行动的框架下的不同技巧的整合，从而超越了任何一个单一的学科。因此，与研究模式 1 不同，研究模式 2 在研究技术和研究经验上是异质的。吉本斯等（Gibbons et al., 1994）认为组织与管理研究应该从研究模式 1 转向研究模式 2。与吉本斯等不同，我们在方法论的意义上在科学研究与设计研究之间做出区分，并且，我们并不试图通过设计研究来取代科学研究，相反，设计研究是科学研究的重要补充。

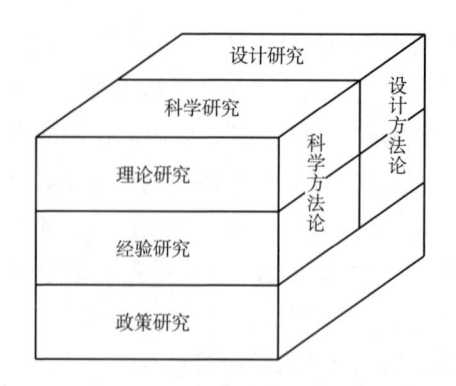

图 1-5 研究类型的综合分类

既然本书属于理论研究,自然就涉及对研究所赖以建立的理论基础的选择。在理论研究的过程中,我们观察到的两个有趣现象是:研究最微观的问题竟然要用到最宏观的理论,并且,随着研究问题愈加微观,所依赖的基础性理论则愈显多元[①]。虽然本书并不打算就上述现象展开严格的学术性论证,但我们却可以借助逻辑上的类比对此予以形象地说明。关于研究最微观的问题竟然要用到最宏观的理论这一现象,我们给出的类比是:在一个圆形上,距离最近的两点亦是距离最远的两点。中国有句俗语叫"远在天边,近在眼前"讲的似乎就是这个道理。关于研究问题的微观性与理论基础的多元性之间正相关的现象,我们则给出这样的类比:当我们站在长江的入海口,并回望长江发源地方向,我们会发现,融入大海的长江水是由无数条支流共同汇流而成的,因此,如果试图解析长江入海口处江水的物理构成,我们势必要追溯长江流经过程中的条条支流,直至溯及长江的源头。为了更充分地说明上述两个有趣的现象,我们还可以举两个与理论发展有关的例子。支持第一个现象的例子是:作为控制论的创始人,维纳最初关注的只是有关动物与机器中的控制与通讯的这样一门纯技术性科学[②],然而,控制论的诞生最终却促成了哲学上的变革,而维纳本人不仅是一位很注意哲学思考和方法论研究

---

① 数学这门学科研究的问题是极其抽象、极具一般性的。因此,我们观察的现象是:数学家在开展数学研究的过程大概完全可以局限于"数学"这门学科内部,而没有太多的需求从其他学科的研究中获得启示。

② 1948 年,美国数学家维纳发表的专著《控制论(或关于动物和机器中控制与通讯的科学)》(*Cybernetics Or Control and Communication in the Animal and the Machine*)标志着控制论作为一门新兴学科的诞生。

的科学家，甚至就是一位严格意义上的哲学家[①]。支持第二个现象的例子是：正是在综合了法学、经济学和组织理论最新发现的基础上，威廉姆森才最终确立了以微观分析著称的交易成本经济学。与交易成本经济学相比，内部控制研究将更深入地走进科层制组织的内部，因而属于更加微观层次的研究。因此，以上我们所观察到的两个有趣现象将同样出现在本书的研究中。首先，哲学构成本项研究所赖以开展的最具有根本性的基础。本书所讨论的大量范畴，如权力、信息、知识、关系、秩序以及有限理性等，无一例外地建立在哲学的基础之上。本书所开展的研究既涉及科学哲学，如波普尔批判理性主义哲学，也涉及信息哲学，如维纳和申农关于信息的哲学讨论，同时还涉及后现代哲学，如法国福柯的权力哲学、英国布拉德雷和日本的广松涉的关系主义哲学等。其次，经济学和组织理论（包括管理理论）构成本项研究所赖以建立的最直接的理论基础。本书对于内部控制设计过程逻辑结构的规划就是借鉴了交易成本经济学的分析逻辑，关于内部控制设计命题的发展就是以委托代理模型为基础，关于组织的严格定义、任务属性维度的划分、作业链和作业点概念的提出乃至关于内部控制性质的概念模型的提出都是直接受益于相关的组织理论以及管理理论。最后，在支持本项研究的诸多理论基础中还不时地可以看到社会学的影子。由于本书将内部控制看作一项重要的组织现象，而组织问题长期以来构成社会学研究的一种重要领域，因此，内部控制研究自然就无法摆脱社会学的影响。社会学对于本书所产生的最重要影响大概体现在"科层制"范畴的借入。在根本上，科层制（或官僚制）是一个由韦伯所提出的、后经大量社会学家深入研究的社会学范畴和社会学现象。

1.4 本书的结构与创新

在本章 1.2 节中，我们曾将本书所要解决的三个相互关联的基本问题做如下概括：其一，什么是内部控制？其二，内部控制存在的基本价值是什

[①] 早在 1943 年，维纳与另外两名合作者共同撰写的《行为、目的和目的论》就发表在美国的哲学杂志《科学的哲学》上。至于维纳后来对"信息"的定义所做的具有广泛影响力的讨论，实际上已开启了一个全新的世界观。

么？其三，为最大化内部控制存在的基本价值，内部控制设计应当依循的原理与原则是什么？为了对这三个基本问题做出回答，本书的主要内容被安排如下：

在第2章中，我们在过程分析的基础上为科层制组织内部控制性质的解释提供一个概念模型，从而对第一个和第二个问题做出回答。基于COSO框架关于内部控制性质的"过程观"，对上述两个问题的回答意味着通过"过程"的解剖，从而透视"过程"的内在结构，并理解这一"内在结构"是如何为内部控制在科层制组织中的存在带来价值。通过将组织目标实现过程中所面临的不确定性定义为科层制组织所面临的基本问题，本书首先论证了组织成员的机会主义及有限理性构成内部控制存在的基本前提。作为组织目标实现不确定性的现实度量，偏差产生的行为基础是组织成员的行为失范与行为失败。其中，机会主义构成组织成员行为失范的心理学依据，有限理性则构成组织成员行为失败的生物学依据。因此，通过引致行为失范和行为失败，机会主义和有限理性构成偏差产生的人性根源，进而为内部控制的存在提供了基本前提。为了有效地应对组织成员的机会主义和有限理性，组织成员之间的信息分享与知识整合便相应地成为两项基本的组织策略或组织过程。为了在组织成员之间实现充分的信息分享与有效的知识整合，权威沿着科层制组织的科层结构实现纵向的扩散以及在同一科层级次上实现横向的扩散便成为必然。最终，本书将内部控制定义为一个实现权威扩散、信息分享与知识整合的一体化过程。通过结构化组织成员之间的关系模式，内部控制将促成科层秩序的建构，从而为组织目标的实现提供合理保证，最终实现组织长寿。正是通过将"秩序植入科层"，内部控制在经济和技术双重约束的条件下最小化组织成员发生行为失范与行为失败的概率。换言之，科层秩序的建构为科层效率的实现提供了合理保证，从而构成科层效率的基本来源，这是内部控制存在的基本价值在科层制理论上的一般性表述。

第3章的目的是为内部控制设计提供一个逻辑一贯的概念框架，从而为最后一个问题的回答提供部分答案。以内部控制性质的理论解释为基础，第3章首先确立了内部控制设计研究的权力范式，从而替代早期的控制论范式。基于权力范式，本章在制度分析的基础上就内部控制的设计发展了一套概念框架。概念框架首先表现为一系列应用于内部控制设计实践与设计研究的基础性概念。这些基础性概念包括作为内部控制研究对象的行为与关系、作为内部控制基本分析单元的任务与作业、作为内部控制基本模式的行为控制以及作为内部控制基本功能的行为约束与行为优化。作为内部控制设计知识的重要组成部分，这些基础性概念将成为权力范式的基本分析工具。同时，借鉴交易成本经济学的分析逻辑，本章在以上概念的基础上进一步对内部控制设计过程的逻辑结构做出规划，从而为内部控制的设计提供一个基本的思想路径（或认知路径）。内部控制设计的基础性概念与内部控制设计过程的逻辑结构共同构成了一个完整的概念框架。

以概念框架为基础，借助委托代理模型，第 4 章针对内部控制设计展开均衡分析，从而提出了 5 个方面的设计命题。均衡分析依次分为三个层次：单一代理人模型、双代理人模型以及 N－代理人模型。单一代理人模型的分析表明，由于纯粹的工资性激励并不足以成为一个防止舞弊的有效措施，因此，内部控制的存在对于降低组织成员发生舞弊和差错的概率有着基本的必要性。此外，虽然舞弊被发现后所施加的处罚足以影响代理人的保留金额，进而影响到舞弊动机，但实施舞弊所需努力的上升带来的负效用对于保留金额将能够产生更大的影响。因此，事前的内部控制设计比事后的奖惩机制能够更有效地降低舞弊的概率。多代理人模型的分析表明，代理人的保留金额与作业链长度正相关；也就是说，随着作业链长度的增加，代理人的舞弊动机将越弱。此外，组织成本与作业链长度以及舞弊发现后所施加处罚的程度负相关；也就是说，在与完成某项任务相关的雇员数量被给定的前提下，委托人要实现舞弊和差错概率以及相应组织成本的最小化，就必须实现作业链长度的最大化，并且寻求事后处罚的最大化。最终，由设计命题和概念框架共同构成的设计语言（或设计知识）基本地概括了内部控制设计所必须遵循的原理与原则，因而比较完整地对本书所提出的最后一个基本问题做出了回答。

问题的识别是理论发展的基本前提。一项成熟的理论体系，一定有着被明确界定的、独特的研究问题。这一点在会计理论中体现得尤为明显。然而反观内部控制，国内外学术界似乎从未就内部控制研究所要解决的基本问题展开过系统的、富有建设性的讨论。内部控制理论研究的发展之所以缓慢，不同理论观点的整合效率之所以不高，学术界未就内部控制研究所要解决的基本问题达成共识难辞其咎。在科层制的背景下，通过将内部控制看作一项重要的组织现象，本书明确地提出了内部控制理论研究所要解决的三个基本问题，并进一步根据该三个基本问题将内部控制研究概括为性质研究和设计研究两大基本领域。在明确界定内部控制研究所要解决的基本问题的前提下，本书在内部控制研究的科学方法论和设计方法论之间做出富有意义的区分，并且将内部控制的性质研究建立在科学方法论的基础上，将内部控制的设计研究建立在设计方法论的基础上，本书为内部控制研究的开展确立了方法论依据。在科学方法论的基础上，本书就内部控制性质的理论解释提供了一个概念模型。通过回答内部控制是什么以及内部控制为什么会存在这两个基本问题，这一概念模型的提出促成了内部控制性质的"过程观"向"秩序观"的演进。通过在内部控制性质研究的基础上确立内部控制设计研究的权力范式，本书进一步就内部控制的建构提供了一套逻辑一贯的设计语言。设计语言由概念框架和设计命题构成。其中，概念框架的提出不仅为内部控制的理论研究提供了一个逻辑基础，同时也为内部控制实践提供了一系列有用的分析工具；设计命题在为设计实践提供一般性指引的同时，进一步构成内部控制研究的科学方法论和设计方法论之间相互交流的平台。

虽然本书就内部控制的性质提供了一个解释框架，并就内部控制的设计提供了一套由概念框架和设计命题共同构成的设计语言或设计知识，但我们宁愿相信所有这一切只是一种探索性的、可替代的尝试。也就是说，本书所展开的理论研究没有、也不可能彻底地解决我们期待解决的那三个问题，而只是提出了更多的、有待进一步探索的新问题，虽然目前我们并不知道那些需要进一步探索的新问题究竟是什么。因此，本书所做的全部工作仅构成未来更深入、更全面的理论研究以及经验研究的一个起点而已。不过，根据波普尔的观点，这也许正是人类知识的累积之道。

第 2 章
内部控制性质的理论解释

2.1 引言

虽然内部控制领域拥有大量文献，然而，有关内部控制性质的理论研究至今仍然缺乏应有的系统性、一般性及学术性。一个明显的事实是：学界与业界，甚至不同学者对于内部控制究竟是什么往往持有不同的看法。在有关内部控制性质的理解缺乏足够一致性的情况下开展内部控制研究，一个潜在的后果就是不同文献、乃至不同学者之间难以展开有效的对话与交流，从而影响到内部控制理论发展的效率。本章的目的便是试图从现有政策性文献中提炼出初步的理论元素，以此为起点，形成一个体系化的理论模型，从而为科层制组织内部控制的性质提供逻辑一贯的解释。作为本章研究的一个逻辑起点，我们将与内部控制性质相关的两个基本问题做如下概括：其一，内部控制是什么？也就是内部控制的定义；其二，作为组织现象的内部控制为什么会存在？也就是内部控制存在的基本价值[①]。从而，对内部控制的性质做出研究，就意味着必须对以上两个问题做出回答。

[①] 要在逻辑上解释为什么与内部控制性质相关的是这两个基本问题而不是其他问题，需要花费大量的笔墨。为使得论述不至于显得过于累赘，我们以科斯《企业的性质》一文为例予以说明。在这篇论文中，科斯针对企业的性质回答了如下两个问题：其一，企业是一个以"权力"（或权威）为基础的"合同集"（或"契约集"），其二，企业存在的基本价值在于借助权威的运用以降低交易成本。本书就内部控制性质所提出的两个基本问题显然与科斯关于企业性质的看法具有一致性。

美国的 COSO 委员会于 1992 年发布的《内部控制——整合框架》（以下简称"COSO 框架"）在内部控制的文献史上具有标志性的意义，所提出的内部控制理念受到实务界和学术界的普遍接受。然而，基于实用主义的考量，我们在对 COSO 框架所提出的内部控制五要素倾注极大关注的同时，却在相当程度上忽略了蕴涵在该框架中的两项理论创新[①]。这两项理论创新反映了 COSO 框架对于内部控制性质的全新解读，它们分别是：其一，内部控制是一个由董事会、管理层及其他组织成员共同实施的、持续流动于组织[②]之内的过程（process），该过程与组织的经营活动交织在一起，为基本的经营理由而存在；也就是说，内部控制并非简单地等价于"漂浮在"组织机体表层的、静态的、有形的政策与规章；其二，内部控制存在的基本价值在于为组织目标的实现提供合理保证，也就是说，内部控制只是实现组织目标的一种手段，而不是组织目标本身，因而，内部控制目标并非简单地等价于组织本身的目标[③]。"过程"与"合理保证"之间密切相关：只有将内部控制"过程化"到管理当局经营企业的方式之中，组织目标的实现方能得到合理保证。由于"过程"以及"合理保证"概念构成 COSO 框架的理论基石，因此，本书将 COSO 框架关于内部控制性质的理解简要地概括为内部控制的"过程观"。虽然 COSO 框架的"过程观"为理解内部控制的性质打开了一扇窗户，然而问题依然存在：其一，这一持续性的过程究竟具有什么样的内涵？其二，该过程是如何为组织目标的实现提供合理保证？作为一个政策性文件，COSO 框架没有、也不会就这两个问题做出进一步的探究。然而，若要深刻洞察内部控制的性质，进而真正推动内部控制研究的理论化，以上两个理论命题则是我们不得不面对的。这就要求我们必须真正走进"内部控制"的黑箱。现将本章的主要内容概述如下：

首先，本章对内部控制假设以及内部控制性质相关的理论性文献和政策性文献做出回顾与评述。其中，有关内部控制性质的文献回顾表明这一研究

---

① 国内某些文献似乎未能正确地解读 COSO 框架，可能与他们对这两项理论创新的忽视有关。
② COSO 框架中使用的是"主体"（entity）一词，为了确保本书措辞的一致性，我们统一采用"组织"（organization）提法。
③ 这就意味着，任何试图将组织目标简单地强加给内部控制的做法都是不符合逻辑的。比如，价值创造是组织的基本或终极目标，因而不应该将其看作内部控制目标。再比如，COSO 框架中所提到的营运效率和效果目标、财务报告可靠性目标以及法规遵循目标都构成组织的具体目标，内部控制的目标是为以上三项组织目标的实现提供合理保证。

领域呈现出如下特点：第一，就文献的影响力来看，理论文献长期以来滞后于政策性文献；第二，与理论文献相比，政策性文献对于内部控制性质的理解显得更加开放；第三，与国外文献相比，国内文献就内部控制性质的研究采取了更多元化的尝试。总之，有关内部控制性质的现有文献在研究过程的逻辑性、研究视角的根本性以及研究结论的解释力方面尚显不足，内部控制研究的理论化亟待进一步推进。

其次，通过引入"偏差"概念以度量组织目标实现过程中所存在的不确定性，本书先后分析了偏差产生的行为基础及其人性根源，其中，行为基础表现为组织成员的行为不确定，人性根源表现为组织成员的机会主义和有限理性。最终，本书认为机会主义和有限理性构成内部控制存在的基本前提，并进一步将其定义为内部控制的行为假设。在论证过程中，本书提出了一个有关组织成员行为不确定的综合分类体系。在这一分类体系下，组织成员的行为不确定分别表现为行为失范与行为失败两种基本形式，二者共同构成偏差产生的行为基础。其中，机会主义是导致行为失范的人性根源，有限理性则是导致行为失败的人性根源。该综合分类体系将有助于我们对所有可能的行为不确定做出系统性的分析。

再次，在认识论的基础上，本章进一步研究了应对组织成员的机会主义和有限理性的组织策略：信息分享与知识整合。其中，通过降低组织成员之间的信息不对称以及强化组织的核心价值观，信息分享有助于弱化组织成员的机会主义倾向；通过提高知识的完备性和可靠性，知识整合有助于克服组织成员的有限理性。为了给上述论证过程提供一个概念基础，本书在哲学的意义上讨论了知识与信息之间的区别与联系，最终将人类的认识过程概括为信息传递与知识积累的有机统一，亦即知识与信息不断相互转化的过程。

最后，本章提出了一个逻辑一贯的概念模型，从而对内部控制性质相关的两个基本问题做出回答。在这一概念模型下，内部控制被定义为一个实现权威扩散、信息分享以及知识整合的一体化过程，其存在的基本价值在于通过形成科层秩序，从而为组织目标的实现提供合理保证。最终，本书实现了从内部控制的"过程观"到"秩序观"的跃升。

通过将内部控制存在的基本价值定义为"将秩序植入科层"，本章所提出的概念模型进一步发展了COSO框架关于内部控制性质的认识。首先，内部控制的"秩序观"能够解释早期文献无法予以清楚解释的理论与实践问题，比如，内部控制与管理（包括管理控制系统以及管理的控制职能）之间的区别表现在内部控制的目的在于缔造科层秩序，而管理的目的在于创造科层效率，二者之间的联系则表现在科层秩序构成了科层效率的基础，为科层效率的实现提供合理保证。其次，内部控制的"秩序观"能够对作为组织现象的内部控制的未来发展趋势做出预测，比如，由于信息技术的快速发展将分别对信息分享以及知识整合的效率产生深刻的影响，因此，未来新型组织的内部控制将必将做出相应的调整，而这一调整最终通过权威扩散的具体形式体现出来，从而适应工作团队、扁平组织以及网络组织的大量出现。再次，内部控制的"秩序观"还有助于理解现有某些理论观点中所包含的深刻洞见，比如，正是由于内部控制将秩序带入组织，我们才能真正理解为什么杨雄胜（2005）提出"与其把公司治理看作内部控制的前提，不如把内部控制看作实现公司治理的基础设施"的观点。最后，由于COSO框架关于内部控制的"过程观"归根到底来自组织理论文献①。因此，本章所提出的概念模型将在一般意义上为组织理论研究增添了新的洞见与新的知识。

2.2 文献回顾与评述

要探究内部控制的性质，就必须首先了解内部控制作为一个组织现象而存在的基本前提。由于内部控制假设的研究与内部控制存在的基本前提密切相关，因此，本章节将同时对内部控制假设和内部控制性质的相关文献做出回顾与评述。

2.2.1 内部控制假设的相关文献

最早研究内部控制行为假设（behavioral hypotheses）的是卡迈克尔（1970）。他将内部控制系统（internal control system）的主要功能定义为影响（influence）（或控制，control）人的行为，从而试图提出一套用以支撑内部

---

① 在组织理论文献中，将"控制"定义为"一个过程"是其基本观点。COSO框架对于"内部控制"的定义实际上就是借鉴了这一理论观点。

控制的设计、运行以及审计的行为假设。作为行为假设研究的起点，卡迈克尔在信息处理系统（information processing system）的背景下对内部控制系统做出定义，将其目标概括为如下三个方面：其一，及时地并且经济地处理信息。其二，确保所报告信息的可靠性。其三，确保财产的安全性。基于以上定义，卡迈克尔针对内部控制系统提出了相应的行为假设：第一，任何个体在智力、道德以及生理上均具有一定的内在缺陷，因此，内部控制的方法和手段对于达成信息处理系统的目标是必要的。第二，借助于"迅速曝光"所产生的威慑效应，一个有效的内部控制系统将有助于阻止个体实施舞弊行为。第三，独立的个体，也就是由于在作业的功能以及结构上所做的事先安排而执行不相容职务的个体，将会及时地识别和报告所关注到的异常情况。第四，对异常现象的出现视而不见的后果通常是非常严重的，因此，执行不相容职务的不同个体之间实施合谋的可能性是较低的。第五，不同个体在信息处理系统中所拥有的权限均由组织统一规划。第六，未被组织明确界定的行动一旦得以实施，将导致信息处理系统目标的异化，事实上，令人满意的内部控制系统的一个重要特征就是对组织的计划、授权以及记录程序的严格遵循。第七，一个记录系统（即信息系统）将为某项行动的曾经实施提供足够的证据，也就是说，书面证据的存在意味着对应的行动在之前曾发生过。第八，在信息处理系统的三个目标之间不存在内在的冲突。

在《战略实施中的绩效评估和控制系统》一书中，罗伯特·西蒙斯对内部控制的行为假设做出进一步探讨。他认为雇员在组织的运行过程中将不可避免地出现故意违规和非故意错误，因此一定要设置控制和防护措施来保证所有的交易信息都能够被准确地予以记录，且保证雇员不会基于个人目的而挪用组织资产。他将为达到以上目的而存在的系统和措施称之为内部控制。这该定义的基础上，西蒙斯提出了内部控制的行为假设：第一，每个个体都存在固有的道德缺陷，因而有必要借助内部控制以确保资产的安全和信息的可靠。第二，有效的内部控制能够使潜在的不轨者害怕被发现，从而对舞弊行为产生威慑力；也就是说，内部控制设计者假设雇员不会在明知很有可能被发现的情况下实施舞弊。第三，独立的个体能够识别并报告他所发现的异常情况。第四，要求其他人共同参与舞弊具有很高的风险，所以数人合谋的可能性很低。第五，正式的任命和说明书决定了组织中个体的权限。由于权力和影响来自高层管理者，所以，雇员会把关于控制的缺陷和异常情况反馈给管理者。第六，记录和文件是行为和交易的证明。内部控制把文件和电子记录作为真实交易的凭证，因此，如果这些凭证是伪造的或不准确的，那么就无法保证交易是正确记录的。第七，在实现业务目标和产生正确信息之间不存在固有的矛盾，出色的业绩和可靠的信息在组织内是有可能同时实现的。通过对比两篇国外文献，可以看出罗伯特·西蒙斯关于内部控制行为假设的研究在很大程度上是受到卡迈克尔的启发，以至于无论是关于内部控制目标的界定，还是行为假设的发展，两篇文献均具有基本的一致性，唯一的不同在于卡迈克尔所提出的假设6没有出现在西蒙斯的假设体系中。因此，罗伯特·西蒙斯似乎并未就内部控制的行为假设增添太多新知识。

国内也有文献试图对内部控制假设做出探讨。在回顾和评述罗伯特·西蒙斯关于内部控制行为假设研究的基础上，潘琰等（2008）认为内部控制的基本假设应当具有以下几个方面的特征：客观现实性、基础性、系统性、相互独立性和动态性。根据上述特征，他们将内部控制的基本假设概括为控制实体假设、可控性假设、复杂人性假设和不串通假设。其中，控制实体假设是对内部控制活动空间范围所做的假定；可控性假设表明只有当系统是可控的时候，控制目标才能达到；复杂人性假设是基于薛恩的"复杂人"假设而提出，主张"人"是道德和经济两重人格的复合体；不串通假设认为除非存在反证，任何控制实体的相关人员都不会合谋。潘琰等（2008）认为内部控制的基本假设是整个内部控制理论赖以建立的基础，是推导其他命题的前提，因而希望它们关于内部控制基本假设的研究能够为内部控制理论体系的构建和企业内部控制制度设计提供基础理论支持。潘琰等（2008）虽然就内部控制假设提出了全然不同的观点，不过，这一全新的假设体系能否像他们预期的那样成为内部控制理论构建的基础，显然需要进一步的论证。

我们认为，在研究内部控制假设之前必须首先明确假设研究的基本目的，不同的研究目的必然导致不同假设体系的形成。卡迈克尔和西蒙斯的目的是支持内部控制的设计、运行与审计，因此，在他们的假设体系中不仅包括有关人性的基础性假设（即假设1），同时还包括用以支持内部控制的设计、运行和审计的技术性假设（包括其他所有假设）。就本书而言，之所以讨论内部控制的假设，目的是理解内部控制存在的基本前提，进而探求内部控制作为一个组织现象而存在的基本价值。因此，在本书中，内部控制假设与内部控制存在的基本前提具有同一性，这也是为什么在本书所提出的假设体系中不包括技术性假设的根本原因。由于我们完全赞同卡迈克尔关于内部控制的主要功能是影响（或控制）人的行为的观点，因此，我们也倾向于将内部控制存在的基本前提称为内部控制的行为假设。

2.2.2 内部控制性质的相关文献

有关内部控制性质的讨论同时出现在理论性文献与政策性文献（包括职业性会计和审计文献）中，本章节将分别予以回顾。

1. 理论性文献

斯韦兹（1946）可能是最早探讨内部控制性质的理论性文献之一。虽然严格地在会计系统的背景下讨论内部控制，但他的很多观点至今看起来仍然富有启迪作用。他认为内部控制问题之所以变得越来重要，并非是由于SEC出台了有关内部控制的管制要求及其针对某些重大舞弊案件所开展的审计调查，而主要是因为公司的规模越来越大，以至于经理不得不把其主要精力从对营运细节的了解转移到对企业价值的维持（maintenance）上。由此可见，斯韦兹（1946）认为内部控制的需求主要来自组织内部而不是组织外部。在传统上，内部控制几乎完全与舞弊的防范联系在一起，并且被定义为组织为了确保资产的安全性以及簿记（bookkeeping）的正确性而采取的各项措施（measures）与方法（methods）。斯韦兹（1946）认为内部控制的这一定义过于狭窄，仅体现了内部控制的防护性功能。为此，他将内部控制一般性地理解为对整个会计过程的正确组织（proper accounting organization），从而使内部控制的定义涵盖了整个会计循环。为了对这一观点提供支持，斯韦兹引用了布林克（Brink）在《内部审计》（*Internal Auditing*）一书中对"内部控制"所下的定义：内部控制是协调会计报表、记录以及影响会计报表和记录的运用程序的各种方法（methods）与实践（practices），其目的在于使管理层借助于会计系统的运行从而就信息、保护以及控制获得最大的效用（Victor Z. Brink，1987）。最后，针对人们在传统与习惯上认为内部控制是一个独立于会计系统之外的实体或存在，斯韦兹（1946）认为虽然我们常常从一个特定的角度对内部控制做出单独地评估，但内部控制本身却是会计系统不可分割的一部分。他的这一观点与近半个世纪后出台的COSO内部控制整合框架所坚持的"过程观"有着异曲同工之妙。

鲍尔（Bower，1968）对于内部控制真实性质（true nature）的讨论是从评价审计程序公告第 33 号关于会计控制（accounting control）和管理控制（administrative control）的划分开始的。他认为会计控制与管理控制的二分法不仅没有解决问题，反而使得问题更加模糊，因此，内部控制的概念需要进一步的提炼，内部控制的真实性质需要更具体的认定。为此，他认为内部控制的基本目标是提高会计信息系统的可靠性以及维护财产的安全，内部控制的性质应该在会计信息系统的背景下进行讨论和观察。也就是说，内部控制的范围仅限于为企业的管理工作提供可靠的财务信息，至于根据该信息所采取的管理行动，则不属于内部控制的范围。最终，鲍尔（1968）提出了"内部控制职能"（internal control duties）概念，并将其分别概括为监督（supervision）、文件校对（clerical proof）、责任确认（acknowledge responsibility）、责任转移（transferring responsibility）、防护性措施（protective measures）、复核（review）、验证与评估（verification and evaluation）。他认为通过在事前正确地设定内部控制的各项职能将能够有效地提高会计信息的可靠性以及资产的安全性。由此可见，与斯韦兹一样，鲍尔等（1968）同样是在会计信息系统的背景下讨论内部控制的性质。

梅杰（Maijoor，2000）关注内部控制性质的背景是内部控制问题已成为有关公司治理以及审计管制的公共政策争论的焦点。他认为"内部控制究竟是什么"这一问题不仅在公共政策争论中模糊不清，在理论研究中同样面临着内部控制边界模糊的问题。他将会计学术文献中（内部）控制（〈internal〉control）的研究分为三类视角：外部审计视角、组织理论视角以及经济学（即代理理论）视角。其中，审计视角的控制研究关注的是传统会计控制如何影响财务报告的可靠性，分析层次处于业务循环与交易这一较低水平，属于低端控制机制（lower level of control）；组织理论视角的控制研究也就是管理控制，着重在部门和分部层次上研究组织的效率，属于中端控制机制（middle-level control）；经济学视角的控制研究关注的是董事与外部资本提供者之间的控制问题，属于高端控制机制（top-level control）。梅杰（2000）认为，由于分析层次以及研究视角的不同，以上三个领域的（内部）控制研究之间几乎没有实现任何意义上的互动。因此，内部控制尚未成为一个独立的、内在一致的研究领域。梅杰（2000）对三类不同层次控制机制的划分极具启发性，而且我们也认为通过一个完整的理论框架对三者实现整合将是组织研究中的一个具有挑战性、并且也是极具前途的研究方向。不过，我们并不赞同将以上三个视角的研究以及相应的控制机制都简单归入内部控制的范畴。我们认为，内部控制研究面临的真正问题不是如何在现有文献的基础上进行所谓的整合，而是要尝试发展出真正属于内部控制的理论要素①。总之，与斯韦兹、鲍尔相比，梅杰（2000）试图在一个更广泛的意义上来定义内部控制。不过，由于他对内部控制的理解如此之宽泛，以至于他还来不及就此给出最终答案。

近年来，随着内部控制问题重要性的不断上升，国内也产生了一系列文献试图对内部控制性质做出探讨。最早也是最系统地对内部控制性质做出研究的是杨雄胜（2005；2006a；2006b）。以经济学、管理学、审计学等相关理论为基础，杨雄胜（2005）认为内部控制研究只有运用丰富的公司治理理论并以管理控制口径来定位，才能取得突破性的进展，从而形成有效指导内部控制实务的理论成果。体察到传统内部控制理论正面临着来自研究对象、控制立足点及前提条件三方面的挑战，杨雄胜（2006a）认为必须把基于权力控制的内部控制转变为基于信息观的内部控制，从而将培养员工忠诚确立为内部控制的出发点，并借助于开放式信息沟通制度建设，通过团队示范作用实现全体员工行为的持续优化。基于演化经济学，杨雄胜（2006b）认为内部控制通过技巧学习与惯例固化实现组织成员自适应学习，从而成为商务生态系统中的控制链，其目标是使企业赢得消费者（客户）的支持和社会的广泛认同，以便不断提高企业影响力，最终实现组织长寿。通过引入契约经济学，林钟高等（2007）确立了内部控制的契约属性，从而认为内部控制是评价利益关系的契约装置；同时从新制度经济学出发，进一步论述了内部控制契约是企业理性的各个要素主体之间关于经济利益的分配而构建的一个旨在协调其经济活动有序、有效运行的约束控制机制。以交易成本经济学作为理论基础，林钟高等（2009）认为内部控制存在的功用在于：在资源稀缺、竞争激烈的社会环境中，设定各责任单位和全体员工的行为规则，调整各责任单位和全体员工的行为规范，以激励与约束企业内部经济交易的各种行

---

① 实际上，梅杰（2000）本人似乎对这一过于宽泛的内部控制定义并无实质性的把握，这也是为什么在行文中他经常使用"（内部）控制［(internal) control］"一词的缘故。

为，降低不确定性，节约交易成本。李心合（2007）认为随着公司环境的变化，内部控制需要从财务报告导向向价值创造导向转型，价值创造导向的内部控制是以公司价值创造为主要目标、以可接受的风险水平为出发点、以价值链分析为基础、以管理信息系统为平台、体现控制全过程的一个开放型系统。张宜霞（2007）认为内部控制是为了达到企业系统的目标而在企业参与主体之间实现相互作用、相互制约、相互影响的机制，其目标在于通过谋求企业相关参与者之间持续的平衡或均衡来实现企业的有效经营和长期发展。可以看出，与国外文献相比，国内文献明显地试图在超越会计信息系统的前提下认识内部控制的性质，所提出的一系列观点将有助于加深我们对内部控制这一组织现象的认识。不过，如何增强研究过程的逻辑性、研究视野的根本性以及研究结论的解释力，仍然是我们面临的一个共同问题。

2. 政策性文献

内部控制研究领域中一个非常独特的现象是：政策性文献长期以来成为新思想和新知识的贡献者，甚至在一定程度上引领着内部控制研究的基本方向。因此，若要全面了解内部控制性质研究的现状，政策性文献的回顾自然是必不可少的。

最早给出内部控制定义的政策性文献大概是美国注册会计师协会所属的审计程序委员会于1949年发布的题为《内部控制》的专题报告。根据该报告，内部控制包括组织为确保资产的安全性、检查会计资料的正确性和可靠性、提高营运效率以及保证既定管理政策的遵循而采取的组织计划（plan）以及一系列相互协调的方法（methods）和措施（measures）。不过，吊诡的是，这一由会计师职业团体所提出的内部控制定义却并未受到审计师的欢迎，其原因在于对上述定义中所提到的提高经营效率和确保既定管理政策执行这两项功能的运行情况做出判断将面临较大的困难，更重要的是，这似乎不应该属于审计师的责任范围。作为回应，1959年发布的《审计程序公告》第29号依据功能的不同将内部控制区分为会计控制（accounting control）和管理控制（administrative control）两个组成部分，指出审计师主要关注会计控制，因为他们只对财务数据的可靠性承担直接责任。其中，会计控制包括主要并且直接与资产的安全性和会计记录的可靠性相关的组织计划以及所有方法（methods）和程序（procedures）；管理控制则包括主要与营运效率以及既定管理政策的遵循相关的所有方法与程序，这些方法与程序仅与会计记录的可靠性间接相关。在1963年发布的《审计程序公告》第33号中，1949年出台的内部控制定义以及1959年关于会计控制与管理控制的两分法得到再次确认。

　　进入20世纪80年代以来，有关内部控制性质的政策性研究进入一个新的时期。在1988年美国注册会计师协会发布的《审计准则公告》第55号（SAS55）中，内部控制被定义为对实现公司目标提供合理保证（reasonable assurance）而建立的一系列政策和程序的有机整体。虽然与早前的政策性文献一样将内部控制理解为政策、程序或方法，但却首次提出了"合理保证"概念，从而首次明确了内部控制目标与组织目标之间的关系。1992年美国COSO委员会发布的《内部控制——整合框架》（以下简称"COSO框架"）对于内部控制性质的研究具有标志性的意义，该框架将内部控制定义为一个由董事会、管理层以及其他组织成员共同实施的、旨在为主体目标的实现提供合理保证的过程（process），其中，主体目标包括营运的效率与效果、财务报告的可靠性以及相关法律与法规的遵循。与SAS55相比，COSO框架在接受"合理保证"观念的同时，还强调内部控制是一个持续流动于组织之内的"过程"，而不再表现为静态的政策、程序或方法。美国COSO框架关于内部控制的认定对其他国家所发布的类似文献产生了重要影响，从而成为目前在业界和学界最广为接受的观点。1995年加拿大的COCO报告认为内部控制由组织资源、系统、过程、文化、结构和作业等元素组成，其目的是为了支持组织达成营运效率和效果、内部和外部报告的可靠性、相关法规以及内部政策办法的遵循等三项目标。1999年英国颁布的Turebull指南（《内部控制：对董事会的关于联合规则的指南》）认为内部控制不单单是为了满足合规性要求而设置的单独的活动，内部控制的方法和程序应该纳入企业日常经营过程并成为企业文化的一部分，并且随着组织和环境的变化而保持相关性。在2008年中国首次颁布的《企业内部控制规范——基本规范》中，内部控制被定义为由企业董事会（或者由企业章程规定的经理、厂长办公会等类似的决策、治理机构，以下简称"董事会"）、管理层和全体员工共同实施的、旨在合理保证实现以下基本目标的一系列控制活动：企业战略，经营的效率和效果，财务报告及管理信息的真实、可靠和完整，资产的安全完整，以及遵循国家法律法规和有关监管要求。与COSO框架相比，《企业内部控制规范——基本规范》最大的特点在于对资产安全目标的单独强调，这也可以看作是基本规范为内部控制性质研究所做出的重要贡献。

对比理论性文献和政策性文献，我们可以发现一个有趣的现象，这就是政策性文献对于内部控制性质的理解长期以来比理论文献更加开放和更加多元，较早地意识到内部控制对于组织营运效率和效果的促进作用，从而在内部控制的定义上试图超越会计信息系统。因此，可以认为早期的理论文献在思想性上是滞后于政策性文献的。这是传统内部控制研究的一个基本特征。

总体来看，现有的理论研究和政策性研究远未就内部控制性质的理解提供一个系统的、富有解释力的答案，这是妨碍内部控制理论发展的最根本原因。有鉴于此，本章尝试通过回答与内部控制性质相关的两个基本问题，从而建构一个足以解释内部控制性质的探索性的概念模型。

2.3 机会主义与有限理性：内部控制存在的基本前提

组织面临的基本问题是其目标实现过程中所存在的不确定性。组织成员的行为失范与行为失败是导致组织目标实现不确定性的行为基础，机会主义与有限理性则进一步构成组织目标出现不确定性的人性根源。由于内部控制为组织目标的实现提供合理保证，因此，机会主义和有限理性构成了内部控制作为组织现象而存在的基本前提，并进而成为构建内部控制理论的行为假设[①]。

2.3.1 偏差产生的行为基础：行为不确定

1. 偏差与行为不确定概念的引入

作为本书研究的一个逻辑起点，我们接受 COSO 框架关于内部控制目标

---

① 虽然我们采取了与交易成本经济学完全不同的分析路径，但最终所获得的行为假设却是一致的。这正应了威廉姆森（1983）曾经的断语："无论是哪种研究组织的理论，只要它自诩是为了解决现实的经济问题，就必然走到这两个相互配套行为假设上来"。不过，有限理性与机会主义假设在内部控制理论中发挥着与其在交易成本经济学中完全不同作用。交易成本经济学关注的是有限理性和机会主义对于交易及其治理结构的影响，本书关注的则是有限理性和机会主义对于组织目标的实现及其内部控制的影响。

的界定，也就是为组织目标的实现提供合理保证。因此，组织目标实现过程中所存在的不确定性为内部控制的存在提供了最基本的理由。为了描述这一不确定性，本书引入"偏差"概念。所谓偏差，是指组织实际的运行结果与其目标之间的差距。由于我们是在理论意义上，也就是观念意义上讨论组织的目标，因此，这一"差距"总是表现为组织运行的实际结果低于组织目标的程度。同时，由于我们永远无法将观念意义上的组织目标明确地界定在某个特定水平，因此，我们只能通过辨识"偏差"的存在，进而判断组织目标是否实现，而不是相反。也就是说，偏差的大小构成组织目标实现程度的表征。这就意味着，为组织目标的实现提供合理保证，就必须将偏差控制在经济上和技术上均可接受的最低水平，这是我们在 COSO 框架的基础上对内部控制目标做出的重新表述。所谓经济上的可接受水平，是指在实现偏差最小化的过程中必须同时考虑控制机制带来的收益与成本；所谓技术上的可接受水平，是指在这一过程中还必须考虑控制技术本身所固有的种种缺陷。总之，合理保证意味着我们只能在经济和技术的双重约束条件下实现偏差的最小化[①]。在生产技术条件保持相对稳定的前提下，组织目标实现的不确定性，亦即偏差的大小，将同时取决于以下两个因素：外部环境的不确定性和组织成员行为的不确定性。由于外部环境构成组织管理的普遍约束条件，并且其对偏差的影响在很大程度上仍然是通过影响组织成员的行为不确定性而实现的[②]，因此，组织只能通过降解其成员行为的不确定性，从而实现对偏差的有效控制。也就是说，为了目标的达成，组织唯有通过构造内部的"有序"来应对外部的"无序"。

在现有内部控制文献中，描述组织成员行为不确定性的两个主要概念分别是"舞弊"（fraud）和"差错"（error）。虽然尚不存在有关这两个概念的被普遍接受的严格定义，但舞弊通常被认为是有意识的，而差错则是无意识的。不过，由于以下两个原因，"舞弊"和"差错"很难成为有效的分析工具：其一，现实中并非所有的行为不确定均能明确地归因为有意或无意，因此，完全依据动机对行为不确定进行分类可能并不恰当，比如管理者的决策

[①] 由此，我们实际上可以初步得到内部控制为什么只能为组织目标的实现提供合理保证的原因：其一，我们无法在技术上实现完美的内部控制，比如固有缺陷的存在；其二，即使在技术上能够实现完美的内部控制，在经济也许不被接受，也就是成本效益原则的约束。

[②] 比如，在外部环境不确定性较大的情况下，组织成员更容易出现决策失误。

错误;其二,由于产生于审计视角的内部控制文献,上述两个概念在语义学上缺乏一般性,以至于在描述会计信息处理过程之外的其他类型的行为不确定时显得力不从心,比如,我们很难将故意损坏机器设备的行为归入舞弊或差错。因此,为了给进一步的理论分析提供一个合适的概念基础,本书将借助社会学以及工程学理论,尝试提炼出两个一般性的理论范畴,以系统地描述组织成员的行为不确定。这两个范畴分别是行为失范与行为失败①。

2. 行为失范

由于组织目标的实现依赖于组织成员的行为,因此,组织自然会对其成员的行为寄予期望。组织的期望首先体现在道德方面,也就是希望其成员的行为与组织乃至社会的核心价值观,或体现该项核心价值观的行为规范相一致②。行为失范(anomie)的定义便是建立在组织道德期望的基础上,表现为组织成员在实现组织目标的过程中对于组织道德期望的背离。不过,在给出行为失范的定义之前,我们首先对行为科学、社会学以及组织理论中的相关研究做出简要回顾。

霍林格(Hollinger,1986)研究了雇员异常行为(deviance),并将其区分为生产性异常行为(productive deviance)和财产性异常行为(property deviance)两种形式。二者均表现为违反规则的行为(rule-breaking behavior),其中,生产性异常行为的特点表现为对生产效率的破坏,比如低标准地完成工作或消极怠工等;财产性异常行为则与组织的资产或财产相关,比如偷窃、贪污以及破坏公物等。借助社会契约模型(social bonding model),霍林格进一步识别了导致异常行为产生的各种因素。其中,同时影响两种异常行为的因素主要是组织成员对于组织的忠诚度;影响生产性异常行为的因素主要包括所在群体及其同事所施加的压力、竞争性压力、对组织的目标与期望

---

① "失败"(failure)一词借自工程学,原意是指机械系统运行过程中出现的错误,这里显然不存在任何动机的问题。"失范"(anomie)一词则借自社会学,其字面意义是指没有或失去社会性规范。

② 这里不包括基于内部控制而形成的各种技术性、程序性的规范。比如,某项管理决策未能严格遵循事前确立的程序性规范,这属于内部控制本身的失败,而不属于行为失范。行为规范与程序性规范的区别在于:前者涉及道德评价,后者则不涉及。

的不认同等；影响财产性异常行为的因素则包括感到被组织不公平地对待、试图缓解自身的财务压力、较低的道德水平、潜在的机会、对于工作的不满意、收入分配不公以及个人挫败感等。特维诺（Trevino，1986；1992）试图通过关注个体特征与环境因素之间的互动关系，从而提出了一个关于经理不道德决策行为（managerial unethical decision making）的多因素模型。在他的模型中，个体水平的变量包括道德发展阶段以及自我力量（ego strength）等，环境变量包括直接的工作背景、组织文化以及工作特征。借助该模型，特维诺提供了一系列预测不道德决策行为的命题；并且，通过一项实验研究，特维诺（1990）为管理者的不道德决策行为的多因素影响模型提供了部分的经验支持。在组织理论的背景下，瓦迪和维纳（Vardi & Wiener，1996）研究了组织不当行为（organizational misbehavior，OMB）。他们将OMB定义为组织成员实施的任何违背组织或者社会的核心规范（norms）的行为。该定义的一个关键要素是支持OMB的主观故意。根据主观意图的具体倾向，他们将OMB区分为以下三种类型：使个体受益的OMB、使组织受益的OMB以及纯粹的破坏性行为。最后，瓦迪和维纳（1996）分别在个体以及组织层次上概括了一项OMB的各种激励因素。其中，个体层次的激励因素主要包括个体特征、个体与组织间的价值一致性程度、个体对组织的忠诚与责任感、个体所处的环境以及个体需要在组织中的不满足感；组织层次的激励因素则包括潜在的机会、控制系统、组织文化、组织凝聚力以及组织目标。

  无论是异常行为、经理的不道德决策行为，还是组织不当行为，其定义的基础都是主观故意。我们没有将行为失范的定义首先建立在主观故意的基础上，而是从一个更为客观的角度对其做出定义，也就是根据组织成员的行为是否事实上违背了组织对其所赋予的道德期望。组织成员对于组织道德期望的背离，既可能基于故意，也可能基于无意[①]。为了严格定义行为失范，我们首先必须明确行为失范的判断标准以及判断主体。判定标准与判定主体的不同，必然导致不同的行为失范定义。本书将体现了组织道德期望的价值（values）与规范（norms）作为行为失范的判定标准，并且，由于我们在组织层次而不是社会层次上研究内部控制，因此将组织而不是社会作为判定行

---

① 中国有句古话叫"不知者不为过"，这能让我们通俗地理解无意识行为失范的存在。

为失范的主体。从而,本书将行为失范定义为以下两种情形:(1)组织成员的行为违背了组织的核心价值观及其行为规范;(2)组织成员在其实施角色行为(亦即职务行为)过程中违背了社会的核心价值观及其行为规范。由此可见,行为失范表现为组织成员对社会和组织规范的蔑视及忽视。上述定义包括以下几个要点:其一,行为失范既可能是故意的,也可能是无意的,但主要是故意的;其二,由于同时违反组织与社会的价值观与规范并不构成行为失范的必要条件,因此,在行为失范中一定存在着违反社会价值观但却客观上符合组织期望的行为(比如欺骗消费者),以及违反了组织价值观但却符合社会期望的行为(比如向税务机关举报公司的偷漏税行为)。前者之所以构成行为失范,是由于组织成员的行为虽然在短期内可能为组织带来利益,但在长期的意义上必定会招致组织损失[①];之所以将后者纳入行为失范,原因之一是我们的分析层次是组织而不是社会,当然,最重要的原因在于这一行为将导致组织与组织成员之间以及不同组织成员之间的紧张关系,从而损害企业文化内聚性[②],进而损害组织效率;其三,由于行为失范的认定主体是组织而非社会,因此,只有当组织成员在实施其角色行为过程中违背了社会核心价值观及其行为规范的时候,我们才能将其定义为行为失范。也就是说,当某个组织成员在实施某些完全私人性的行为中违反了社会价值观及其行为规范,则不属于本书所定义的行为失范。之所以不将其纳入行为失范,是由于组织成员所实施的不当行为与其在组织中所履行的职务无关,因而不会导致社会对本组织的负面评价,比如,某个个体所实施的抢劫银行的刑事犯罪行为便与该个体所在的组织没有直接关系。

由于价值以及规范构成行为失范定义的基础,因此有必要进一步讨论价值与规范本身的定义。在社会学以及组织理论文献中,关于价值(values)的定义以及价值与规范(norms)之间关系的理解并不完全一致。罗克奇(Rokeach,1973)在社会的层次上对价值做出定义,认为价值是针对为社会

[①] 新闻媒体上披露的"诽谤伊利事件"就是一个很好的例子。蒙牛集团属下的一位产品经理涉嫌诽谤伊利产品存在严重的质量问题。根据蒙牛集团事后所发的声明,其所发表的任何言论属个人行为而非角色行为(即职务行为)。因此,此人的行为属于典型的违背社会价值观但客观上符合组织期望的行为失范。正是意识到此人的个人行为在长期内给公司带来损失,蒙牛集团才考虑在事发后发表公开声明。

[②] 蒙牛集团发布声明就诽谤伊利事件致歉[EB/OL]. 环球网,2010年10月22日。

所偏好的特定行为模式或者最终结果而持有的持久性信仰。在这一定义中，价值被看作信仰的一种形式，被共同分享的社会期望构成价值的主要来源。维纳（1982）在组织的层次上对价值做出定义，认为价值表现为一个内在的规范性信仰，一旦被确立，价值将为群体内的个体行为提供内在的规范性指引，并且，价值对于个体行为的影响将独立于潜在的奖励或惩罚对于该行为所产生的效应。罗克奇（1973）和维纳（1982）关于价值的定义表明，与行为模式相关的、为某个群体的全体成员所共同分享的价值与引导成员行为的规范是类似的。然而，也有研究者（Kilman，1985）在规范与价值二者之间做出明确的区分，认为前者更为具体，并且表现为更为明确的行为期望，而后者在范围上则更为宽泛。本书关于价值与规范的理解综合了以上所有观点。我们认为将价值与规范完全等同或完全区分开来都是不妥当的。价值决定了规范，规范则是价值的具体表现；价值一般是隐性的，规范则通常是显性的。因此，价值比规范在概念上更具基础性。

虽然行为失范既可能是故意的，也可能是无意的，但主要是故意的。为此，我们对故意的行为失范做出进一步研究。借鉴瓦迪和维纳（1996）关于不当行为（misconduct）的分类方法，根据驱动行为失范的具体动机力量，本书将基于故意的行为失范进一步划分为以下三种类型：（1）使个体受益的行为失范。这一类型的行为失范在使个体受益的同时通常会损害组织的利益，因此行为的目标主要指向组织的内部，具体而言是指该个体在组织中所从事的工作（比如偷懒）以及组织财产与资源（比如偷窃）。需要注意的是，有些行为看似有利于组织，但实际上是出于个人利益、并且在长期上损害组织利益的，这一行为仍然属于使个体受益的行为失范，比如出于晋升或拿高额奖金目的而向顾客多收货款；（2）使组织受益的行为失范。这一行为失范的目标通常指向组织外部，比如其他组织、消费者甚至整个社会，比如为了偷漏税而实施财务造假等。如果其主观意图不是使组织受益，而在于使个体受益，则应该归入使个体受益的行为失范，比如由于担心失业而在工作中"替组织造假"；（3）纯粹的破坏性行为（damage）。与使个体受益的行为失范一样，这一行为的目标同样指向组织内部，包括对组织工作的破坏以及对组织财产的破坏，前者比如故意瘫痪计算机软件系统，后者比如损坏计算机硬件。支撑这一行为的主观意图并非使自己受益，而纯粹是为了使组织受损。通常，这一主观动机产生的根本原因往往是个体主观上认为其在组织中受到不公平的对待，从而试图报复。

相较于理论文献中的现有概念，行为失范更具一般性。与组织不当行为相比，行为失范的主观动机既包括故意，也包括无意。与异常行为以及不道德的决策行为相比，行为失范既表现为对组织价值观的违背，同时也表现为对社会价值观的违背。因此，我们预期行为失范将成为分析组织成员行为不确定的一个更加有力的工具。此外，与现有文献不同，本书不打算探究影响行为失范的具体激励因素，而只是试图在根本上理解导致行为失范产生的人性根源。如果缺乏这一人性根源，所有具体激励因素都将不会对行为失范产生影响。

3. 行为失败

为了降低目标实现过程中的偏差，组织不仅对其成员寄予道德期望，同时还寄予能力期望。也就是说，组织希望其成员能够在正确的时空条件下正确地完成有关任务或作业，亦即是正确地履行其职责。行为失败的定义就是建立在组织能力期望的基础上，表现为组织成员在实现组织目标的过程中对于组织能力期望的背离。由于故意违背组织的能力期望在根本上已经违背了组织的道德期望①，因此，组织成员的行为失败一定是基于无意的。

"失败"（failure）一词借自可靠性理论（reliability theory）②。可靠性理论起源于20世纪50年代中期美国实施的空间计划。由于太空舱在发射后一旦出现故障，对此实施维修所花费的支出将是一个天文数字，因此发射后太空舱事实上已不可能实施维修。于是，设计航天设备的工程师承受着巨大的压力，在设计过程中不得不实施大规模的测试工作，以确保这些设备的运行是相当可靠的，从而最大限度地避免航天设备中元器件运行的失败。为了提高测试效率并且降低测试成本，工程师开发了一整套能够对硬件设备的可靠性实施模型化分析的统计方案，这就构成了可靠性理论的雏形。不过，作为一门独立的学科，可靠性理论正式形成于20世纪70年代，该理论的主要目的是计算诸如电路以及电网等设施中所包含的硬件元素在不同配置方案下相

---

① 比如管理者故意的决策错误。
② 也被称为可靠性工程理论。

应的可靠性水平。由于能够用来实现系统设计的优化，可靠性理论对于组织与管理研究者而言有着巨大的吸引力，从而被用来分析人类系统所面临的可靠性问题，比如对组织内部沟通渠道的可靠性进行分析（Carzo & Yanouzas 1967）。为此，研究者有必要对"人类可靠性"（human reliability）做出度量，亦即度量人类失败（human failure 或 people failure）的可能性。比照"设备可靠性"概念，迈斯特（Meister, 1964）将"人类可靠性"定义为一项涉及人类要素的任务在系统运行的任何一个阶段以及任何一个标准的时间区间内都能够被成功执行的概率。几乎在同一时期，可靠性理论被用来优化内部控制系统的设计（Cushing, 1974；Bodnar, 1975）。在这些文献中，"人类失败"被认为构成偷窃、破坏、严重的生产性差错（production-type errors）[①] 以及系统中所存在其他无效率或无效果的根源。由此可见，在内部控制设计文献中，人类失败产生的动机基础既包括故意，也包括无意。正是由于意识到人类行为的多样性和复杂性，博德纳尔（Bodnar, 1975）认为单独依赖可靠性理论并不能有效地解决人类失败问题。为此，他就内部控制的设计提出了一个两阶段的程序：第一，应用可靠性理论以识别控制元素的理想配置，第二，运用基于行为科学的控制原则（control principles）以确保人类要素严格地按照以上配置正常地发挥功能。

在本书的概念体系中，我们采用"行为失败"而不是"人类失败"提法。所谓行为失败，是指组织成员基于能力的原因而未能正确地完成组织所分配的有关任务或作业，也就是组织成员未能达到组织的能力期望。行为失范和行为失败的本质区别在于：前者通常会招致组织其他成员负面的道德评价，而后者则不然。与机械性系统不同，主观判断（即决策）的运用是组织成员正确履行其职责的基本要件，职责的履行过程实质上就是一连串主观判断过程的叠加，因此，行为失败具体表现为某一特定主观判断过程的失败，比如对资产减值准备的错误估计。为了提高概念的有用性，本书进一步将行为失败区分为以下两种形式：行为错误以及行为不及时。前者是指组织成员在履行职责的过程中采取了不正确的行动，比如会计人员计提了过多的资产减值准备，后者是指组织成员在履行职责的过程中应该采取但却没有采取相

[①] 根据博德纳尔（1975），生产性差错是指在完成诸如数现金以及记账等任务过程所发生的无意识错误。

应的行动，比如会计人员应该计提资产减值准备，但却没有计提资产价值准备。与人类失败不同，行为失败的动机基础仅表现为非主观故意，基于故意的所谓"行为失败"属于行为失范的范畴①。因此，本书定义的"行为失败"在内涵上要比"人类失败"更小。事实上，与人类失败相比，行为失败更符合"失败"一词在可靠性理论中的本意。在经典的可靠性理论中，系统元素出现的所有故障都是随机性的，而不存在任何意义上的"主观故意"。因此，将基于故意的行为不确定纳入行为失败的范畴是不合适的。随着人类要素（亦即行为因素）的引入，人类系统的研究者所面临的问题与经典可靠性理论所要描述的问题已大不相同。这一不同最主要地体现在人类的某些错误完全可能基于故意。

最终，本书将行为不确定的分类同时建立在行为主体的道德、能力以及动机的基础上。与现有概念相比，这一分类框架能够让我们分析所有可能的行为不确定，从而具有了理论上的一般性。图2-1对这一分类体系做了直观呈现。行为失范与行为失败的发生表征着组织成员的行为对产生于组织目标的组织期望的偏离，其结果自然导致作为组织目标实现不确定性度量的偏差的出现。因此，为了降低组织目标实现的不确定性，就必须有效地控制行为失范与行为失败。这就需要我们进一步洞察二者产生的内在机理。

行为不确定	行为失范（道德期望）	有意识	使个体受益的行为失范
			使组织受益的行为失范
			纯粹的破坏性行为
		无意识	
	行为失败（能力期望）	无意识	行为错误
			行为不及时

图2-1 行为不确定的分类：基于道德、能力与动机

2.3.2 偏差产生的人性根源：机会主义和有限理性

从个体的行为动机来看，人天生具有机会主义倾向；从个体的行为能力

---

① 正是由于"人类失败"的动机基础同时表现为故意和无意，博德纳（Bodnar, 1975）主张在内部控制设计中必须同时运用可靠性理论以及基于行为科学的控制原则。运用可靠性理论可以解决无意的"人类失败"问题，运用基于行为科学的控制原则可以解决故意的"人类失败"问题。

来看，人生来就是有限理性的。机会主义和有限理性分别构成个体行为偏离组织的道德期望和能力期望的心理学和生物学依据。因此，通过引致行为失范和行为失败，机会主义和有限理性最终构成偏差产生的人性根源。

1. 机会主义与行为失范

关于行为主体的自利倾向，在理论文献中存在着三种不同程度的假设：服从、自利以及机会主义。服从假设意味着行为主体不存在任何程度的自利动机，是社会工程学中的行为假定。洛伊（Lowe，1965）给"服从"下的定义是："不妨设想一个铁板一块的集体。在这个圈子里，工作人员按照统揽一切的中央计划办事，有关的经济过程几乎完全抽掉，最后只剩下一些技术操作问题"。如果洛伊所说的这些条件能得到满足，或者即使非常近似，那么科层制组织所面临的问题就可以大大简化了。但事实上，上述情形只可能出现在机械系统[①]，而不可能出现在人类系统。自利假设为新古典经济学所坚持，意味着市场主体都是自我利益最大化者，他们为了维护自己的本来立场，进行平等的、充分地讨价还价，但彼此不会为了个人利益而试图损害交易对方的利益。机会主义假设为交易成本经济学所坚持，被威廉姆森（1985）定义为"损人利己"（self-interest seeking with guile），比如撒谎、偷窃和欺骗等。在多数情况下，机会主义是一种机敏的欺骗，既包括主动去骗人，也包括不得已去骗人，还有事前及事后骗人。在更一般意义上，机会主义是指不充分揭示有关信息，或者歪曲信息，特别是指那些精心策划的误导、歪曲、颠倒或其他种种混淆视听的行为（威廉姆森，1985）。在信息经济学中，机会主义分为事前机会主义和事后机会主义，前者被称为逆向选择，后者被称为道德风险。只要不存在机会主义倾向，那么一切行为就能符合规则，而无须进行事前的周密计划与安排。即使遇到不可预料的问题，各方为了维护共同利益，也能遵照一致遵守的原则去处理。然而，一旦存在机会主义行为，就有必要设计出恰当的制度安排，从而规避机会主义的潜在损害（威廉姆森，1985）。按照科斯的说法，机会主义假设恢复了"人类的本来面目"，从而使得以机会主义假设为基础的现代制度经济学能够被真正地称之为"新制度经济学"。不过，机会主义假设并非意味着每个人在任何时

---

① 比如，计算机系统就具备这一特征。

候都具有机会主义倾向，而只是某些人在某些时候存在机会主义倾向（威廉姆森，1985）。然而，由于现实中某个特定的交易主体无法在事前准确地判断其他交易主体是否具有机会主义倾向，因此，为了防止事后出现不利的结果，该交易主体通常会将其他缔约主体看作是具有机会主义倾向的（Williamson，1993）①。这正是交易成本经济学关于机会主义假设的现实基础。

很难想象在鲁宾逊的一人世界中会存在机会主义②。机会主义只可能出现在由多个个体构成的合作系统，而且往往与之相伴而生。科层制组织就是这样的一个合作系统。在该系统中，组织目标占据着核心地位，成为整合组织的最高原则。巴纳德（1938）认为，组织的持续存在同时取决于合作的效果（effectiveness）和效率（efficiency）。其中，合作效果表现为组织目标的实现程度，合作效率则表现为组织目标的实现对于组织成员个体的动机或偏好所带来的满足程度。由于合作效果和合作效率同时决定了成员向组织贡献力量的意愿，因此，在一个长期的意义上，合作效果和合作效率永远不可能被独立地实现。也就是说，只有组织目标的实现与组织成员个体效用的满足实现了逻辑上的一致，组织才能持续存在。因此，一个有效的组织一定是效果与效率的有机统一，也就是组织成员的个体理性（从而个体目标）与组织理性（从而组织目标）的有机统一。组织目标是系统的，动机或偏好则是个体的。组织的价值就在于通过实现系统的目标从而满足个体的偏好。

组织目标是所有成员意愿的综合体现。在假定组织目标同时反映了所有成员偏好的情况下，组织成员个体目标的整体实现便表现为组织目标的达成。合作行动的目标必须独立于个体本身的目标，否则个体的目标就不可能在合作行动中得到满足，因此，作为一个合作系统，组织的本质特征在于组织人格对所有成员个体人格的取代（巴纳德，1938）。合作意味着组织成员的自我克制，意味着组织成员对其个体行动控制权的放弃。这是一个去"人格化"的过程，或者说是个体人格融化到组织人格中的过程。唯有如此，所有组织成员的努力才能朝着有利于组织目标的方向聚集，组织的效果和效率

---

① 在现实中，这一机会主义假设是相互的，因而所导致的解决方案对交易双方都有利。比如，在一家民营企业中，之所以签订劳动合同，是由于老板与雇员都担心对方存在机会主义倾向。因此，劳动合同的签订对劳资双方都有利。

② 由于交易费用产生于机会主义，这样我们便能理解为什么张五常关于"交易费用是鲁滨逊一人世界中没有的费用"的观点了。

才能同时实现。

如此一来，我们可以在组织的背景下给出对机会主义的定义：机会主义是组织成员以个体目标而不是组织目标作为其行动指南的一种心理状态。与以自我克制为特征的合作不同，机会主义表现为个体利益的自我主张。由于组织目标并非个体目标的简单叠加，因此，机会主义必将招致个体理性与组织理性之间的张力，最终导致体现着组织全体成员共同价值观的合作规范的破产[1]。在一个更广泛的意义上，社会是一个以单个组织作为基本单元的合作系统，机会主义在这一系统中同样存在，只不过表现为组织理性（从而组织目标）与社会理性（从而社会目标）之间的冲突，以及社会规范的破产。机会主义的本质不在于组织成员对个体利益的追逐，而在于这一追逐是以合作规范的破产为代价。因此，通过导致个体目标与组织目标之间的不一致，机会主义构成组织成员行为失范的人性根源。

通过破坏合作规范，机会主义及其所引致的行为失范将损害其他组织成员对于组织目标实现可能性的信念，进而降低他们为实现组织目标而继续提供贡献的动力。因此，即使是个别组织成员的机会主义及其行为失范，其对于组织目标实现（亦即偏差）的负面影响也将是系统性的。此外，从博弈论的角度看，机会主义之所以会加大组织目标实现的不确定，在于它可能导致组织困境的出现[2]。我们将"组织困境"定义为如下情形：组织成员均在个体目标的驱动下行动，然而这正构成每个成员的个体目标无法实现的直接原因。组织困境反映了如下悖论：在一个合作系统中，个体完全理性决策的交互作用将导致整个组织无理性的结果。难怪威廉姆森（1985）断言："机会主义构成经济交易中行为不确定的根源。"

2. 有限理性与行为失败

在经济学文献中，同样存在着三种不同程度的理性假设：完全理性（complete rationality）、有限理性（bounded rationality）以及有机理性（organic rationality）。完全理性属于强理性假设，为新古典经济学所坚持，与利润最大化目标相对应。由于新古典经济学将企业看作一个生产函数，将消费者

---

[1] 威廉姆森（1985）干脆将"机会主义"定义为损人利己，比如撒谎、欺骗、偷盗等。
[2] "组织困境"概念的提出借自博弈论中的"囚徒困境"。

看作一个效用函数，因此，追求最优化（亦即完全理性）自然是人之常情。有机理性也被称为程序理性，属于弱理性假设，为演化经济学以及奥地利经济学派所坚持。不过，二者的侧重点并不相同。演化经济学考虑的主要是企业内部与企业之间的进化过程，奥地利经济学派考虑的主要是货币制度、市场制度、产权制度以及法律制度等宏观制度的演进过程。不过，他们均认为这些制度的总体蓝图不是哪个人灵机一动就能想出来的，事实上，"要得到某一具体结果，摸着石头过河……要比洞察一切并精心策划来的'更有效'"（Menger，1963）。介于完全理性和有机理性之间，有限理性属于中度理性假设，为交易成本经济学所坚持。威廉姆森（1985）认为只有假定人的理性是有限的，交易成本经济学才能成立，因为只有在承认人的领悟能力是有限的情况下，人们才会为寻求节约成本去研究制度问题。从有限理性出发以求节约成本，可以有两种做法：一是注重决策程序，二是设计最优的治理结构。西蒙所提出的决策理论关注的是前者，交易成本经济学关注的则是后者。由于内部控制属于企业制度的重要组成部分，因此，本书坚持有限理性假设。

西蒙（Simon，1961）最早对"有限理性"（bounded rationality）做了权威的界定，即指行为主体"理性有限却刻意为之"（intendedly rational, but only limitedly so）[1]。因此，所谓有限理性，实质上是指行为主体在客观上仅具有有限的计算与认知能力（cognitive ability），以至于他们的决策无法达到新古典经济学意义上的最优。认知能力有限的一个重要推论是任何一个个体都将无法完全吸收另一个个体所积累的知识，这便意味着任何两个个体都不可能同时拥有完全一致的知识存量，即每个个体所拥有的知识都将是不完备的[2]。从不同个体之间所拥有知识的不对称来论证知识的不完备包含着深刻的洞察力。与自然系统不同，社会系统中的不确定性归根到底都来源于基于知识的个体决策行为及其所导致的个体之间的互动关系。若系统中每个个体拥有完全相同的知识，则所有个体在决策意义上将是完全同质的，此时，每个个体所做出的决策都不会受到任何程度不确定性的干扰。正是在这个意义上，经济系统中绝对完备的知识将由系统所有个体拥有知识的总和所规定。

---

[1] 不过，"有限理性"并非对新古典经济学中"理性"假设的彻底否定。正如（1974）所言，有限理性概念提出的目的在于"维护理性的尊严"。

[2] "三个臭皮匠，抵个诸葛亮"便是个体知识不完备的形象写照。

因此，如果某个个体能够完全吸收其他个体所积累的全部知识，这将意味着该个体的知识能够实现完备。

作为管理学理论中决策学派最重要的代表人物，西蒙深受巴纳德组织管理思想的启发。因此，从巴纳德的组织理论中寻找西蒙关于有限理性定义的渊源便再恰当不过了。巴纳德（1938）将个体在适应物质环境时所表现出来的生理限制归结为以下三类：（1）与以运用人的力量以影响环境相关的限制；（2）与感知有关的限制，（3）与理解环境或对环境做出反应相关的限制。其中，第一项限制反映的是个体体能的有限性[①]，后面两项限制体现的个体智能（即认知能力）的有限性，包括感知能力、理解能力、记忆能力、想象能力和选择能力等方面的限制。显然，有限理性源自后两项生理限制。在巴纳德的基础上，威廉姆森（1975）进一步讨论了个体的语言限制（language limits）对于有限理性的影响。所谓语言限制，是指个体无法运用文字、数字和图形向其他个体精确地描述他的个人知识和个人感觉。巴纳德和威廉姆森的讨论为西蒙关于"有限理性"的定义提供了生物学依据。

人类认知能力的局限不仅导致个体知识的不完备，同时还导致了个体存量知识的不可靠。自柏拉图和亚里士多德以来，哲学旨在寻求一种确定可靠的知识。然而，随着爱因斯坦的相对论对于牛顿物理学作为有关大自然的终极性理论地位的否决，波普尔（1972）得到如下结论："理论（即知识）是某种我们的理智所试图为自然事先规定的东西，是一种大自然又往往不任其事先规定的东西……一种我们试图强加给大自然的、但是会在大自然面前失败的假说"。哈耶克进一步将人类的认识过程表述为一个认识主体的"感觉秩序不断逼近实际自然秩序（即客观世界）的过程"。正如达尔文所指出的："人原则上并非突出于生物链之外，人会犯错"。随着心理学和生物学的蓬勃发展，哲学上的认识论最终得以"自然化"。波普尔（1972）指出："应当如何理解我们认识器官的主观运作条件——即我们的智力的运行规律——与我们（客观）环境条件之间的协调关系？可以说明，这一问题可以追溯到这样一个一般生物学问题：应当如何解释生物机体对客观环境条件的适应过程？"。因此，波普尔认为人类的无知是无限的和令人失望的，知识是

[①] 像秦始皇为修建长城而建立的由奴隶与监工组成的合作系统，其主要目的之一便是为了克服个体在适应物质环境过程（即劳动过程）中所面临的体能限制。修建长城所需的庞大工程量显然不是独立个体的体能所能应付的。

完全可能犯错的。

有限理性源自人类认知能力的局限所导致的个体知识的不完备和不可靠。在有限理性的情况下，组织成员的决策（或判断）过程出现失败的可能性几乎是必然的。因此，有限理性构成组织成员行为失败的生物学依据，并最终构成偏差产生的人性根源。

2.4 信息分享与知识整合：应对机会主义和有限理性的组织策略

由于机会主义和有限理性构成组织目标实现不确定性的人性根源，因此，要最小化组织目标实现过程中的偏差，就必须设法应对机会主义和有限理性对组织的目标实现所带来的挑战，而信息分享与知识整合则是因此发展而来的组织策略。

2.4.1 知识与信息范畴的哲学区分

随着第三次科技革命的完成，"知识"和"信息"几乎成为两个最为声名远播的范畴。然而，由于知识与信息之间的关系是如此密切[①]，以至于现有文献几乎未能在它们之间作出有意义的区分。为了提高这两个范畴的理论有用性，进而给后续研究提供一个合适的概念基础，在哲学的意义洞悉二者之间微妙的关系就显得非常必要。

随着牛津大学哲学家弗洛里迪（Luciano Floridi）于1996年提出"信息哲学"概念，这一领域的研究至今在哲学界仍然方兴未艾。在国内哲学界，邬焜（2005）关于信息哲学的讨论具有代表性的意义。传统哲学中一个未经证明但已被公认的基本信条是：整个存在世界可以分割为物质（质量和能量）和精神两大领域，精神是主观存在，物质是存在于精神之外的"客观存在"，亦即：存在＝物质＋精神。由于列宁将"物质"的唯一特性定义为客观实在，由此便可以得到的一个重要推论是："客观实在"和"客观存在"

[①] 比如，我们经常将"知识经济"和"信息经济"相提并论。

第 2 章 内部控制性质的理论解释

这两个范畴所具有的内涵和外延是完全相同的，亦即：客观实在＝客观存在＝物质。邬焜首先关注到存在领域传统分割方式所存在的缺陷，认为以上已被公认的基本信条及其推论只是未经科学考察或逻辑论证的两个先验的观念，并且事实上是难以成立的。以镜中花、水中月为例，邬焜认为传统哲学忽视了一个"客观不实在"的存在领域，从而"存在"并不完全等同于"实在"。在他看来，"客观不实在"是对客观事物间的反应内容的指谓，而客观世界中普遍映射、建构着的种种自然关系的"痕迹"正是储存物物间的种种反应内容的特定编码结构。正是在这个意义上，邬焜认为"客观不实在"与标志物质世界的"客观实在"的存在方式具有本质的区别。物质范畴并不能囊括精神之外的全部世界，在物质和精神之间还存在着一个传统科学和哲学未曾予以足够重视的"客观不实在"的领域。因此，客观存在的范围大于客观实在（即物质）的范围。同时，由于作为"主观存在"的精神和意识是主体对客体的主观反映和虚拟性建构，邬焜因此将"主观存在"定义为"主观不实在"。从而，邬焜将整个宇宙中的一切"存在"首先概括为实在与不实在两大形态，并进一步划分为客观实在、客观不实在、主观不实在三大领域。邬焜进一步将"实在"和"直接存在"看作是同等程度的概念，将"不实在"和"间接存在"看成是同等程度的概念。其中，间接存在是对直接存在的反应与显示，并进一步表现为客观间接存在和主观间接存在两种形式。最终，邬焜采用现代科学中的"信息"概念来规定间接存在，其中，客观不实在对应着客观信息，主观存在（即主观不实在）对应着主观信息。邬焜就存在领域所提出的一个新的二分法如图 2-2 所示。

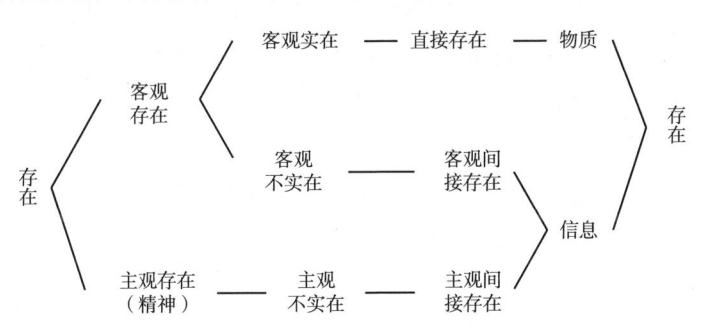

图 2-2 存在领域分割图

资料来源：邬焜. 信息哲学——理论、体系与方法 [D]. 商务印书馆，2005：39.

邬焜关于存在领域的新的二分法表明，一切存在物都只能是直接存在和间接存在的统一体，也就是既是物质体，又是信息体。邬焜在哲学的意义上对"信息"范畴做出如下定义：信息是标志间接存在的哲学范畴，它是物质（直接存在）存在方式和状态的自身显示。这一定义包含着以下几个层次的内涵：（1）信息是物质的存在方式，是物质的属性；（2）信息是显示物质的存在方式、状态的物质的属性；（3）信息是物质自身显示自身的属性；（4）信息是间接存在标志。

在本体论的意义上，邬焜进一步将信息分为自在信息、自为信息以及再生信息三种基本形态。自在信息是客观间接存在的标志，是信息还未被主体把握和认识的原始形态，包括信息场和信息的同化与异化两种基本形式。自为信息是主观间接存在的初级阶段，是自在信息的主体直观把握的形态，包括信息的被辨识（感知）和可回忆的储存（有感记忆）两种基本形式。在自为信息的基础上，信息将继续展开自身主观性再加工、再改造、再创制的过程，从而创造出新的信息。邬焜将这个产生新的信息的过程定义为思维过程，把思维过程所产生的区别于自在信息和自为信息的新的信息定义为再生信息。再生信息是主观间接存在的高级阶段，是信息的主体创造性的形态，它的基本形式是概象信息和符号信息[①]。邬焜关于"客观不实在"的定义及分类在本体论的意义上为信息世界的存在奠定了基础。但是，他将"主观存在"与"客观不实在"一道纳入信息范畴，显然混淆了"主观"与"客观"之间的界限；并且，将精神看作物质的表征和外化从而将其纳入信息的范畴无论如何都是不妥当的，精神显然不可能完全成为物质的影子。因此，邬焜的观点存在着"泛信息化"的倾向[②]。其实，早在1961年，民主德国哲学家格奥尔格·克劳斯（Georg Klaus）就曾指出在意识和物质之间存在着一个"客观而不实在"的信息领域。也就是说，在格奥尔格·克劳斯看来，信息并不包括主观存在。

实际上，在信息哲学产生以前，控制论的创始人维纳（1963）便对信息的哲学问题做出了具有广泛影响力的讨论。他的两个著名观点分别是：信息

---

① 邬焜讨论的另一个概念是"社会信息"。不过，社会信息并非一个独立的信息形态，它是在自在、自为、再生三态信息的关系中呈现出来的一种信息现象。

② 即使在国内哲学界，信息哲学也存在着不同的流派。有限的篇幅使得我们无法在本书中对邬焜的观点做出系统的讨论。

就是信息，不是物质也不是能量；信息是在我们（显然是主观精神世界，笔者注）适应外部世界，并且使这种适应为外部世界所感到的过程中，同外部世界进行交换的内容的名称。维纳的上述观点包含如下洞见：其一，在本体论的意义上，信息独立于物质与能量而存在，也就是说，维纳实际上提出了一种新的世界观，这种新的世界观注意到了信息世界的特殊意义；其二，信息存在于主观世界和客观的外部世界之间，也就是说，与格奥尔格·克劳斯一样，维纳并未将主观世界纳入信息的范畴；其三，主观精神世界既可能从外部世界吸收信息，也可能为外部世界生产信息，因此，信息是流动的；最后，信息在本质上是指主观世界与外部世界之间的"交换内容"，而不是反映这一内容的物质载体。

与信息相比，知识甚至是一个更重要、更经典的哲学范畴。大量哲学家对知识问题做出了研究，其中，最具代表性的当属波普尔[①]。为了研究人类文化的客观进化问题，波普尔（1972）在批评主观主义知识论的基础上提出了客观主义的知识论。坚持主观主义认识论的哲学家认为只存在一种知识，即某些认识主体所具有的知识。波普尔将这种知识称为"主观知识"[②]，并认为关注主观知识的传统认识论在研究方向上偏离了正题，因为对于认识论具有决定性意义的是研究客观知识。由此，波普尔在主观知识与客观知识之间做出了明确地区分，并最终导致了"三个世界"理论的提出。在传统的西方哲学中，世界（即存在）被一分为二，即物质（即世界1）和精神（即世界2）。波普尔则认为在这两个世界之外，还客观地存在着第三世界（即世界3），也就是客观知识世界，或客观意义上的观念世界[③]。其中，客观知识世界是世界2的产物，但却超越它的创造者而独立存在。在三个世界理论的基础上，波普尔进一步对主观知识和客观知识做出定义。主观知识是由某些天生的动作意向以及某些意向的获得改变所组成，或者说，是由以一定方式

---

① 在哲学领域，研究人类知识的哲学门类通常被称为科学哲学。
② 主观知识论是一种非常古老的理论，不过，只是直到笛卡尔，它才成为一种明确的理论，其基本主张是："认识"是一种活动，并且预设了认识主体的存在，认识是主观的自我的认识。
③ 实际上，最早认为存在一个第三世界的哲学家是柏拉图。柏拉图的形式或理念世界便是一个客观的、自主的、存在于物理世界和精神世界之外的第三世界。柏拉图的形式或理念世界不仅不同于身体和精神，而且不同于"头脑中的理念"，即有意识的或无意识的经验。此外，坚持认为存在第三世界的哲学家还有莱布尼茨。因此，可以认为波普尔实质上是进一步发展了柏拉图等的第三世界理论。

行动、相信一定事物、说出一定事物的意向所组成，它包括具体精神气质，尤其是期望的精神气质，包括世界 2 的思想过程以及与之相关的世界 1 的大脑过程。客观知识是由说出、写出、引出的各种陈述组成，如科学知识是由问题、问题概况、假说、科学理论、论据等组成。客观知识包括思想内容以及语言所表达的理论内容，它们出现在杂志、书本、图书馆等一定环境之中。

为了在本体论的意义上确立世界 3 的独立存在，波普尔分别为世界 3 的客观性、自主性和实在性做出辩护。世界 3 之所以具有客观性特征，是由于它可处在彼此之间的逻辑性关系之中，可以成为一个可能的批判对象。与世界 2 的思想过程不同，世界 3 的思想内容是抽象的客体，而不是具体的，它们处于逻辑关系之中，而不是联系着大脑过程①。自主性是世界 3 理论的中心思想：世界 3 虽由人创造，但却是一个有一定程度自主性的领域。世界 3 的特征与规律既不是物理的，也不是精神的。世界 3 一旦存在，就开始有自己的生命或历史，而不再简单地依附于世界 1 和世界 2。波普尔的另一个主要论点是世界 3 的实在性。他认为，世界 3 客体的实在性不仅在于它们在世界 1 中被物质化或具体化，而且在于它们可以引导人们去生产其他世界 3 的客体，并作用于世界 1。波普尔认为凡是实在的东西，就是直接或间接地对物理客体，尤其是对易于操纵的基本的物理客体，具有因果作用。世界 3 通过影响世界 2 进而对世界 1 发生有效的作用，所以是实在的②。总之，世界 3 的客观性、自主性以及实在性可以解释为什么世界 3 就其起源来说是我们的产物，而就其所谓本体论地位来说是独立的，同时还可以解释为什么我们能够对世界 3 起作用，使之增添新的客观知识。不过，虽然我们每个人都在为世界 3 的成长做贡献，但我们几乎所有的贡献都是微不足道的。相反，世界 3 对我们所起的作用比起我们对它所起的创造作用显得更加重要，更加关系

---

① 为了论证世界 3 的客观性，波普尔将客观知识与蜜蜂酿的蜜相类比：（1）它们是产品，人生产（客观）知识好比蜜蜂酿蜜；（2）它们可以储存，知识储存在书本或图书馆中好比蜂蜜储存在罐子里；（3）它们可供消费，尤其自己的产品可供同伴消费，或者自己消费同类者生产的产品；（4）产品生产者也是这产品的消费者，生产知识、理论者也是知识、理论的消费者。这就是说，知识像蜂蜜一样是客观的。

② 世界 3 通过世界 2 对世界 1 产生影响的一个例子是：技术专家应用数学理论和科学理论的某些成果去改变物理客体，而这些理论的发明人可能并不知道自己的理论具有这种技术潜力。技术专家必须主观地体悟客观理论（即客观知识）的含义，然后才能发挥这些理论的作用去改变物理世界。

到我们的成长,甚至关系到世界 3 自身的成长①。

根据邬焜的信息哲学以及波普尔的客观知识论,信息与知识在本体论的意义上均表现为客观存在。因此,一个基本的看法是:将知识与信息简单地等同起来或简单地对立起来都是不恰当的。这就引申出了一个至关重要的理论问题:知识与信息之间究竟存在着什么样的关系?本书试图在初步整合上述材料的基础上,在认识论的意义上来回答这一问题。以波普尔"三个世界"理论为基础,同时结合维纳关于信息本质的概括以及邬焜关于信息的哲学分类,我们可以对人类认识过程的循环做出描述。在认识的第一个阶段,意识状态(即精神世界)首先接触的是附着于物理世界(即世界 1)的自在信息②,这些信息经过主体的加工(包括感知、记忆与思维),从而形成储存于精神世界(即世界 2)的主观知识。在认识的第二个阶段,主观知识借助物理载体实现外化,从而进入客观知识世界(即世界 3),而客观知识世界成为新的、更高级的信息来源,为精神世界进一步提供自为信息和再生信息③。第二个认识阶段是人类知识活动实现再强化(即进化)的过程。人类的认识活动就这样周而复始,循环往复。上述认识过程如图 2-3 所示。

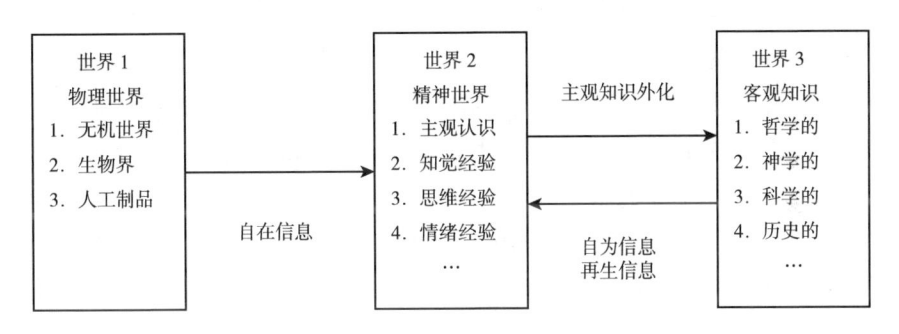

| 世界 1
物理世界
1. 无机世界
2. 生物界
3. 人工制品 | →
自在信息 | 世界 2
精神世界
1. 主观认识
2. 知觉经验
3. 思维经验
4. 情绪经验
… | 主观知识外化 →
← 自为信息
再生信息 | 世界 3
客观知识
1. 哲学的
2. 神学的
3. 科学的
4. 历史的
… |

图 2-3 基于波普尔"三个世界"的人类认识过程

概观之,人类的认识过程实际上就是信息传递与知识积累的有机统一,是知识与信息不断相互转化的过程。在这一过程中,知识与信息密切相关却

---

① 网络上的"百度文库"就是一个客观知识的最合适的例子。这一文库的形成依赖于每个上网者的贡献,但文库形成以后便独立于网民而存在,并且随着文库发展到今日之规模,每个上网者从该文库中所获得的信息要远远超过该个体向文库中贡献的信息。

② 比如,所谓"以大自然为师",就是人类直接从大自然中吸取自在信息。

③ 虽然本书借鉴了邬焜关于信息的哲学分类,但与他不同,在我们的信息概念中并不包括人的精神世界。

又有所不同：（1）信息是人类认识活动得以持续的媒介，是人类认识过程的"润滑剂"，知识则是人类认识活动中有意识的产物，因此，信息是一个流量概念，知识则是一个存量概念；（2）知识与信息之间相互转化，信息一旦达至人的意识领域，就成为主观知识的一部分[①]，而主观知识一旦借助物理载体被外化为客观知识，则进一步构成新的、更高级的信息来源；（3）知识的积累不全来自信息的传递，比如"干中学"（learning by doing）便是获取知识的重要方式；信息的传递也不全来自知识的辐射，比如自在信息便是物质世界最原始的自我显示。

值得指出的是，我们关于信息构成人类认识过程的"润滑剂"的观点与邬焜所提出的认识论的信息中介说不谋而合。哲学的认识论中存在着两个众所周知的说法：认识是一个主客体相互作用的过程；在认识过程中对象世界进入了人的认识领域。邬焜对上述两种说法做出批评，认为第一种说法过分地表面化了，而第二种说法则简直就是一种谬误，因为主客体的相互作用是被多级中介着的，而客体对象本身则无论如何也不可能进入对之进行认识的主体，那能够进入主体意识的仅仅是已在诸多中介中几经变换、选择、建构过了的关于客体对象的信息。也就是说，真正使认识能够得以发生，真正使认识形成一个现实的过程的主客体之间的"中介"的是"信息"。正是"信息"在多种意义、层次和尺度上构成了人的认识发生和过程展开的中间环节。从而，邬焜得到了一个被信息中介着的主客体相互作用的崭新模型，如图2-4所示。根据我们基于波普尔的"三个世界"理论对人类认识过程所做的概括，构成图2-4中认识客体的不仅包括物理世界（即世界1），同时还包括客观知识世界（即世界3）。

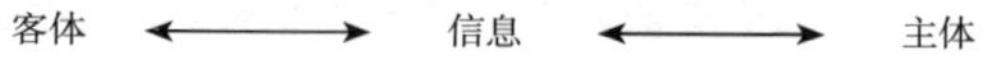

客体 ←——→ 信息 ←——→ 主体

图2-4 认识论的信息中介模型

资料来源：邬焜. 信息哲学——理论、体系与方法 [D]. 商务印书馆，2005：156.

[①] 比如，当我们收到一份有关房地产的广告单时，广告单上所呈现的有关房地产的内容便是信息，广告单是这一信息的物质载体。然而，一旦该广告单上的内容为我们所了解，则所谓的流量"信息"便转变为我们的存量"知识"。因此，正是信息的不断接收和过滤导致了我们存量知识的边际递增。

2.4.2 实现信息分享以应对机会主义

通讯信息论的创始人申农将信息定义为"消除了的不确定性"或"两次不确定性之差"。在通讯之前，消息接受者对发送消息的内容存有不确定的了解，收到消息后，消息接受者原有的不确定性就会部分或全部消除了。控制论的创始人维纳则将信息定义为负熵。在物理学中，熵值是标志系统的不确定性或混乱度的概念。不确定性的消除就意味着熵值的减少，所以信息就可以被称为负熵。由此又派生出了"信息是系统组织程度（或有序性、秩序性）的标志"等说法。因此，根据实用信息科学，组织内部的信息分享（information sharing）有助于降低系统的不确定性，从而提供系统的有序性。

"信息不对称"是经济学中的一个重要范畴。现有经济学文献大多从信息占有的角度定义信息不对称，即信息不对称意味着某个组织成员"拥有"其他成员所没有"拥有"的信息。然而，基于知识与信息的哲学区分，我们认为从信息接收的角度对信息不对称进行定义可能更具有根本性，因为现有文献所定义的"信息不对称"实际上属于"知识不对称"。因此，所谓信息不对称，是指某个组织成员与其他组织成员相比，处于一个更有利的信息接收地位，因而更容易接收到相关信息。比如，与总经理相比，出纳员显然处于一个更容易掌握现金流信息的有利地位；相反，与出纳员相比，总经理在组织战略信息的接受上处于优势地位。由于在科层制组织中几乎每个组织成员都实现了职能的专业化，因此，信息不对称无处不在也就不足为奇了。根据信息经济学，信息不对称的一个重要后果就是机会主义。不充分揭示有关信息，或者歪曲信息，特别是那些精心策划的误导、歪曲、颠倒或其他种种混淆视听的行为将直接或间接地导致信息不对称，从而为机会主义提供了温床（威廉姆森，1985）。从系统论的角度看，信息不对称将直接损害系统的有序性。由此可见，信息分享之所以能够降低系统的不确定性，其内在机理在于信息分享有助于降低组织内部所存在的信息不对称程度，从而弱化组织成员的机会主义倾向。在科层制组织这样一个合作系统，有序性的实质就是组织成员行为的确定性。因此，若要有效应对机会主义，就必须在组织内实现充分的信息分享，以便降低组织成员之间的信息不对称。

信息分享是一个组织成员不断地识别并交流他们所拥有的私有信息的过

程。就人的精神系统而言，无论是意识的内部操作，还是人与人之间的思想、情感的交流，都必须透过相应的信息联系过程来实现（邬焜，2005）。因此，信息分享在本质上就是组织内部的沟通过程。沟通过程通过维持系统各要素之间的关系模式，从而为确保不同的组分和要素能够持续稳定地整合为一个统一的系统发挥着重要和关键的作用。具体而言，通过降低信息不对称，信息分享可以减少科层制组织的混乱程度，也就是说：减少了熵、增加了负熵；减少了无序度，增加了有序度；减少了自由度、无规性或随机性，增加了约束性、秩序性或组织性（邬焜，2005）。这是基于信息分享的组织沟通有助于克服组织成员机会主义倾向的哲学基础。作为一个组织的沟通过程，信息分享还可能通过另一种渠道弱化机会主义：有效的信息沟通有助于强化组织的核心价值观，从而弱化组织成员违背核心价值观的主观动机，同时强化组织成员对于违背核心价值观行为的负面道德评价。

2.4.3 实现知识整合以应对有限理性

为了论证中央计划经济所必然面临的逻辑困境，哈耶克（1945）提出一个著名的命题：在试图建立一个理性经济秩序（a rational economic order）的过程中，我们必须解决的最根本的经济问题（economic problems）是什么？他最终给出的答案是社会中分散知识的有效运用[①]。哈耶克从认识论的角度论证了知识分散的必然性。人们通过行动获得知识，也就是通过探索在一个具体环境中的一个具体问题，以及通过重复尝试解决该问题从而获得知识。因此，知识的获取是一个极具个别性的过程。最终，每个个体的行动及其经验的独特性决定了他所掌握知识的唯一性。也就是说，由于个体认识器官的文化部分形成于该个体与其环境和同时代其他个体的论证和交锋当中，因此每一个个体都会支配有关其所在环境的不可替代的，或者难以替代的知识（Hayek，1945）。

哈耶克（1945）的追问及其答案同样适用于作为一个理性经济秩序的企

[①] 哈耶克的这一观点是针对新古典经济学而提出的。在新古典经济学看来，根本的经济问题是在一系列假设条件得以满足的前提下实现资源的最优配置。

业（即科层制组织）①。在科层制组织中，知识同样是分散存在的，其分散程度甚至因组织内的知识分工而被进一步强化②。知识分工虽然能够提高新知识产生的效率，但也通过强化知识获取过程的独特性，从而加剧知识在组织内部的分散。在知识分散的条件下，那些坚持在社会性的行动计划中无须利用这些分散存储知识的观点显然是知识狂妄的产物。但问题是：如何在组织内部充分利用这些分散存储的知识呢？这就需要在组织决策过程中实现有效的知识整合（knowledge integration）。组织的一项基本任务就是将个体知识整合为集体知识或组织知识（Okhuysen et al., 2002）。个体所拥有的知识必须上升到集体甚至组织层面，才能为组织目标的实现提供支持（Nonaka, 1994）③。因此，组织的有效性取决于知识整合过程的有效性。

根据知识的可编码性（Codifiability），哈耶克（1945）提出了"默会知识"（tacit knowledge）的概念④。默会知识表现的其实是这样一种状态：人们知道许多他无法表达于外部的东西。由于与经济问题相关的知识绝大部分属于默会知识，因此，只有让相关组织成员亲身参与知识整合过程，他们的知识才能在决策的过程中被综合地利用。正是在这个意义上，知识整合是一个组织成员之间的互动过程，整合而来的组织知识是一个社会建构（socially constructed）的产物。在空间维度上，参与这一过程的组织成员既可能是面对面的，也可能是分开的；在时间维度上，相关组织成员对于这一过程的参与既可能同时进行，也可能先后进行。由于默会知识的不可编码性将导致该知识无法在不同组织成员之间实现转移，因此，作为知识整合结果的集体知识或组织知识只是一种观念上的产物，并不具有独立的形态。所谓知识整合，实际上就是一种将不同组织成员所拥有的不完备知识统一纳入决策系统的组织过程，是一个经济决策得以实现的互动性过程。

通过综合组织成员的个体知识，知识整合可以提高知识的完备性；同时，由于在知识整合过程中不同来源的知识得以相互映照，知识整合还可以提高知识的可靠性。最终，知识整合将有助于克服组织成员的有限理性。不

---

① 知识运用对于组织的极端重要性是后来知识基础的企业理论以及知识管理理念得以兴起的根本原因。
② "知识分工"是哈耶克提出的一个范畴，他认为该范畴甚至比"劳动分工"更具基础性。
③ 财务报告的形成以及预算的编制就是典型的知识整合过程。
④ "默会知识"概念在后来的知识基础的企业理论中被广为采用。

过，由于以下原因，组织成员的有限理性即使在理论上都不可能被彻底地消除：首先，即使组织所有的决策都能充分利用组织内所有成员的所有知识，这一知识集合在整体仍然只能是相对完备的，因为组织本身也只是整个经济系统中的一个微不足道的经济单元而已；其次，基于决策成本和决策效率的考虑，绝大多数决策只能在组织内的一个特定单元中完成，有时甚至由某个个体单独作出，这将进一步影响到知识完备性的改善；最后，由于人类认知能力的局限，即使在组织的背景下也不可能产生完全可靠的知识。

2.5 内部控制的性质：一个概念模型

以上述讨论为基础，本节将针对内部控制的性质提出一个逻辑一贯的概念模型，从而对内部控制是什么以及内部控制存在的基本价值这两个基本问题做出回答。在首先厘清内部控制组织边界的前提下，本书最终将内部控制定义为一个实现权威扩散、信息分享以及知识整合的一体化过程，其基本价值在于促进科层秩序的形成。

2.5.1 内部控制的组织边界

1. 企业的两个维度：组织与技术

在早前的论述中，本书一直在习惯的意义上（也就是广义上）使用"组织"概念，此时，整个企业被看作一个组织。然而，为了最终厘定内部控制的边界，"组织"的严格定义就显得非常必要。在狭义上，组织与技术相对，仅构成企业的一个维度①。

自亚当·斯密以来，古典经济学一直强调技术意义上的专业化分工，以至于在经济学研究中通常是"见物不见人"。在管理学领域，无论是泰勒的科学管理，还是法约尔的管理职能理论，都深受古典经济学的影响，偏重于专业分工与结构效率，对组织中的人员没有给予足够的重视。威廉姆森（1985）将这一学术传统称作"技术决定论"，因为它们认为企业的存在、

---

① 本书关于"组织"范畴的广义和狭义的理解严格地遵循了巴纳德的界定。

企业的边界乃至企业的内部结构都是由技术决定的。然而，著名的霍桑实验改变了一切，该实验关于组织成员动机及其主观能动性的深刻发现，使巴纳德（1938）确信人的主观能动性以及组织机构的能动性是社会活动的基础。于是，巴纳德在企业的背景下抽象出一个有关组织的最著名的定义，并认为早期理论对组织的忽视就"好像在生理学中忽视了重要器官的功能一样"。他认为，合作是整个社会得以正常运行的基本而又重要的前提条件。在存在合作的任何环境下，都包含着几种不同的系统，比如物质系统、生物系统乃至心理系统。把所有这些系统组合成为具体的合作整体的共同要素，就是组织。因此，组织是隐含在合作系统之中的人与人之间的合作关系。所谓正式组织，说到底就是"有意识地协调两个或两个以上的人的行为的一种系统"。在巴纳德关于正式组织的定义中，合作系统的各种有形物体都被舍去，包括机器设备、生产作业过程，甚至连承载行为的主体——"人"也可被抽象掉。从而，巴纳德眼中的"组织"实际上是一种无形的组织力[①]，类似物理学中的重力场或电磁场。与正式组织相对对应的是非正式组织。非正式组织产生于无意识的社会性过程，它使人们形成一定的态度、理解、习俗、习惯和风俗。非正式组织作为沟通、增强凝聚力和保护个人人格的手段，是正式组织展开运营的必要条件。非正式组织的基本特点是非正式性，也就是一个没有固定形态、密度经常变化的群体。

与企业内部的组织现象逐渐为人们所关注相对应，企业组织形式和组织创新对于企业业绩具有重要贡献也逐渐得到认可。早在1945年，哈耶克就曾感叹理论界对于经济进步过程中的技术因素和组织因素的评价存在着天壤之别。与技术创新相比，组织创新的研究从未超过"二等公民"的地位（威廉姆森，1985）。然而，随着钱德勒（1962）提供了组织形式对企业的发展具有重要促进作用的令人信服的历史证据之后，那种认为经济效率与内部组织基本无关的观念最终失去了立足之地[②]。正如哈得森对西方资本主义工业化初期的评价："无须改变技术……也能客观地节约成本。大多数早期

[①] 不过，为了用词上的方便，本书在其他地方将按照通常的习惯用法，把组织看作人的群体，并把其中的人称作"组织成员"。一个更广义上的"组织"还包括物质环境，此时，"科层制组织"基本上是"企业"另一种表述而已。

[②] 然而，钱德勒之前的经济学与组织理论对这一点均付之阙如，甚至几乎未曾试图从这方面考虑。

工厂之所以产生，就是为了依靠组织来节约成本、提高效率；而不是出于技术上的迫切要求。"因此，技术类型和组织形式这二者应该区别对待，他们都是决策中必须考虑的因素（威廉姆森，1985）。

基于组织与技术在概念以及绩效上的相对独立性，本书将企业区分为组织与技术两个维度，企业的存在表现为组织存在和技术存在的辩证统一。在这两个维度中，企业的性质由组织维度决定，因为在纯技术的层面，企业的劳动分工完全可以在市场上被同样地实现。企业之所以为"企业"，是因为企业拥有完全不同于市场的组织形式①。需要说明的是，组织与技术的两分法并不意味着作为科层制组织的企业能够被简单地一分为二为组织与技术两个独立的部分。事实上，组织维度与技术维度只是表现为观察和理解企业的不同视角，二者不可截然分离。也就是说，组织与技术之间是相互依存、一体两面的关系。一个没有组织过程的技术存在不可能形成一个活生生的社会性系统，相反，没有技术维度支撑的所谓"组织过程"也将失去其存在的物质基础。

2. 科层的三个级次：治理层、管理层与业务层

在传统的组织理论中，企业或企业制度通常又被称为科层制度（hierarchy）或官僚制度（bureaucracy）。作为组织理论的奠基者，韦伯对科层制度（或科层制）作了开创性的研究。受到资本主义精神在美国得以繁荣发展的启发，韦伯认为有必要为大型企业的组织和管理建立一种理性基础。问题在于，如何使任何大型组织都能够更系统地行使职能？在韦伯看来，答案就是科层制度。科层制度的基本特征在于由职位来进行管理，而不是由个人或"世袭"身份来管理。为此，韦伯提出了三种类型权威：（1）法理型权威（rational-legal authority），它以遵守法律为基础，是"那些被晋升到权力地位者……发布命令的权力"；（2）传统型权威（traditional authority），它以"对古老传统之神圣不可侵犯及对根据这些传统来行使权力者之地位合法性"的一种信仰为基础；（3）魅力型权威（charismatic authority），它以"对某人的特殊而超凡的神圣、英雄主义或模范品质的尊敬"为基础（雷恩，2009）。韦伯认为任何组织都必须以某种形式的权威为基础。没有某种形式的权威，

---

① 用威廉姆森（1985）的话说，就是企业拥有完全不同于市场的交易治理结构。

任何组织都无法实现自己的目标；权威为混乱带来秩序。在以上三种类型的权威中，韦伯认为法理型权威构成科层制度的基础，因为它具有如下特征：（1）为管理的连续性提供了基础，（2）是合理的，也就是说，掌权者是基于完成任务的能力而被选中的，（3）为领导人提供了一种行使权力的合法手段，（4）对权力进行了明确定义，并根据完成组织的任务所必需的职能对所有权力加以细分。与此相反，传统权威效率较低，因为它不能根据能力来挑选领导人，而且管理层将以行动来维护过去的传统。超凡权威会过于感情用事，而且它是非理性的，它废除了规则和程序，依赖神秘感和神灵的启示（雷恩，2009）。正是由于以法理型权威为基础，作为科层的企业在根本上表现为一个权力的层级结构。

与"组织"概念一样，"科层"也存在着广义和狭义两种理解。广义上的科层简单地等同于企业，比如威廉姆森的著作《市场与科层》就是在这一意义上使用"科层"一词，不过，此时我们更倾向于采用"科层制度"或"科层制"提法；在狭义上，科层仅指企业制度中正式的权力结构，也就是权力的层级结构，此时，我们更倾向于使用"科层结构"提法。"科层结构"概念意味着企业并非就是一个"纯粹的"权力结构，比如工作团队等新型组织形式就是一例。不过，由于企业在整体上表现为一个权力结构[①]，或者说正式的权力结构构成企业制度的基本组成部分，我们才在广义上将"企业"一般地理解为"科层"或"科层制"。在讨论了"企业"与"科层"之间关系的基础上，我们进一步将"科层"概念与"组织"概念联系起来。从思想史的角度看，韦伯对于科层制度的研究为巴纳德对正式组织的分析奠定了部分基础（雷恩，2009）。虽然韦伯关于科层制度的著作直到1947年才被翻译成英文，但巴纳德在此之前便已阅读了韦伯的德文原著。因此，科层与组织概念有着某种天然上的共同性。具体而言，狭义上的科层（即科层结构），实际上表现为正式组织存在的基本形式。巴纳德（1937）就认为，基于权威（权力）的沟通体系是构成正式组织的基本要素。

阿德勒（Adler，2001）在一个更微观的层次上研究组织的具体形式及其相应的协调机制。他概括了三种典型的组织形式及其相应的协调机制（coordination mechanisms）：市场/价格、科层/权威（authority）以及共同体

---

① 比如，虽然工作团队本身并不是一个科层结构，但它却是更大的科层结构中的一个结点。

（community）/信任（trust），并且假定认为任何一个现实的制度安排都是上述三者不同程度的混合。在作为科层制组织的企业中，科层是其主要组织形式，权威构成其主要协调机制。与此同时，科层制组织的内部协调还在一定程度上依赖于内部价格和信任。由于内部的价格机制（比如转移价格）是模拟市场价格高能激励（high-power incentive）的产物，因此，本书将其对应的组织形式称作类市场（market-like）组织。类市场组织属于以组织目标为导向的有意识的协调过程，与科层不同，这一组织形式的特征在于以激励的方式来引导组织成员的个体行为。共同体的特征在于信任构成组织成员之间互动关系的基础（Adler，2001），其典型的形式有工作团队等。根据甘贝塔（Gambetta，1988），信任是在彼此无法或没有实施相互监督的情况下，一方行动主体对另一方行动主体执行对双方行为均有影响的特定行动的主观概率所做的评估[①]。通过将阿德勒（2001）的观点与巴纳德关于正式组织的研究结合起来，我们可以认为巴纳德意义上的正式组织进一步表现为类市场组织、科层以及共同体三种形式。但这绝不意味着正式组织是由以上三种组织形态平行构成。事实上，科层是正式组织的基本形态，类市场组织以及共同体通过嵌入科层的方式从而构成正式组织的一部分。其中，类市场组织表现为对部分科层机制的替代或覆盖，而共同体则构成科层体系中的一个权力节点。

既然科层结构构成正式组织的基本组成部分，因此，研究科层制的内部控制，实质上就是在正式组织的背景下研究内部控制。借助权威来协调横向和纵向的劳动分工，科层在组织内部形成一个金字塔式的权力结构（或官僚结构）。为了刻画内部控制的作用空间，COSO框架曾将主体（即企业）分为子公司、分部和其他业务单元三个层次，不过，这一分层体系存在如下问题：第一，作为一个相对抽象的概念，企业的边界并不太容易被界定，比如，股东是否应该属于企业的范畴？第二，由于根据综合性的业务单元对企业进行分层，使得我们无法看清各个业务单元乃至整个企业的组织结构，因此，该分层体系既不利于界定内部控制的组织边界，更不利于深入分析内部控制的作用机理。鉴于此，我们将主要关注科层结构而不是整个企业的组织

---

① 不过，如果我们简单地认为企业可以明确地拆分为类市场组织、科层与共同体这三类形式，就不一定合适了。事实上，企业是由上述三者交互构成的。比如，某个项目团队本身可能属于共同体，但在一个更大的组织范围内，该共同体又构成科层结构中的权力节点之一。正是在这个意义上，我们说科层表现为科层制组织的基本形式。

解剖学,因为科层结构属于以权威为基础正式组织,其边界能够被有效地界定。依据科层的权力结构,以组织成员或其所构成的机构为要素,本书将科层的级次自上而下划分为治理层、管理层和业务层。当然,科层级次的划分并非绝对的,比如在古典式企业就不存在治理层①。以中国企业为例,图2-5呈现了一个典型的职能式科层的分层结果。

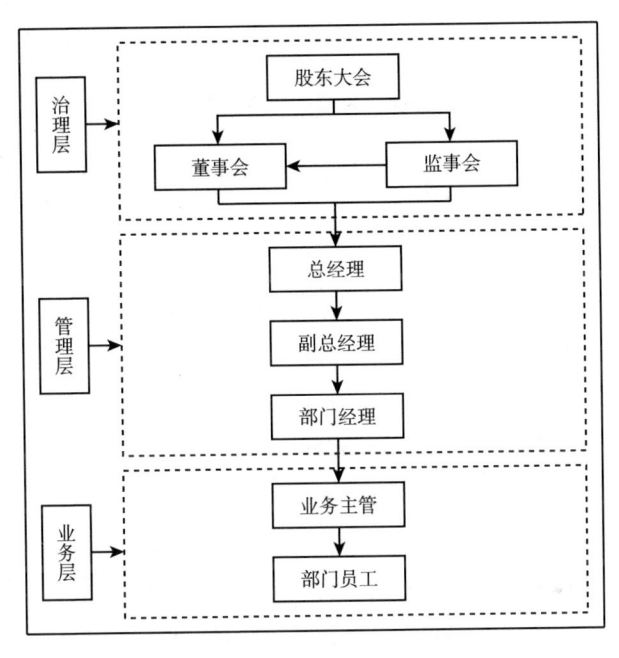

图2-5 职能式科层的三个级次:以中国企业为例

3. 内部控制组织边界的厘定

如果将企业的两个维度与科层的三个级次综合起来,我们便能符合逻辑地实现内部控制组织边界的概念化,这一概念化对后续研究至关重要②。具体而言,内部控制的组织边界由图2-6中的粗框所规定。不过,为什么传统的内部控制仅仅在科层的边界范围内发挥作用?这一问题有必要做更深入

---

① 从这个意义上讲,COSO框架关于公司治理构成内部控制环境要素之一的观点并非绝对正确。也就是说,在古典企业,即使不存在公司治理问题,但却仍然会存在内部控制问题,这是内部控制与公司治理的重要区别之一。

② 没有一个明确的组织边界,内部控制的理论研究有可能变得"无法无天"。

的解释。

企业（合作系统）	组织维度	正式组织	类市场组织		内部价格
			科层（结构）	治理层	权威
				管理层	
				业务层	
			共同体		信任
		非正式组织			
	技术维度	物质环境			

图 2-6　内部控制的组织边界

中文的"内部控制"一词译自英文的"internal control",而英文的这一词汇同时出现在经济学和内部控制文献中。最适合说明"internal control"经济学内涵的文献可能是"The Modern Industrial Revolution, Exit, and the Failure of Internal Control Systems"。在这篇文献中,詹森（1993）将内部控制界定为由董事会主导、与资本市场等外部机制相对称的一项控制力量（control forces）,并且将内部控制与治理体系（government system）相提并论。由此可见,经济学文献中的"internal control"实质上就是以董事会主导的内部公司治理。在 COSO 框架中,内部控制被定义为一个由企业的董事会、管理当局和其他人员实施的,旨在为组织目标的实现提供合理保证的过程。因此,无论是在经济学文献还是在内部控制文献中,内部控制均被定义为一个以董事会主导的、为实现组织目标而设定的一个以权威为基础的正式组织过程。如此一来,以信任为基础的共同体自然应该被排除在传统内部控制的组织边界之外[①]。另外,由于本书研究的是作为科层制组织的企业的内部控制,而企业与市场的本质区别在于权威对价格机制的取代,因此,组织内部为了模拟市场的高能激励而实施的各种内部价格体系自然不应属于内部控制的范畴[②]。

最后概括一下内部控制组织边界的界定带给我们的启示:（1）内部控制属于组织范畴,而不是技术范畴;内部控制过程是一个组织过程,而不是技

---

① 一个可能的设想是,共同体内部也存在相应的内部控制,虽然我们目前对这一内部控制的性质知之甚少。共同体的内部控制将构成我们未来的研究方向。

② 由于将市场上的交易搬到企业内进行会使市场的强激励机制伤筋动骨（威廉姆森,1985）,因此,以科层权威为基础的内部控制完全可以被看作是对市场强激励机制的一个替代。当然,如果将我们的研究范围扩展至整个市场,那么,将价格体系看作市场的"内部控制"也未尝不可。哈耶克就曾提出了类似的观点。

术过程①。因此，组织内部的人以及人与人之间的社会关系构成内部控制研究的基本对象。（2）权威构成内部控制的基本规定性，从为成为我们识别内部控制的基本线索。（3）内部控制同时存在于科层的三个级次，这与COSO框架认为内部控制贯穿于整个组织层次的观点是一致。（4）几乎任何一个科层制组织都同时存在三类协调机制：权威、价格和信任，但是，由于科层结构基本地规定了企业的存在，因此，权威在企业的协调机制中处于主导地位。当然，随着企业组织结构的不断变迁，三类机制所占的权重将会有所不同。比如，随着知识在经济体系中变得越来越重要，以信任为基础的共同体在协调组织活动的过程中将可能发挥越来越大的作用，这将对传统的、基于权威的内部控制构成极大的挑战②。（5）内部控制组织边界的界定暗示着一个新的知识分类体系，这一知识分类体系与知识分工相适应。首先，所有知识分为组织知识和技术知识③，其次，组织知识又进一步分为治理知识、管理知识和业务知识④。就内部控制研究而言，我们关注的当然是组织知识而不是技术知识。

2.5.2　科层秩序的形成：权威扩散、信息分享与知识整合的一体化

以图2-5为背景，我们可以设想一下典型的战略决策过程：董事会对总经理所提交的决策方案进行评估，并做出最终的审批。从旁观者的角度，我们很容易对这一组织过程作出如下概念化：首先，这是一个通过权威扩散

---

① 比如，在生产线上为降低废品率而采取的技术性控制措施就不属于内部控制。不过，更为一般的情形是，组织过程与技术过程是相互交织的，比如预算管理以及质量管理便同时表现为组织过程和技术过程。但这并不妨碍我们在概念上对组织过程和技术过程进行必要区分。这一区分的目的是让我们能够从组织的角度来观察任务或作业的完成过程，而不意味着组织过程和技术过程可以截然分开。

② 我们之所以将本书所研究的内部控制称为传统的、基于权威的内部控制，是由于我们设想到在非正式组织中一定也存在某种形式的内部控制。根据图2-6，非正式组织的内部控制可能以"信任"为基础。不过，对这一新形式的内部控制的研究并非本书的任务，而是构成未来的研究方向。

③ 所谓组织知识，实际上就是哈耶克所说的"与经济相关的知识"。

④ 一个好的董事长不一定能成为一个好的总经理，反之亦然。这就是治理知识与管理知识之间的区别。

从而在组织内部构造正式权力体系的过程①，总经理拥有决策管理权，而董事会拥有决策控制权（Fama et al.，1983）；其次，这是一个信息分享的过程，在董事会与总经理的互动中，各自所拥有的重要信息得到了充分地沟通与交流；再次，这是一个知识整合的过程，战略决策的最终结果是在综合董事会的治理知识和总经理的管理知识的基础上得到的；最后，上述三个过程相互交织，其目的在于应对战略决策过程中总经理以及董事会可能出现的行为失范和行为失败。由此可见，表2-5不仅反映的是一种权力结构，同时还是知识分工体系，更是一个信息结构。

人的认识能力范围以及由此产生的对社会秩序和政治秩序的影响，是哈耶克研究的根本问题。对于科层制组织而言，分散知识的有效运用仍然是一个最基本的问题。在一个极端的情形下，科层可以实施绝对的集权。此时，除了组织的中央机构，所有其他的组织成员都将表现为一个纯粹的执行单元，组织的任何决策都将以中央机构的知识作为唯一依据。然而，无论是从历史经验还是从逻辑上看，中央机构的"知识狂妄"必将导致组织失败。因此，为了克服有限理性，组织的中央机构必须将所有组织成员的个体知识纳入决策系统，从而降低知识集合的不完备性。由于与组织有关的大量知识无法传递或表达，组织的中央机构将无法通过向组织成员购买报告的方式以实现对其个体知识的有效利用，因此，知识整合的过程必定是一个组成成员亲身参与的社会性过程。也就是说，为了充分利用组成成员的个体知识，就必须通过权威扩散的方式，将所有组织成员结构化为一个权力体系，使他们能够凭借权力将其个体知识输入到决策系统。因此，分散知识的整合需求构成了权威扩散的内在动因，并最终促使科层由集权走向分权。图2-5表明，权威扩散，亦即权力体系的形成依次在三个层次上进行：治理层、管理层以及业务层。

有助于我们理解权威扩散与信息分享之间关系的一个例子是：在一个专制的国度，最高专制机构，也就是独裁者，往往对国家基层的实际情况知之

---

① "权威"（authority）与"权力"（power）是两个密切相关但又并不相同的概念。本书将"权力"定义为"权威"扩散的结果，也就是说，权威构成权力的来源。权力通常与特定的职位或岗位相连，因而常被称作职权，与职权相对应的是职责。职权与职责在组织理论中所常用的表述分别是权力与责任。

甚少①。原因是，几乎不存在任何正式的通道使得信息能够及时地被传递他的手中。正是在这个意义上，我们将因权威扩散而形成的权力体系理解为一个实现有效信息沟通的组织网络。具体而言，权威扩散之所以为基于信息分享的有效沟通所必需，主要原因包括：首先，为了实现有效的沟通，就必须赋予采集、处理和传递信息行为的合法性。组织成员如不具有合法的权力，则信息的沟通或传递将是无效的或不被接受的，最终也就无法维持沟通体系。从这个意义上说，权力本质上是一种沟通，沟通体系常常被专门术语表述为权力体系（巴纳德，1938）。其次，有效的沟通要求组织中的每一个成员都有一个明确的、正式的沟通渠道，即"每个人必须向某个人报告"（向上的沟通）以及"每个人必须从属于某个人"（向下的沟通）。因此，正式沟通渠道的形成必然有赖于正式权力体系的建立。最后，沟通网络的建立将有助于降低信息的收集与传递成本，从而提高信息分享的效率。在集权的情况下，由于所有信息应该被传递到组织的中央决策机构，这将导致大量的信息流失。

信息是交流的媒介，因此，从认识论的角度看，信息分享将为知识整合提供可能。哈耶克关于价格体系信号功能的描述对于理解我们信息分享与知识整合之间的关系再恰当不过的了："数以百万计的行为主体的知识融入竞争过程，通过它们的互动作用，造成了一种经过编码处理的、价格信号形式的知识，它又为行为主体所利用，以便通过其行动适应正好有效的稀缺关系。通过利用竞争这一协调程序，一方面数以百万计的行为主体的分散知识作为投入得以利用，另一方面同时通过竞争过程产生了作为产出的新知识。"② 信息分享与知识整合之间这一相互强化的关系在科层制组织同样存在：只有实现充分的信息分享，才能达到有效的知识整合。

行文至此，我们可以对本章所提出的第一个问题，也就是关于内部控制是什么的问题做出回答。COSO框架虽然富有洞见地将内部控制定义为一个"过程"，但并未告诉我们这一"过程"的具体内涵。本书的研究表明，内部控制是一个实现权威扩散、信息分享与知识整合的一体化过程③。以内部

---

① 中国封建时代的皇帝若要体察民情，恐怕只有微服私访了。
② Hayek F. A. The Use of Knowledge in Society, The American Economic Review, 1945, 35 (4): 519-530.
③ 由此可见，本书关于内部控制的定义是建立在COSO框架的基础之上，同时又超越了COSO框架。

控制的这一定义为基础，我们进一步对本章所提出的第二个问题，也就是内部控制存在的基本价值是什么的问题做出回答。作为一个实现权威扩散、信息分享与知识整合的一体化过程，内部控制通过结构化组织成员之间的关系模式，从而将秩序植入科层。正是通过促成科层秩序的形成，内部控制在经济和技术的双重约束的条件下最小化组织成员发生行为失范与行为失败的概率，最终为组织目标的实现提供合理保证。在组织理论的意义上，科层秩序为科层效率的实现提供了合理保证，从而构成科层效率的基本来源。

亚里士多德在《形而上学》中写道："世界上所有事物，鱼、鸟和植物，都以某种方式形成秩序，但不是以相同的方式………所有的事物都是为着一个目的而形成秩序的。"[①]在古希腊先哲们的眼中，世界上只有两种形式的秩序，一种是自然的，另一种是人为的。自然秩序是指那些存在于自然界的秩序，而人为秩序则特指因为人类作用而生成的秩序。为了洞察纷繁复杂的社会经济现象，哈耶克进一步将人为秩序区分为自发秩序和计划秩序，从而形成了一套完整的秩序理论。其中，自发秩序独立于人之计划、在人之行动的作用下偶然生成。当哈耶克说某些秩序是自发形成的，他意指个体的行为将导致有序结果的产生，而个体自身对此结局并无意图，也就是说，有序的社会结构（语言、法律、市场等）应该被看作个体互动的偶然的、自发的副产品。同时，这些非意图产生的结果又反过来对个体未来的行为产生影响，这样，个体引发的后果同个体本身就构成相互作用，而不仅仅知识个体之独立行动间的相互影响。相反，计划秩序则在人之计划或设想的基础上建构而成，是一种可以通过以下方式实现的秩序：按照事先制订的计划，把各个局部计划按其关系规整排列。自发秩序体现的是进化理性主义（evolutionary rationalism），计划秩序体现的则是建构理性主义（constructivist rationalism）。哈耶克认为市场是典型的自发秩序，至于计划秩序，哈耶克也称之为组织，比如企业、军队和政府等。由此可见，根据哈耶克的观点，内部控制所带来的科层秩序，抑或内部控制本身，属于人为建构的产物，因而属于计划秩序。

通过将内部控制定义为一个实现权威扩散、信息分享以及知识整合的一体化过程，并将内部控制存在的基本价值定义为促进科层秩序的形成，本书

---

① 亚里士多德. 形而上学 [D]. 苗力田，译. 中国人民大学出版社，2013：106.

实现了从"过程观"到"秩序观"的跃升①。根据秩序观，内部控制同时表现为以下三类过程：权威扩散过程、信息分享过程以及知识整合过程。以上三类过程的一体化通过促进科层秩序的形成从而为组织目标的实现提供合理保证。图2-7对本书所试图构建的理论模型做了完整呈现。右上角粗框中的"机会主义"和"有限理性"是内部控制存在的必要前提，二者通过导致组织成员的行为失范和行为失败最终决定了组织目标实现的不确定性，即偏差的存在，因此我们将其定义为内部控制的行为假设。左下角粗框中的"科层秩序"则反映了本书对内部控制性质的基本观点，这一秩序来自权威扩散、信息分享与知识整合的一体化，其目的是将组织目标实现过程中的偏差控制在经济上和技术上可以接受的最低水平。总之，与内部控制性质相关的两类基本问题都能够在图2-7中找到答案。

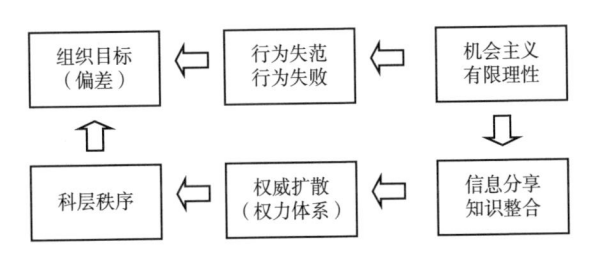

图2-7 内部控制性质的一个概念模型

在结束本章之前，我们认为有必要对内部控制所试图予以最小化的"偏差"做出更深入的讨论。在本书中，偏差被定义为来自组织成员的行为不确定性。此处的"组织成员"，是指组织的所有参与者，既包括组织的普通成员，也包括组织的领导者；并且，由于组织领导者的行为不确定性将给组织目标的实现带来更大程度的偏差，因此，对于领导者行为不确定性的控制实际上已构成现代组织内部控制的主要任务。也就是说，对于现代组织而言，公司治理俨然已成为内部控制实践的一个基本需求，并因此而构成内部控制问题在今日之所以变得如此重要的最根本原因。这是为什么自"安然事件"之后美国国会通过立法以强化管制上市公司内部控制的基本原因。同时，近年来我国监管部门就上市公司的内部控制所出台的一系列政策性文件也是对

---

① 我们之所以采用"跃升"一词，是试图表明"秩序观"涵盖但同时又超越了"过程观"。"过程观"只是看到了内部控制存在的基本形式，"秩序观"则进一步洞察到作为"过程"的内部控制在组织内存在的基本价值，也就是促进科层秩序的形成。

这一基本需求所做出的恰当反应。本书关于组织的所有成员都被结构化到内部控制过程之中的这一观点与COSO框架有所不同。在COSO框架下，"管理层凌驾"被认为是内部控制的固有缺陷，这意味着管理层被看作企业内部控制的所有者，内部控制在技术上不可能、甚至也不应该对企业的管理层施加影响或干预[①]。显然，COSO框架的这种观念不仅不符合内部控制的现实需求，同时，管理层构成内部控制所有者的观点实际上是导致内部控制失败的观念性原因。与COSO框架不同，本书将所谓的"管理层凌驾"定义为内部控制失败。与固有缺陷不同，在不考虑经济约束的条件下，内部控制失败应该而且也完全可以在技术上通过合理的制度设计予以避免，而内部控制设计正是本书后半部分所要解决的基本问题。

---

① 国内有学者形象地将企业内部控制建设比如为"一把手工程"，意思大概是只要企业"一把手"重视，内部控制的建设工作就能搞好，反之就无法搞好。这种将内部控制的建设寄希望于企业"一把手"个人情绪的做法实在是与COSO框架关于"管理层凌驾"的讨论殊途同归，虽然后者显得更加学术化。我们认为，"一把手工程"观将企业领导者的私人情感作为企业制度建设的基本决定力量，明显地违背了科层制的基本精神，更重要的是，其逻辑错误在于将"问题"当作"答案"。

| 第 3 章 |

内部控制设计的制度分析

3.1 引言

内部控制性质的解释仅仅是内部控制理论研究起点而非终点。一个合乎逻辑的追问是：在内部控制的设计中如何有效地实现组织成员行为模式的结构化？为了最大化内部控制存在的基本价值，内部控制设计应当依循的原理与原则是什么？上述问题的回答将引导我们进入机制设计领域，进而更深入地关注内部控制的微观结构。在导论中，我们曾将内部控制的设计知识概括为概念框架和设计命题两大类，本章的目的就是在内部控制性质的基础上提出一整套引导内部控制设计的概念框架，设计命题的发展则构成第 4 章的任务。

除了针对内部控制的性质表达基本观点，COSO 框架的主要功能是为内部控制的设计实践提供了指引。作为内部控制设计领域的权威文献，COSO 框架同时受到业界和学界的普遍接受。具体而言，COSO 框架关于内部控制设计的独特理念体现在它所规划的内部控制 5 要素中，即控制环境、风险评估、控制活动、信息与沟通、监控。与提出内部控制 3 要素（即控制环境、会计系统和控制程序）的美国注册会计师协会 AICPA 所发布的第 55 号《审计准则公告》一样，COSO 框架也属于政策性文献。事实上，通过对比内部控制的 3 要素和 5 要素，我们可以发现 COSO 框架乃是在第 55 号《审计准备公告》的基础上发展而来。因此，在理论研究的意义上，COSO 框架就内部控制设计所提供的解决方案难免存在一些不足之处。首先，由于并不尝试从理论的高度来解决问题，因此，COSO框架没有就内部控制的设计提供足够的概念基础和分析工具。其次，由于不是在严格的理论逻辑的基础上发展而来，以至于COSO框架所提供的有关结论缺乏足够的封闭性和严密性，也就是缺乏足够的可辩驳性，比如为什么是5要素而不是6要素或7要素等？事实上，在COSO委员会于2004年颁布的《企业风险管理——整合框架》中，内部控制的5要素最终扩展为风险管理的8要素，然而，关于为什么8要素适用于风险管理而5要素适用于内部控制，在COSO框架内难以获得基本的理论解释。最后，作为政策性文献，COSO框架所提供的解决方案只能用于引导内部控制的设计实践，但却无法引导内部控制的设计研究。正是基于以上原因，本章将在内部控制性质研究的基础上，严格遵循理论研究的逻辑，就内部控制的设计提出一整套概念框架。这一概念框架不仅可以恰当地为内部控制的设计过程提供指南，从而完善设计实践，同时也为内部控制的设计研究提供了一个合适的起点，从而发展设计理论。现将本章的主要内容概述如下：

第一，以内部控制性质的理论解释为基础，本章确立了内部控制设计研究的权力范式。虽然控制论长期以来构成内部控制设计的理论基础，但是控制论范式在引导人类系统的设计中面临着严重的逻辑困境。与决定性的机械系统不同，作为人类系统的组织及其内部控制在本质上是非决定性的。因此，控制论范式意味着采用低阶系统的控制方法来解决高阶系统的控制问题，从而将"人"的主观意志抽离出组织系统。通过将企业的组织性过程定义为一个以权力为规定性的政治性过程，本章最终确立了内部控制设计研究的权力范式。权力范式以权力分析为依归，同时将权力分析与信息分析和知识分析有机地结合起来。总之，内部控制性质的认定构成权力范式确立的直接依据，福柯的"微观权力论"则构成权力范式确立的哲学基础。

第二，在权力范式的基础上，本章进一步确立并讨论了一系列应用于内部控制设计实践与设计研究的基础性概念。这些基础性概念包括作为内部控制研究对象的行为与关系、作为内部控制基本分析单元的任务与作业、作为内部控制基本模式的行为控制以及作为内部控制基本功能的行为约束与行为优化。基于以上概念基础，我们概括了"行为"与"作业"这两个范畴之间所存在的逻辑关系和控制关系，并因此在一个应用层次上将内部控制设计理解为作业设计。总之，作为内部控制设计知识的重要组成部分，这些基础性概念将成为权力范式的基本分析工具。

第三,借鉴交易成本经济学的分析逻辑,本章对内部控制设计过程的逻辑结构做出规划,从而为内部控制的设计提供一个基本的思想路径或认知路径。本章所规划的内部控制设计过程自上而下依次穿越组织、任务和作业三个层面,先后表现为组织背景分析、任务识别、任务分析和作业设计四个阶段。其中,组织背景分析关注的是与内部控制设计密切相关的两个组织变量:组织结构与组织文化,任务识别和任务分析的目的在于明确内部控制的设计界面,作业设计分别表现为作业链设计和作业点设计。在对内部控制设计过程的逻辑结构做出规划的基础上,本章最终得到了任务属性与作业链结构以及任务属性与作业点结构之间的关系矩阵。内部控制设计的基础性概念与内部控制设计过程的逻辑结构共同构成了一个完整的概念框架。

3.2 内部控制设计研究的权力范式

3.2.1 控制论范式面临的逻辑困境

在组织设计研究中,研究者同样习惯于从自然科学中寻找灵感。体现在内部控制领域,便是控制论(cybernetic theory)长期以来构成内部控制设计研究的主要哲学基础,以至于仅有的几篇设计类文献(Cushing, 1974; Bodnar 1975; Srivastava 1985)无一例外地遵循着控制论的逻辑。这一情形同样出现在管理控制系统领域。安东尼等将管理控制过程具体规划为战略计划、预算编制、财务业绩分析报告、业绩计量和管理层薪酬五个环节,明显地体现着控制论的哲学思维,1900~1972 年近 100 篇主要管理控制理论文献也几乎完全受益于控制论思想(Giglioni & Bedeian, 1974)。控制论范式甚至影响到组织控制设计的研究,乌奇等(1975)将组织控制区分为行为控制与产出控制两种模式,其中,产出控制便是以控制论范式为基础的。体现控制论思想的主要控制原理是反馈控制(feedback control)[①]。如图 3-1 所示,反馈控

[①] 基于控制论范式的另一个控制模型是前馈控制(feed-forward control)。前馈控制将干预看作环境扰动的已知函数,从而假定干预可以事前计划,但这一假设在大多数组织性过程中难以成立。此外,通过创立社会控制论,罗马尼亚控制论专家内戈伊策于 1975 年还提出了退馈控制模型。

制的有效运行必须同时建立在以下三个条件的基础上：其一，必须存在用来衡量过程目标实现程度的标准；其二，过程的产出能够可靠地度量；其三，被控过程是不断循环往复的。

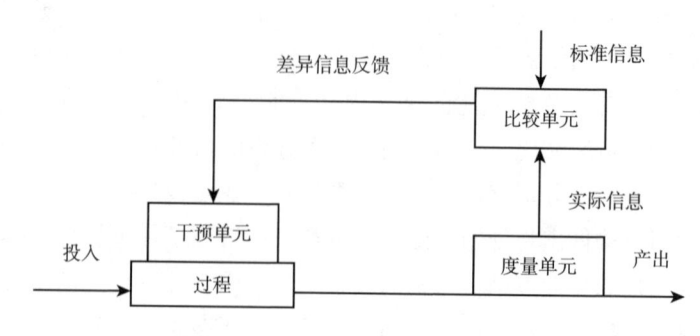

图 3-1 反馈控制模型的工作原理

根据图 3-1，控制论之所以构成内部控制设计研究的基本范式，一个看似无关但却非常可能的解释是：组织内部在劳动分工的基础上所形成的组织单元（即不同职能部门）非常切合控制论模型中各单元的规划与设计。其中，会计部门通常充当度量和比较单元的角色，标准由高层经理制定，干预则属于低级经理的职责，至于具体的被控制过程，则由运营部门开展。由此可见，控制论范式之应用于内部控制的设计研究是建立在类比逻辑的基础之上的。然而，与诸如机械、电路等类似的技术系统不同，内部控制是一个社会技术系统中的一个社会性过程，构成各个组织单元的是有着主观动机的"人"而不是机械性装置。早在1953年，乔纳斯（Jonas）在批评控制论范式时就曾指出，控制论专家倾向于将其模型中活生生的"人"看作一个"机器人"，既不考虑他们的行为与动机，更不考虑他们的思想与情感。这也是为什么在技术系统设计中取得非常成功的控制论范式并不必然能够成功地运用到内部控制设计研究的根本原因[①]。

基于我们对作为科层制组织的企业所采取的技术维度和组织维度的两分

[①] 组织成员的自利动机往往使得很多在形式上看起来几乎完美的内部控制并不一定能够发挥实际的控制效率，比如，营运单元完全可能以牺牲产品质量为代价从而到达上级部门所制定的成本目标。

法①，控制论范式实际上是将作为一个社会性过程的组织性过程看作一个技术控制过程（a technical control process），然而，前文提到的在技术性过程中必然成立的三个前提条件在组织性过程中往往难以成立。首先，由于组织目标往往无法准确无误地分解到任务层次，因此，大量组织性过程的目标并不清晰，相应的标准自然也就无从厘定；其次，很多组织性过程的产出通常难以准确度量②，即使那些产出看似可以度量的组织性过程，由于与技术性过程相比更多地受到外部环境不确定性的影响，并且又是团队合作的结果，因此，基于这一产出度量的信息反馈也难以实现对组织成员个体行为的有效干预，因而仅具有非常有限的控制价值③；最后，很多组织过程并不具有重复性，比如项目投资、并购重组等，此时，即使能够获得有关标准与产出之间差异的信息反馈，也已没有太多的控制价值④。而且，一旦项目投资方案得以实施，项目所涉及的资源耗费便已构成"沉没成本"，对沉没成本的过度关注显然不是良好的控制实践。总之，将控制论模型应用于内部控制设计，意味着在控制主体（即控制者）与控制客体（即被控者）之间做出明确的区分，并且假定控制者具有完全理性；也就是说，控制者能够完全准确地确立目标、制定标准、度量产出，并且准确地对过程实施正确的干预。正是由于控制者具有的完全理性，那些被控制者才可能被看作一个个没有主观意志的"机器人"。因此，控制论模型实质上就是一个理性模型。在我们已经明确地假定包括控制者在内的所有组织成员仅具有有限理性的情况下，理性模型在内部控制设计研究中的适用性自然会受到质疑。

在一般系统理论（general system theory）中，贝塔朗菲（Von Bertalan-

---

① 在将"组织"与"技术"相提并论时，意味着我们在狭义上理解"组织"，也就是指企业的组织维度。在其他情况下，"组织"一词将是广义的，即指作为科层制组织的企业整体。

② 比如，我们如何准确地度量战略性决策过程的产出？

③ 那些假定我们能够在组织目标的前提下准确地界定任务层次的目标，以及能够准确地将综合性的产出与组织成员的个体行为相联系，显然突破了行为主体的有限理性假设。我们当然希望能够准确地预知我们所走的每一步是否与组织的整体目标相一致，并且当然希望知道实现组织目标过程的每一项偏差的具体原因及其正确的矫正性行动，但有限理性使得我们无法做到这一点。内部控制研究所面临的一个悖论是：我们永远只能在无法确切知道偏差大小的前提下试图实现偏差的最小化。

④ 当然，有人或许认为这些差异信息对于未来将要开展的下一宗项目投资或并购重组可能具有一定控制价值，但问题是不同项目投资完全可能是异质的，加上时过境迁，信息的控制价值自然就极小。

ffy，1972）根据系统复杂性程度的高低，将所有系统分为 9 个层次。其中，控制论系统（cybernetic system）处于第 3 层次，而属于社会系统的科层制组织则处于第 8 层次。由此可见，内部控制设计研究的控制论范式实质上是将高阶的（即复杂的）人类组织系统简单地理解为低阶的（即简单的）机械性控制论系统，这就从系统论的高度解释了控制论范式的三个假设前提为什么在企业的组织性过程中难以成立。萨瑟兰德（Sutherland，1952）则根据系统决定性程度的高低对控制论范式的适用性做出如下概括：对于一个完全决定性的系统，比如一个没有人为干涉的纯粹的技术性过程，控制论范式是完全适用的；对于一个仅具有适度随机性的系统，控制论范式具有一定意义；对于一个具有严重随机性的系统，控制论范式将在经济上或技术上变得不可行；当一个系统是完全随机时候，控制论范式就将变得毫无意义。由于企业的组织性过程一定不是一个决定性的系统①，控制论范式在解释这一系统的内部控制设计过程中所面临的逻辑困境便是显而易见的。

既然控制论范式在指导内部控制设计研究过程中面临着严重的逻辑困境，我们不得不寻求一个替代的范式以有效地开展内部控制的设计研究。与控制论范式不同，这一替代范式必须承认组织成员的有限理性，同时还必须考虑组织成员的主观动机。我们将这一新的研究范式定义为权力范式。

3.2.2 权力范式的确立

在本章节中，我们首先对法国著名哲学家福柯的微观权力理论做出简要的回顾，以便为内部控制设计研究的权力范式提供一个哲学基础；其次通过对比组织设计中的理性模型和合作模型，从而使我们能够在一个更宏观的背景下理解内部控制研究设计从控制论范式转向权力范式的必然性；最后，在内部控制性质研究的基础上，本书正式确立内部控制设计研究的权力范式。

---

① 波普尔（1972）关于"云与钟"的讨论可以为我们的观点提供哲学依据。波普尔用"云"表示这样的物理系统：它像各种气体一样，是非常不规则、毫无秩序而又有点难以预测的；用"钟"表示这样的物理系统：它的行为是规则的、有秩序的和高度可预测的。波普尔将坚持前一种观点的物理学家称为物理决定论者，比如牛顿经典物理学的信奉者，甚至还包括爱因斯坦；将坚持后一种观点的物理学家称为物理非决定论者，主要指量子物理学家，比如康普顿和海森堡。波普尔将物理决定论称之为噩梦。之所以为噩梦，是因为它断言整个世界连同其中的一切事物，乃是一个巨大的自动化结构，而我们只不过是其中小小的齿轮，后者充其量不过是其中的自动装置而已。

1. 福柯的微观权力论：一个简要的概括

作为享誉世界的法国后现代思想家，福柯（Michel Foucault）将知识、主体和权力三个范畴紧密地结合在一起，从而提出了所谓的微观权力理论。在这一理论中，知识的生产和运作表现为一种权力机制，主体作为渗透着权力效应的载体，被整合在知识和权力的结构之中。因而，关于权力及其内在机制的揭示成为福柯后现代分析的核心内容。福柯（1997）断言，当社会变成科学研究的对象，人类行为变成供人分析和解决的问题时，我们相信这一切都与权力的机制有关。福柯（1998）反对在实体的意义上理解权力，主张以"力量关系的术语来思考权力"，权力的所谓"存在"实际上表现为类型繁多的权力关系的存在。也就是说，权力永远不可能脱离特定的社会结构而独立存在。通过对权力关系作微观层面研究，福柯刻画了权力结构生成的动力机制。一方面，渗透着权力效应的微观个体以权力操作者和实施者的身份介入社会实践，各种力量或彼此依赖、互相促进，或彼此否定、互相抵消，在竞争中逐渐呈现出具有"家族相似"性的多元异质权力关系，从而形成宏观层面上相对稳定的权力结构；另一方面，权力结构本身意味着控制、支配，任何个体总是各种社会权力结构中的权力要素或子系统，都无权选择自己所处的权力场，无法逃避历史环境对自身的影响和塑造，权力不断生产出维持自身权力结构所必需的权力微观载体，这是权力结构的存在基础；不过，个体在权力体系中并非绝对消极的力量，通过本能的"权力反抗"和自觉的"自我呵护"，可以消解、改变加诸其身的权力效应，从而瓦解旧的、腐朽的权力结构，重建新的、更合理的权力结构，这是权力结构的发展基础（福柯，1998）。

福柯的微观权力理论具有两项基本功能：首先，借助于微观权力关系的分析来解释宏观权力结构的形成。从社会生活的微观层面出发，用权力结构解剖社会机体，以力学术语表述权力关系，福柯致力于社会存在的微观动力学分析。通过将社会生活中的诸多内容予以层次化、结构化、权力化，进而在微观层面上考察渗透着权力效应的个体之间的相互作用，微观权力理论有助于解释社会机体在宏观层面上的各种权力结构的涌现和发展①。其次，借助权力范畴来理解知识的性质。之所以借助权力范畴来理解知识的本质，福柯的目的是为了突出知识在社会中的规范和控制功能。在微观权力理论中，权力与知识融为一体，表现为各种权力借助知识去控制和塑造历史的个体。基于知识与权力的结合，福柯的权力范畴因而具有了生产性，它首先表现为一种规训力量，通过社会规范、政治措施来规劝和改造人，专门负责对"社会众生"的监督和规训，其目的在于"让生命进入历史"，把一个生物人整合在知识亦即权力的结构之中，使之成为符合各种社会规范的"正常"人。由此可见，福柯的微观权力分析在方法论上具有如下特征：第一，用权力的关系论取代实体论，认为实体意义上的"大写的权力"是不存在的，存在的只是形式各异的、运转于社会不同层次的权力关系；第二，通过微观权力个体间的相互作用从而动态地描述宏观权力结构的形成与演变；第三，借助权力分析来解释知识的本质，从而将权力和知识融为一体，明确了权力所具有的生产性。

正如导论中所言，本书采用微观分析方法来研究内部控制的性质与设计，并且，在我们的理论模型中，内部控制被定义为一个实现权力扩散、信息分享以及知识整合的一体化过程，因此，福柯的微观权力理论完全可以恰当地成为内部控制设计研究的哲学基础。正是通过在微观的层次上，也就是组织成员之间关系的层次上对科层制组织这一社会存在实施权力分析，我们最终将内部控制设计的研究范式建立在福柯的微观权力理论的基础之上。

2. 权力与组织设计：从理性模型到合作模型

不知是巧合还是必然，与福柯关注权力的微观分析相一致，权力与组织设计的讨论长期以来在组织文献中相互交织（Mackenzie，1986；Pfeffer，1978）。不同的组织设计理念产生于不同的组织模型。在组织文献中，先后经历了两类主要的组织模型：理性模型和合作模型。通过回顾组织设计理念的历史变迁，我们将能够在一个更宏观的背景下理解内部控制设计研究从控制论范式转向权力范式的必然性。

组织内部的劳动分工使得组织任务的不同作业之间存在着相互依赖性，

---

① 福柯将"权力结构"定义为个体间权力效应的相互作用的"合力"。福柯的这一定义极具洞察力。

这就是所谓的工作流联系（workflow linkages）。由于不同的作业往往对应着相应的职能，因此，工作流联系又被称作职能依赖性（functional dependencies）。以职能依赖性概念为基础，戈德纳（Gouldner，1959）提出了组织的理性模型（rational model）。由于理性模型采用工程方法研究组织管理问题，因而又被称作组织的机械模型（machine model）。在理性模型中，组织被看作一个工具，一个由为实现特定目的而存在的、并且相互联系的各种手段所构成的集合。如同机器的齿轮，组织的各个子单元围绕组织目标而复杂地交织在一起，各子单元的任务被明确定义且相互连接，所有元素都为组织整体功能的正常发挥而被有序地排列，彼此之间相互协调以促进组织目标的实现。在理性模型下，子单元的目标必须服从组织整体目标，子系统的功能纯粹是为了实现组织的整体目标而存在。因此，虽然理性模型也会讨论局部优化或次优化（sub-optimization）的问题，但它认为能够通过适当的工作流设计来消除这一个问题[①]。也就是说，该模型假定组织设计者是完全理性的。这也是该模型之所以被称作理性模型的根本原因。

基于组织的理性模型，麦肯齐（Mackenzie，1986）提出了相应的组织设计理念。这一设计理念的核心是试图获得一个概括性的"宏观逻辑"（macro-logic），以详细描述组织内的全部任务及其作业，并据以识别这些任务和作业在执行过程中所遵循的秩序。由于组织的任务被依次分解为不同的区域（areas）、群体（groups）、单元（modules）乃至作业（activities），因此，在任务完成的不同层次上将产生相应的相互依赖性，也就是说，组织内部存在着一个相互依赖的层次结构（a hierarchy of interdependence）。在这一宏观逻辑之下，组织中所有子单元或分部均在作业的意义上予以定义，而不同作业在将要执行的工作流中存在着技术上的先后联系。这意味着将组织的工作流被分解为汤普森（Thompson，1967）所描述的一系列前后相互依赖的"操作"（operations）。显然，基于理性模型的组织设计理念关注的焦点是整个组织中相互依赖的结构，而不是组织内某对子单元之间的双边相互依赖性（dyadic interdependencies）（Mackenzie，1986）。因此，作为一个大系统的组成要素，每个子单元的自主权在密切合作的集体性行动中被最小化，其重要性

---

① 在理性模型下，消除局部优化的最典型方法是采用控制论的反馈控制原理。标准的制定针对子单元进行，但标准设计的目的则是扩大整个系统的绩效。

完全取决于所执行的作业在整个系统中所处的地位和所拥有的功能。作为良好组织设计的标志，一个完整组织的内部要素应当像一系列彼此完全契合的齿轮那样有序排列。因此，在理性模型的引导下，所设计的组织结构将变成一个紧密的耦合体。也就是说，理性模型的运用往往导致一个集权式组织结构的产生。

与理性模型不同，合作模型（coalitional model）将组织看作独立主体之间因资源交换而产生的一个协商秩序（negotiated orders），一个由不同主体基于合作而形成的"联盟"或"结合体"（coalitions）（March，1962）。在合作模型中，组织本身是只是一个背景（setting）而不是工具。在这一背景下，拥有不同利益和偏好的群体和个体走到一起，从事资源的相互交换。借用马奇和西蒙（1958）的说法，独立的个体在组织的背景下为着各自的激励（inducements）而相互交换各自的资源与贡献。随着资源交换的完成，组织参与者之间便呈现出特定的互动以及相互依赖的模式，这就是所谓的交换依赖性（exchange dependencies）。交换依赖性导致组织参与者之间权力关系（power relationships）的产生，组织结构因而在不同政治力量（political forces）之间的互动过程中出现（Pfeffer & Salancik，1977；1978）。作为一个协商秩序，组织的运作建立在所谓的"内部契约体系"（inside contracting system）的基础之上。在这一安排之下，组织参与者被显性或隐性的契约联系在一起。与市场契约相比，他们之间的关系在一个相当长的时期内具有稳定性和持续性（Eccles，1981）。不过，这一内部契约体系仍然给予参与者以足够的灵活性，使他们能够在必要的时候切断与组织之间的联系。因此，在合作模型中，组织是一个由半自主的子单元构成的一个松散网络（Tushman，1977），也就是所谓的"松散耦合系统"（loosely coupled systems）（Glassman，1973；Weick et al.，1976）。"松散耦合"概念表明，虽然组织内的不同事件与活动之间相互依赖，但同时也保持其独立的身份，因而在物理和逻辑上具有可分离性。

在合作模型中，由于参与者之间的交换依赖性来自资源的相互依赖性（resource dependencies），产生于交换依赖性的权力因而也被称作资源权力（resource power）。随着某个参与者向组织贡献有价值的资源，其他参与者就会对该项贡献产生依赖性①。由于依赖性是权力的对立面（Emerson，1962），该参与者也就因此获得了与资源依赖性相对应的影响力，这就是所谓的资源权力。因此，如果组织的某个子单元能够降低对于其他子单元所提供资源的依赖性，就能进一步扩大它所拥有的权力（Pfeffer，1978）。参与者或子单元因而得以通过弱化对其他主体的资源依赖性，或切断与他们之间的联系，以维持他们在组织中的独立性。因此，组织内各子单元表现出一个追求更大自主权（autonomy）的自然倾向（Morgan，1981），这一趋向将在组织内部产生冲突与紧张，从而导致组织活力的丧失以及参与者利益的损失。组织设计的重要目标就是通过权力结构的适应性调整，从而化解这一紧张与冲突，以确保组织的持续生存。因此，在合作模型下，权力和冲突的管理构成组织设计的中心问题，组织设计因而成为一个在具有潜在分离性的各要素之间维持平衡的过程，一个在影响组织子单元自主权的各项不同方案之间进行选择的过程（Morgan，1981）。

与理性模型将导致紧密偶合体不同，在合作模型的基础上设计而成的组织结构将表现为一个松散偶合体。在松散耦合的组织中，子单元拥有必要的自主权，从而可以相对独立地行动。虽然子单元对于自主权的追求将导致组织内部出现持续的紧张与冲突，但是，子单元间基于自主权的政治性合作（political coalitions）所带来的动力可以使组织更加具有弹性，从而提高组织对于外部环境变化的适应能力（Weick，1976；Orrok & Weick，1990）。随着外部环境的变化越来越大，基于合作模型的组织设计理念将受到越来越多的重视。正是由于在组织设计上具有上述优点，合作模型逐渐取代理性模型而成为主流的组织模型。与合作模型对理性模型的取代相对应的是，随着组织所面临的外部环境在近年来变得越来越不确定，组织结构正在逐渐地由集权模式转向分权模型。为了应对日益复杂的外部环境，甚至逐渐出现了网络式

---

① 只要某项资源对于组织具有价值，组织的其他参与者就一定会对该项资源产生依赖性。但是，随着资源性质的不同，也就是资源对于组织价值的大小不同，在其他主体身上所产生的资源依赖性便不相同。这就是说，作为组织资源的提供者，所有组织成员之间一定相互依赖，但权力的拥有者属于那些所提供的资源对组织具有更大价值的参与者，因为与该参与者对其他组织成员的依赖性相比，其他组织成员将更加依赖于该参与者。就一般产业而言，人力资本通常更加依赖于实物资本，这也就是为什么资本雇佣劳动的根本原因。但是，在某些人力资本相对重要的行业中，比如会计师事务所以及那些主要由智力资本构成的新兴产业，资本雇佣劳动的逻辑便不再成立，因为股份的分配将主要取决于组织参与者所拥有人力资本的高低，而不再是所提供实物资本的多寡。

的组织。

历史地看，理性模型曾是主流的组织模型。然而，由于过度强调技术标准对于组织设计的意义而忽视了权力因素在塑造组织结构中的作用，理性模型逐渐受到越来越多的批评，这也是理性模型失去主流地位的主要原因。为此，理性模型的鼓吹者试图发展一个独特的权力概念，从而证明权力因素在该模型中已做考虑。与合作模型认为组织参与者通过在资源交换中创造一个相对于其他参与者更为有利的平衡从而获得权力不同，理性模型将"权力"的定义建立在任务依赖性（task dependencies）的基础之上[1]。与资源依赖性产生于组织参与者的资源交易或交换过程不同，任务依赖性产生于任务流程（task processes）的规划之中，表现为劳动分工过程中形成的工作流意义上的相互依赖性（Victor & Blackburn, 1987）。由于组织参与者所执行的专业性任务对于集体目标的实现必不可少，因此，组织参与者通过执行为组织整体的正常运行所必需的任务来实现权力的累积，专业性任务的日常执行过程也就表现为组织参与者运用权力的过程。这种权力的获得并不依赖组织参与者从外部带给组织的资源，它完全由组织参与者所承担的职能在组织的整个职能系统中所处的地位而决定，即参与者因在组织复杂的工作流中占据关键位置从而获得权力。由于职能专业化产生于劳动分工，因此，理性模型的权力概念在根本上建立在劳动分工的基础上。为了进一步对两类权力概念做出区分，借助杜宾（Dubin, 1963）提出的"系统内权力"（power in a system）概念[2]，理性模型将来自职能专业化的权力称作"系统性权力"（systemic power），因为这一权力仅存在于一个特定的角色系统中。专业化的职能性角色是组织结构的异质性特征，因为这些角色致力于特定职能的完成，而这些特殊的职能又是属于一个特定的组织。也就是说，只有在相同组织以及相同任务的双重背景下，组织成员所扮演的角色以及相应的系统性权力才具有同质性。因此，随着组织的重构，虽然组织参与者所提供的资源可以转向其他组织，进而获得与资源依赖性相对应的权力，但相关角色以及相应的系统性权力却已永远消失。因此，产生于职能专业化的权力是系统的产物，因而只

---

[1] "任务依赖性概念"类似于爱默生（Emerson, 1976）所提出的"结构依赖性"（structural dependencies）概念。

[2] 正如阿伦特（Arendt, 1970）所指出的："权力从来不是个人的财产，它属于一个集体，并且仅当该集体得以维持的前提下才能够继续存在"。

存在于一个特定的系统中。

尽管存在以上辩护，但合作模型的倡导者认为坚持两类权力概念实质上并无差别。通过对"资源"做广义定义，普费弗（Pfeffer，1981）认为系统权力看似产生于因劳动分工而产生的职能上的相互依赖性，但实际上却只是资源权力的一个变形而已。在严格的意义上，"资源"仅被定义为组织参与者向组织所提供的贡献，包括实物资源以及人力资源（即知识与能力）。为了将系统性权力纳入资源权力的范畴，普费弗（1981）进一步将组织成员所从事的活动（activities）以及该项活动的绩效（performances）也纳入资源的范畴，从而提出了一个广义的"资源"概念。由于角色系统中特定的职能对应着特定的活动以及特定绩效，所谓系统性权力自然就可以用资源权力来解释。我们赞成普费弗（1981）关于系统性权力归根到底属于资源权力衍生物的观点，但并不赞成他的论证逻辑。其一，"资源"的广义定义超越了交换理论（exchange theory）对于资源的正常定义，而交换理论构成合作模型的理论基础[①]；其二，资源的广义定义意味着将资源交换过程与任务执行过程等同起来，这显然不太合适。资源的交换过程在签约时就已完成，至于任务的完成过程，则属于资源的具体运用过程，而不再是资源的交换过程。

实际上，即使不对"资源"做出广义的界定，我们也可以解释系统性权力在根本上来源于资源权力，并且系统性权力表现为组织结构设计的产物，而不是组织设计的决定因素。在定义权力概念的过程中，合作模型采取的是"资源—权力—结构"逻辑，而理性模型采取的是"劳动分工—职能专业化—权力"逻辑。合作模型的逻辑表明，政治性权力产生于资源的依赖性，而组织结构则产生于特定的权力关系配置，由此我们可以看作权力对于组织结构设计的引导作用。理性模型的逻辑仅表明职能专业化产生于劳动分工，而系统性权力则产生于职能专业化所导致的任务依赖性。至于这一权力是否影响以及如何影响组织结构设计则不得而知。也就是说，理性模型的鼓吹者只是解释了系统性权力的来源，却没有解释该项权力对于组织结构设计的决定作用。事实上，在一个更大的背景下观察，系统性权力表现为组织结构设计的产物而不是决定因素，进而表现为资源性权力的衍生物。表面上看，系

---

① 交换理论认为资源具有流动性，能够从一个参与者转移到另一个参与者手中（Blau，1964）。一旦将活动及其绩效也定义为资源，那将意味着把任务及其执行过程也看作一个资源交换的过程，这显然是不恰当的。

统性权力来自劳动分工所产生的职能专业化，但由于职能专业化过程实质上就是组织结构的形成过程，因此，系统性权力实质上由特定的组织结构所决定。根据合作模型的逻辑可知，组织结构因资源依赖性决定，系统性权力当然最终由资源依赖性而决定。一个简单的问题是：为什么能够带来更系统性权力的关键性任务被安排给组织成员 A 而不是组织成员 B？显然是他们拥有不同的能力，也就是拥有不同的资源①。来源于资源依赖性的权力决定了组织参与者在工作流上的位置，进而决定了系统性权力的结构。系统性权力实际上是资源基础权力的运用过程，而不是一个独立的权力来源。因此，组织参与者之间因职能专业化所导致的任务依赖性以及相应的系统性权力虽然确实客观存在，但这一依赖性以及相应的系统性权力是以资源依赖性为基础的组织结构的产物，而不是组织结构设计的决定因素。我们关于系统性权力构成资源性权力衍生物的论证过程可以通过将合作模型的"资源—权力—结构"逻辑与理性模型的"劳动分工—职能专业化—权力"逻辑实现对接从而得到更清晰的理解。由于劳动分工过程实际上就是组织结构的设计过程，对接后的完整逻辑链条因此变成了"资源—（资源性）权力—结构—劳动分工—职能专业化—系统性权力"。借助这一逻辑链条，我们就能很轻易地看出系统性权力表现为组织结构设计的结果，并最终构成资源性权力的衍生物。

当然，理性模型在组织设计领域之所以逐渐被合作模型所取代，除了没有考虑权力因素之外，另一个原因在于该模型所隐含的完全理性假设。正是基于完全理性假设，理性模型认为通过恰当的技术性设计便能消除子单元局部目标与组织整体目标之间的背离。完全理性假设是采用工程方法处理组织管理问题的必然结果。实际上，对权力因素的忽视与完全理性假设之间又是互为联系的。正是由于坚持技术决定论（也就是完全理性），理性模型因而没有必要借助权力来解释组织现象以及引导组织设计。权力注定与组织性过程而不是技术性过程相连，注定产生于与人与人之间的互动过程而不是控制者对于被控制者所施加的单向影响。因此，理性模型的根本问题表现在试图借助技术手段解决社会性过程的控制问题，然而，社会性过程中所存在的动

---

① 职业经理人之所以拥有更大的权力，表面上看是因为他占据了"职业经理"的职位，归根到底是由于他具有足够的能力。如果能力不足，企业主完全可以另请高明。

机问题以及有限理性问题只能在政治的意义上予以解决。

3. 权力与内部控制设计：从控制论范式到权力范式

虽然我们不能将理性模型在组织设计中面临的问题与控制论范式在内部控制设计中所面临的问题简单地等同，但二者有着相同的哲学基础则应无异议。理性模型与控制论范式均坚持完全理性假设，抛弃权力观点，从而将复杂的社会性过程看作一个纯粹的技术性过程。因此，组织设计领域中合作模型对理性模型的取代将给我们讨论内部控制设计研究范式的变迁带来启示。传统的管理控制理论大多未在企业的技术维度与组织维度之间作严格区分，这在一定程度上解释了控制论范式盛行于管理控制设计研究的合理性。然而，由于本书将严格地在组织性过程的背景下对内部控制的性质做出定义，反思控制论范式对于内部控制设计研究的适切性就显得非常必要。

早在20世纪60年代，赞尼托斯（Zannetos，1964）就意识到内部控制理念的所有进展均体现在内部控制系统由决定性系统向非决定性系统的转变，并由此建议内部控制研究的理论基础应从早期的决定性模型转向非决定性模型，也就是由泰勒的科学管理理论转向现代企业理论。泰勒的科学管理理论试图通过将个人转化为一个特定目的的机器从而消除个体的主观意志。在对操作和运动进行精心研究的基础上，一个反映了"最有效的员工所采取的最有效的方法"的标准被确立，并成为员工日常工作的一部分。通过限制个人的判断并用习惯替代之，也就是通过行为的程序化，泰勒模型将人力资源的分配建立在个人的生理局限性而不是认知（或理性）局限性的基础上。在这样的机制之下，个体不能定义和改变生产任务，他们只能适应机器的节奏，所有必须的控制要素构成了生产任务定义的一部分从而被自动地执行。结果是，被分配执行生产任务的个体将缺乏主观意志，其行为与标准的任何偏离都被假定为纯粹的生理上的原因。在泰勒模型下，任何价值判断和计划工作均有一个总的计划者做出并实施，效率以及决定性的解决方案最终通过外部的集中管理而实现。也就是说，泰勒模型将一个社会性过程看作一个技术性过程。与泰勒模型不同，现代企业理论承认有目的的行为以及个体认知的局限性，认为组织的产出是参与者之间有意识地相互协作的结果。在现代企业理论中，组织成员个体行为的激励就显得非常重要，而内部控制的基本功能正是通过传递非常重要和敏感的、与组织目标密切相关的信息，从而为个体行为的激励提供标准，并最终为业绩、学习和矫正行为的评估提供手段。上述评估不仅有助于对个体和营运活动实施正确的奖惩，更有助于通过事后学习以逐步提高决策的有效性。由于管理活动的非决定性以及各要素之间互补性的存在，因此，赞尼托斯（1964）坚信未来的控制系统将是概率性的[①]，并且这一概率性的控制系统将具有以下两个基本功能：其一，为各要素（包括实物资源和人力资源）之间的合作提供适当的环境条件，其二，界定各要素之间的互动模式。

赞尼托斯（1964）关于内部控制系统正在由一个决定性系统向非决定性提供转变的观点极具洞察力，对于概率性控制系统的基本功能所做的概括也极具启发性，但他的讨论仍然存在以下问题：首先，与组织设计文献一样，他所提出的应对措施仍然仅局限于研究方法层次，而没有上升到研究范式的高度。由于内部控制是一项极具应用性的研究课题，涉及对组织微观结构的观察，因此其直接的理论基础可能是多元的，但研究范式只能是一元的。比如，虽然泰勒模型对早期内部控制研究影响甚巨，但泰勒模型本身则是技术决定论的产物。其次，正是由于没有上升到研究范式的高度，虽然承认个体的动机与目的，但他针对内部控制研究所提出的建议仍然体现着反馈控制的思想，仍然没有摆脱控制论范式的窠臼。在他看来，内部控制仍然是一个通过会计系统提供信息度量和信息反馈的控制论模型。总之，虽然我们与赞尼托斯（1964）就内部控制研究所面临的问题持相同的观点，但我们并不完全赞同他所提出的解决方案。

与技术性过程不同，组织性过程的主体是"人"以及由"人"所构成的"群体"。控制论范式所面临的逻辑困境在于采用低阶系统的控制方法解决高阶系统的控制问题，从而将"人"看作一个没有主观意志的"机器人"（Jonas，1953）。然而，一旦承认作为个体的"人"具有主观意志，从而拥有各不相同的动机与目的，则企业的组织性过程便从一个机械系统跃升为一个社会性系统。也就是说，如果我们将作为科层制组织的企业看作一个社会技术系统（a socio-technical system），则其中的组织性过程实质上是一个组织

[①] 所有概率性，也就是非决定性。它意味着控制系统不可能精确地决定个体的具体行为。关于决定性系统向非决定性系统的转变，在前文中已有述及。

成员之间不断互动的社会性过程（a social process），更准确地说，是一个社会心理过程（socio-psychological processes）。在这一过程中，个体与个体之间以及个体与组织之间的不同动机与意图相互碰撞、相互适应，最终实现相互整合。在科层制下，根源于权威扩散的权力体系为这一社会性过程的运行提供了基本规则①，基本地决定了参与这一过程的各个主体的行为规范及其关系模式，从而，作为社会性过程的组织性过程最终取得了政治性过程的形态②，权力构成了这一过程的基本规定性，特定的权力结构决定了特定的政治性博弈过程。在这一过程中，直接引导组织决策的并不一定是明确无误的组织目标这一理性元素，组织的权力结构、规范甚至价值观在更大程度上决定了组织决策的最终结果③。

如果一个企业主是全知全能的，基于组织效率的需要，他完全可以将所有员工变成一个没有个人意志的"机器人"，他们仅须根据企业主的指令行事。此时，所谓的"组织性过程"实际上是一个机械性系统，控制论范式自然能很好地指引这一过程的控制设计。然而，一旦我们无法逃避有限理性假设，组织过程的社会化以及最终的政治化将构成组织效率的基本源泉。也就是说，组织过程的政治化是有限理性条件下为最大化组织效率所做出的恰当反映。政治性过程有助于凝聚所有组织成员的知识与信息，因而成为解决不确定性问题的高效机制。我们在一个更微观的层面提出了一个与科斯完全相同的问题。科斯认为企业与市场相比所拥有的制度优势全在于"权威"的存

---

① "权威"是一个比"权力"更具基本性的概念，权威构成权力的来源。权威必须来自他人的内心感受或认可，比如，一个工人很容易在心里认可资本家的权威，因为资本家能够提供该工人赖以维持生计的劳动工具和劳动资料；同时，一个普通员工很容易对一个虽然没有任何行政头衔但却拥有足够专业知识的工程师产生权威感觉，因为该工程师能够随时解决机器设备所出现的种种故障。因此可见，权威永远只可能是他与的，而不可能是自封的。一个人只有被他人认可为拥有权威，他才可能对他人施加影响或干预，也就是行使权力。

② 在经济学上，科斯认为"权威"构成企业与市场之间的本质区别；在社会学上，韦伯采用"官僚结构"（bureaucracy）来描述企业。这些理论都强烈地暗示组织性过程所具有政治性。此外，并非所有的社会性过程都构成政治性过程，比如，在一个共同体内部，不同组织成员之间关系模式的基础是信任而非权力，因此，虽然这是一个社会性过程，但不是一个政治性过程。

③ 组织性过程具有政治性的一个例子是：我们虽然可能在事后对某项任务完成的效率做出评估（比如对某个经营单元的业绩实施事后审计），但这一评估的主要目的可能并非通过信息反馈来生成事后的矫正性行动，而是试图根据评估结果对政治性过程本身实现结构性调整（比如更换组织单元的领导者），从而改变当前的权力格局。从这个意义上说，是否实施事后的效率调查本身就是一项政治性决定。

在，因为权威能够减少不必要的讨价还价，从而有效地降低交易成本，我们则进一步深入到微观的组织性过程来理解企业制度优势的真正源泉。当然，政治与效率并非具有天然的一致性。组织性过程的政治化是为了应对有限理性的挑战，但这一过程又往往经受着机会主义的困扰，比如裙带关系、派系争斗等就常常与政治过程交织在一起。如何使这一组织性过程在应对有限理性的同时规避机会主义的困扰，将取决于这一过程能否被有效地控制。内部控制的定义便是在这一场景下进行的。作为一个权力扩散机制，内部控制直接促成科层内部权力体系的形成。然而，这一权力体系形成的基本依据则是实现充分的信息分享和有效的知识整合。内部控制正是这样一个实现权力扩散、信息分享和知识整合的一体化过程，政治与效率之间的对接也只能在这样一个一体化过程中得以实现①。因此，嵌入了内部控制的组织性过程实质上一个结构化过程，所有个体被有组织地纳入一个特定的权力体系，他们的行为规范和关系模式在这一权力体系中得以规定，科层秩序也就最终形成②。

既然企业的组织性过程是一个以权力为规定性的政治性过程，内部控制在本质上是一个通过权力扩散从而在科层内部形成一个促进信息分享和知识整合的权力体系的机制，内部控制设计研究自然应该以权力分析为依归，并将权力分析与信息分析和知识分析相结合。从这个意义上说，研究内部控制实质上就是研究组织的政治学。我们将以权力分析为核心的研究范式定义为内部设计研究的权力范式。由于权力范式既恢复了组织性过程的本来面目，也与我们关于内部控制性质的定义相一致，因此，与控制论范式相比，基于权力范式的概念框架将能更加有效地引导内部控制的设计实践。

3.3 内部控制设计研究的概念基础

在权力范式的基础上，本章节将提出并讨论若干应用于内部控制设计研

---

① 也就是说，权力只有实现与知识、信息之间的结盟，社会性过程的政治化才可能构成组织效率的源泉。
② 政治或权力与效率之间的关系可以从韦伯对于"官僚制"（即科层制）的讨论中得到启发，韦伯将作为权力等级结构的官僚制看作一种是实现效率的蓝图（雷恩，2009）。

究过程中的基础性概念。这些基础性概念包括作为内部控制研究对象的行为与关系、作为内部控制基本分析单元的任务与作业、作为内部控制基本模式的行为控制以及作为内部控制基本功能的行为约束与行为优化。这些概念的提出与讨论将为我们规划内部控制设计过程的逻辑结构提供基础。

3.3.1 内部控制研究的基本对象：行为与关系

组织成员的行为不确定是内部控制存在的根本原因。对于一个由多人集聚而成的组织而言，其持续生存的基本前提就是对动机各异的个体行为实施有效的控制；作为一个建构秩序，内部控制的基本功能就是为组织成员之间的关系模式提供一个共同的结构。因此，行为与关系构成内部控制研究的基本对象。

1. 行为

作为一个学术范畴，本书在"行为"与"动作"之间做出严格的区分。行为体现了个人的主观动机，并意图在本人与其他组织成员之间引发社会意义上的联系；动作既没有主观动机的支撑，也仅局限于完成个体生理意义上的物理表现。因此，动作表现为纯粹的生理性运动，包括肢体运动与五官运动；行为则是主观动机与生理运动的统一体，是伴随着心理活动的生理动作。纯粹的主观动机不构成行为，因为他人无法感受到，因而也就无法引发人与人之间的社会性联系；一旦被抽离出主观动机，则所谓的"行为"只是生理意义上的动作，而不构成社会意义上的行为①。基于以上定义，动作与机械性系统相连，行为则与社会性系统相关；动作只能出现在企业的技术维度，而行为则出现在企业的组织维度。由于行为在根本上由动机所规定，因此，关注行为的基本前提就是对动机的关注，对于行为的讨论，归根到底就是对动机或意志做出讨论。

虽然组织的基本规定性在于它是一个由人构成的集合体，然而，无论是经济理论还是管理理论，都是在经历了一个相当长的时期之后才开始关注个

---

① 员工在流水线所表现出来的生理运动就属于动作，而不是行为。因此，流水线上的员工之间也就不存在所谓的社会性联系。

体的动机及行为。在新古典经济学的企业理论中，作为科层制组织的企业被看作一个纯粹的生产函数，劳动与资本一道被看作生产要素。因为生产要素在根本上被认为缺乏"意志"（will），因此，企业也就不存在所谓的控制与管理的问题（Zannetos, 1964）。在新古典经济学的价格理论中，个体的意志或动机同样没有占据应有的地位。虽然每个个体被假定具有完全意志并且追求相对独立的个体目标，然而，在一个完全竞争的市场条件下，市场参与者被无意识地驱动着，他们并不能向其自身施加任何实际的影响。结果是，在均衡状态下，市场参与者似乎不存在任何主观意志，因为虽然他们是理性的，但他们却无意识地接受外部因素（即价格机制）强加给他们的标准，并将该标准作为他们行动的指南。正是在这个意义上，理性变成了一个"客观"的概念。只要某个市场参与者没有按照市场上业已确立的标准行事，那么他将被逐出这个特定的市场，并进入另一个能够实现该市场参与者的预期行为与其最佳利益相一致的市场。经济理论对于个体动机与行为的关注可能是从奈特（1923）开始的。奈特认为经济学是一门关于人的科学，应该以人类行为的原理作为基础，并将对控制经济活动的人类行为心理的某些观察作为研究起点。根据这一理论假设，人的行为受着有意识的动机所支配，其目的是为了"满足人的欲望"。奈特将经济学所研究的"行为"明确地定义为斯宾塞意义上适应于目的的"行为"（conduct），从而与日常意义上宽泛的"行为"（behavior）相区分。两类行为的区别在于：前者更多地表现为理性和计划性，后者则更多地具有冲动性和多变性[①]。在研究科层制组织问题的过程中，奈特认识到研究"我们所了解的人的本性"这一问题的重要性，并且特别把与"败德风险"做斗争看作科层制组织存在的一个特定条件。受奈特的启发[②]，威廉姆森（1985）明确地将人的行为假设作为建构交易成本经济学的基本前提，并将其概括为有限理性和机会主义。个体的行为与动机不

[①] 奈特关于两类行为概念的区分与我们在"行为"和"动作"之间的区分基本上是一致的。不过，奈特对于经济学所研究的"行为"的定义比我们的定义更为严格，它不仅要求有动机支持，同时还要求这一行为表现出足够的理性与计划性。奈特这样做的目的主要是为了明确人类行为在什么范围内可以由科学方法进行探讨，从而明确经济理论固有的前提。对我们而言，引入"行为"概念的目的是试图在机械系统与社会系统之间做出区分，这也是为什么我们在"行为"概念的基础上进一步引申出"关系"概念的重要原因，奈特对此则不甚关注。

[②] 威廉姆森指出，由于人们更多地关注奈特所提出的风险与不确定性概念，但对他关于人类行为的深刻洞察却没有给予应有的重视。

仅在奈特以及威廉姆森的经济理论中得到关注，在20世纪70年代以后以信息经济学为基础逐渐发展起来的委托代理理论以及机制设计理论中，个体的动机与行为同样构成经济理论研究的中心问题。总之，从历史的角度看，经济学研究经历了一个由物到人的过程。

与经济学理论一样，管理理论对于个体动机及行为的关注也是经历了一个相当长的时期。虽然有着完全不同的哲学基础，但是泰勒的科学管理理论与新古典经济学的企业理论一样地假设个体不能有效地运用他们的主观意志。在泰勒模型中，效率以及决定性的解决方案最终通过外部的集中管理而实现，任何价值判断和计划工作均有一个总的计划者做出并实施。因此，在泰勒的模型中，个体被假设不存在多维度的有目的的行为，影响行为的控制系统完全是不必要的。管理理论对于个体动机的关注可能是从巴纳德（1938）开始的。作为社会系统学派的创始人，巴纳德将个体看作个别独立的人，而不是一台机器的"零部件"。不过，除非在相互影响的社会关系中与他人联合在一起，否则个体并不能发挥作用。从而，通过将组织看作一个合作系统[①]，巴纳德在群体的背景下讨论个体的行为与动机。作为个体，人们可以选择是否进入某一具体的合作系统中。他们基于自己的目的、愿望及冲动，或通过考虑是否还有其他可行选择来做出最终决策。基于个体动机与组织动机之间的不一致，巴纳德提出了著名的"效果—效率"二分法。任何一个正式的合作系统都需要一个共同的目标，而且，如果合作成功的话，这个共同目标就会实现，这就说明这个合作系统是有效果的。与效果不同，效率刻画的是个体动机的满足程度，因为人们完全基于个体的动机从而决定是否参与到一个合作系统，他们对合作系统持续做出贡献的意愿也将取决于个体动机是否得到满足。作为个体动机被满足程度的度量，只有个体才能决定组织的效率是否最终实现。因此，巴纳德提出"效果—效率"二分法真正意图是想表明这样一个道理：一个组织若想持续地生存，就必须在实现共同目标的同时持续地提供足够的诱因以满足个体的动机。在管理学历史上，直接考察个体动机及行为的最重要事件可能是霍桑试验。这项实验在美国的西方电气公司霍桑工厂内展开，最初的目的只是考察工作场所的照明及其对工人

---

① 巴纳德的这一思想表明，行为和动机的讨论只可能在一个群体内进行。对于一个完全孤立的个体，比如处于孤岛上的鲁滨逊，讨论其行为与动机时没有任何意义。这也是为什么我们从行为引申出关系的根本原因。

生产力的影响，后来则逐步成为理解组织中人的行为的重要步骤[①]。随着霍桑试验的完成，人际关系思想得以传播开来，最终取代了科学管理思想，从而开创了管理研究新时代，也就是社会人时代（雷恩，2009）。在后来的组织及管理研究中，个体的动机、行为以及因行为所导致的人际关系一直构成管理理论的中心问题。由此可见，与经济学研究一样，管理学研究同样经历了一个由物到人的过程。

基于同样的学术传统，个体动机及行为在传统的内部控制理论中也未得到足够的关注。赞尼托斯（1964）对此做出了充分的论述。他认为早期内部控制研究的理论基础是微观经济理论和科学管理理论，而两者均忽视了个体的"意志"问题。为此，他主张将内部控制研究建立在现代企业理论的基础上。现代企业理论假设相互合作的各个个体在他们的能力范围内是有意志的和有目的的，不同个体的特质（或特征）将毫无疑问地反映在他们的具体行为之中，个体之间的分歧、公开的冲突以及不相容性也将存在于组织之中。在这个企业模型之下，我们不能自动假设个体的行为是最优的，而必须寻找解决方案以确保每一个有着独立意志的个体的行为与组织的总体目标相一致。如果让参与组织的各个个体自行其是，他们必将试图最大化他们的自身利益。当然，个体利益可能刚好与企业利益相一致，但更常见的情况却是，它们之间是相互冲突的，此时，个体利益的追求将取代对组织利益的追求。正是在这样的情形下，有意识的合作和控制系统才有了存在的必要。因此，赞尼托斯（1964）认为有必要在组织内部建立一个系统，该系统将鼓励人们调和他们之间的分歧、给他们提供如何实现这种调和的指导以及为实现组织的目标而协调他们行动，而这最终有助于个体形成稳定的预期及行为模式。他认为这一系统就是内部控制。通过将个体的意志问题作为内部控制研究的起点，有目的的"行为"构成他所展望的内部控制理论体系中的核心概念。

总之，在控制论范式的引导下，作为一个社会心理过程的组织性过程被抽象为一个机械性过程，复杂的人类组织系统被降解为一个简单的反馈式系统，以至于个体的动机与行为被抽离出系统之外。随着权力范式对控制论范式的取代，组织性过程不再是一个机械式过程，而是表现为一个充满分歧与

[①] 这可能与巴纳德对于霍桑试验的主要组织者梅奥的影响分不开的。受巴纳德的影响，梅奥赞同将组织视为一种社会系统的观点，同时认为权力应该以确保合作的社会技能为基础（雷恩，2009）。

冲突的政治性过程，构成组织的"人"最终被恢复本来面目，其动机与行为自然应该成为这一研究范式所关注的焦点。

2. 关系

（1）哲学研究中的关系主义。

实体主义长期以来在西方哲学中占据主导地位。然而，进入20世纪以来，物理学家越来越多地发现世界存在着相互依赖、相互交织的性质。在试图识别自然界最基本的组成要素时，量子物理学家发现原子粒并非相互独立的个体（Capra，1975；Wolf，1980），原子粒之间的空间并非空无一物，而是充满了莫名的填充物（Bohm，1988），亦即关系。关系不仅存在于客体与客体之间，同时还存在于主体与客体之间。20世纪初，德国物理学家海森堡（Heisenberg）发现研究主体的每次观察行为将不可避免地改变被观察的对象，从而进一步激发人们相信人类的意识不可避免地影响到我们对于现实的观察和理解过程。物理学的新发现最终促成了哲学观念的变革。1970年，以色列的宗教哲学家布伯（Buber，1970）提出了一个重要的哲学范畴：中间空间（space between）。顾名思义，所谓"中间空间"，是指两个实体之间的中间地带，也就是它们之间的互动空间。这一范畴表明，相对于两个实体而言，他们之间的关系才是第一位存在，因为全部的意义在"中间空间"产生。在根本上，布伯的哲学指向了一个关系视角，这一关系视角表明"自我"与"他人"是不可分离的；相反，他们以某种方式共同进化，而这一共同进化的方式正是理论研究所要探讨的。

如果说亚里士多德最早提出了实体论的思想，那么有着"哲学家中的哲学家"之称的英国新黑格尔主义者布拉德雷（Bradley）则第一次系统地提出了关系论的思想。新黑格尔主义者格林从康德关于"人为自然立法"的观点出发，强调世界是一个以普遍心灵为中心的关系体系，思维是事物的组织原理，感觉的形成不能离开作为心灵产物的关系。以格林的观点为基础，布拉德雷在他的《现象与实在》一书中系统地提出了自己的关系论。不过，布拉德雷提出关系论的目的是试图证明现象世界及其知识的不真实性。基于"关系的形成必须依赖于关系中的两个'关系者'"这一认定，布拉德雷论证了关系本身的自相矛盾，进而认为建立在这种关系基础上的概念同样是自相矛盾。在他看来，矛盾就意味着悖理，意味着不实在，因此，本体、属性、时空、运动、因果以及"物"等概念，充其量是一些现象或幻象，而绝不是绝对的实在的世界。通过研究"实体"与"关系"谁更具有基始性的问题，日本哲学家广松涉提出了完整的关系主义哲学，从而提出"关系基始性"的观点。在实体主义看来，首先必须存在结成关系的实体性的项，然后才是关系的形成；而在广松涉看来，所谓实体只不过是关系规定性的"节点"，因此，实体不是基始性的存在，关系规定性才是基始性的存在。但是，"关系的基始性"的观点并非意味着必须首先是确立关系项，由"关系"而形成的"物"才能够自存。广松涉认为，这一停留在是"关系"在先还是"实体"在先这一方法论的讨论上是毫无意义的，因为这一发问仍未跳出"实体思维"。在他看来，关系的基始性旨在阐明，与实体相比，关系才是普适性、根本性的本体规定。从与物的世界观的实体主义不同的视角来看，广松涉实际上是确立了一种关系主义的本体论（邓习议，2009）。在谈到之所以形成关系主义的观点时，广松涉认为自己主要受到以下两个方面的启发：其一是从现代物理学的发展中觉察到关系主义的趋向，其二则是在黑格尔特有的实体主义中发现了一种关系主义的机制（张一兵，2002）。通过提出关系主义哲学，广松涉试图实现由实体主义向关系主义的新转换，也就是将西方哲学中主客二分的实体性思维方式推进到主客同一的关系性思维方式。

实际上，在现代知识中，曾是实体主义"最大根源"的物理学早就实现了从实体主义向关系主义的彻底转变。进入 20 世纪，正如相对论和量子力学所展现的那样，实体主义的本体论受到自我否定，在进行认识论、本体论的分析时，关系主义的本体论已成为主流。当今值得重视的另一个现象是，始于数学，贯穿于语言学、文化人类学等人文社会系统各科学领域的"结构主义"的逐渐盛行。结构主义归根到底足立于一种关系主义的本体论。看来，面对实体的基始性这一传统观念，从实体主义向关系主义的转变已成为不可阻挡的趋势（邓习仪，2009）。

（2）组织研究中的关系导向。

与哲学上实体主义逐渐向关系主义转变相对应的，是"关系"逐渐成为组织研究的中心。不过，与哲学相比，组织研究更直接地受益于具体科学的相关发现。在 20 世纪早初期，社会科学家首次发现宏观的文化结构与微观的个体意识之间密不可分、相互作用（James，1908；Mead，1932）。这一发现促使人们意识到物理和社会的具体存在受到社会背景的调节，但却缺乏相关理论对此做出解释。从而，关于自我（self）与社会（society）之间相互依赖的理论得以发展，并激发了大量研究。这些研究既非实证主义立场，亦非建构主义立场（Bourdieu，1977；Giddens，1984），其特点在于对个体行为的社会意义给予极大的关注（Weick，1993；Bartunek，1981；Barley，1986）。同时，在物理学的启发下，系统理论提供了一个全新的世界图景，该世界的核心是关系的和系统的（Ashmos & Huber，1987；von Bertalanffy，1972；Churchman，1979；Fuller，1969；Miller，1972）。关系的、系统的思维要求研究者同时研究被观察的系统以及知识由此而产生的观察系统本身（Montuori & Purser，1996）。借助这一思维方法，研究将聚焦于理解系统内部、系统与系统所嵌入的环境之间无处不在的相互依赖性（Shrivastava，1995；Dyer & Singh，1998），并试图将研究者本身整合到研究过程之中。

　　社会科学和系统科学所提供的洞见表明理解组织与组织成员以及组织成员之间丰富的联系及其相互依赖性的重要性，关系与互动因而逐渐成为组织研究者关注的焦点，大量学者在研究中也不断发现组织现象具有相互交织和相互依赖的关系性质（Astley，1985；Reason，1994；Torbert，1997）。随着"关系"（relationality）范畴在组织理论中的确立，弗罗斯特（Frost，1996）明确地提出建立关系导向（relationality orientation）的组织研究。关系导向意味着我们要将组织想象为一个关系结构，而不是一个独立的个体。关系导向要求组织研究者必须在认识论上意识到以下两个方面：其一，组织的全部意义存在于组织成员的互动（即"中间空间"）中；其二，组织现象与研究者之间是相互依赖（interdependent）和互为主体（intersubjective）的。相互依赖意味着研究者与他所研究的组织现象之间存在着互动效应，我们影响所研究的组织现象，反过来，这些现象又对研究者产生影响（Reason，1994）。所谓互为主体，是指求知过程，亦即知识的获取过程（knowing）在两个主体（即研究者与研究对象）之间同时产生，因而研究者必须关注到在整个研究过程中持续出现的多重含义与视角（Deetz，1996）[1]。如同关系是双向而非单向的一样，研究的方向也是双向而非单向的。关系导向组织研究的提出，有助于研究者理解社会组织现象所具有的相互交织、相互依赖的性质。这一研究导向

---

[1] 这里隐含着对主体和客体二分法的破除，后文将对此予以详细讨论。

将组织中的"关系"作为核心，而不是关注那些离散的、抽象的现象。理论研究者必须解释组织成员之间关系的性质，而不是成员个体的性质。同时，一个关系导向的组织研究者必须意识到他所开展的研究对于其研究对象的影响以及该项研究对他自身的影响。通过将组织看作一个一个扩展的关系集，研究者"进入"组织中，从而关注更多维度的"中间空间"，包括研究对象之间、研究者与研究对象之间以及研究者与研究过程之间。由此可见，"关系"范畴不仅仅包括通常意义上的人际关系（human relationships），同时还包括人类现象与非人类现象之间的关系，是一个极具一般性的范畴。

根据关系的可见性，关系可以分为以下两类：显性关系（tangible forms）和隐性关系。所谓显性关系，是指可看见的、可触摸的以及可度量的关系；所谓隐性关系，是指看不见的、难以界定与解释的关系。由于其性质能够被界定与计量，因此，显性关系构成传统科学的研究对象（Chalmers，1994）。但仅关注显性关系意味着我们对现实仅仅有着部分的了解（Harman，1998；Wilber，1996）。即使是宣称可以向自然界提供一个全面的、高度整合的理解的一般系统理论（Churchman，1979；von Bertalanffy，1972；Miller，1972），其对世界的理解仍然只是片面的。系统理论学家虽然宣称他们的模型覆盖了整个宇宙，然而，该模型只是从外部观察整个宇宙，所观察到的只是宇宙进化的外部形式，却没有从内部观察宇宙的进化过程（Wilber，1996）。也就是说，一般系统理论只关注到显性关系，但却没有注意到隐性关系。为了解决这一认识上的片面性问题，韦伯（Wilber，1996）认为在研究外部显性行为以及可见的社会结构的同时，我们还应该研究内部或内在现象，包括影响隐性的信仰以及无形的行为结构。

显性关系与隐性关系的分类对于拓展组织研究的视野至关重要。巴纳德曾将组织区分为正式组织与非正式组织。基于组织研究的关系导向，我们将正式组织定义为由组织成员之间的正式关系所规定的组织形式，将非正式组织定义为由组织成员之间的非正式关系所规定的组织形式。借助于显性关系和隐性关系的分类，所谓正式关系，实际上就是存在于组织中的显性关系，所谓非正式关系，实际上就是存在于组织中的隐性关系。同时关注显性关系和隐性关系，意味着在组织研究中必须同时关注正式组织和非正式组织，也就是必须同时关注组织成员之间的正式关系和非正式关系。只有这样，我们才能完整地理解组织现象。这一结论同样适用于本书所要开展的内部控制研究。

（3）内部控制研究中的关系范畴。

内部控制研究属于组织研究的重要组成部分。根据哲学中的关系主义以及组织研究的关系导向，关系理应构成内部控制的研究对象。不过，为了更深刻地理解关系对于内部控制研究的重要意义，我们仍然试图在"行为"范畴的基础上引申出"关系"范畴，进而在内部控制这样一个特定组织场景下对关系范畴做出深入讨论。

我们已经对"行为"做出定义，并论证了"行为"构成内部控制研究对象的必要性。如果将分析层次由个体上升到群体，我们便能很自然地由行为范畴引申出关系（relationships）范畴。组织是一个由多人构成的合作性系统，所有的个体行为都不可能孤立地存在，而关系正是在无数个包含着主观意志的行为的连接与互动中表现出来。在这个意义上，组织内任何一个个体行为都将具有社会性，关系因而反映了无数主观意志之间的相互调整与相互适应，这一调整与适应最终又通过个体行为表现出来。因此，在组织的边界内，动机各异的个体行为必定在组织成员之间引发社会意义上的互动关系。因此，没有严格意义的个体行为，也就不存在严格意义的群体关系。如果将个体行为比作一台计算机，群体关系则相当于连接所有计算机的网络。因此，行为是点状的，关系则是网状的。行为的本质由动机规定，而关系的本质则表现为不同个体间的互动。此外，由于行为只能出现在企业的组织维度，关系自然也只能存在于此。在技术维度，不同组织成员的机械性动作之间只可能存在技术意义上的先后联系，而不可能引发社会意义上的互动关系[①]。

由此，我们可以进一步想象一下市场与组织之间的相同与不同之处：二者都是一个由多人构成的社会性系统，但这两个系统内的不同个体间却表现出全然不同的关系模式。在一个充分竞争的市场上，各主体之间的关系是匿名的、随机的；在组织内部，各成员之间的关系则是持续的、被结构化的。我们将前者称作随机型关系，将后者称作结构型关系。随机型关系与结构型

---

① 在流水线上，工人之间的社会性交流非但不能提高技术效率，甚至可能因为注意力的分散而降低技术效率。因此，即使在同一条流水线上，工人之间也只存在技术上的联系，而不存在社会意义上的关系。也就是说，流水线上的工人之间没有分享信息与整合知识的必要。

关系之间的区别基本地决定了市场秩序与组织秩序之间的不同，并最终促使它们成为实现资源配置的完全不同的制度形式。"关系"范畴的引入能够让我们从人际互动（interactions）的角度来理解组织的存在，并且定义组织性过程。组织的存在由个体成员之间的互动所决定，组织性过程则表现为个体之间社会性的互动过程。如果将企业的组织维度进一步区分为科层、共同体和类市场组织三种存在形式，我们便可进一步概括出三类与之相适应的关系模式：基于权威的关系模式、基于信任的关系模式，以及基于内部价格的关系模式。其中，基于权威的关系模式定义了科层的存在，基于信任的关系模式定义了共同体的存在，基于内部价格的关系模式则定义了类市场组织的存在。由于本书在科层的背景下研究内部控制的设计，因此，基于权威的关系模式构成本书的研究对象。在这一模式之下，组织成员之间的关系被结构在一个经由权威扩散之后而形成的权力体系之中。由于这一结构化过程的提供者是内部控制，因此，研究内部控制的设计，自然应从组织成员之间的关系入手[①]。由于内部控制设计研究以权力范式为基础，因此，所谓的关系，归根到底就是权力关系，也就是不同组织成员之间的相互影响关系。

如果将抽象的关系范畴嵌入一个具体的组织结构之中，我们便能够得到一个有关"关系"的分类体系，这一分类体系对于考察内部控制的微观结构至关重要。首先，根据关系的作用方向，关系可以分为纵向（或垂直）关系与横向（或水平）关系，其中，纵向关系表现为科层中的治理层、管理层与业务层之间的互动，在这一关系类型中，权威扩散、信息分享与知识整合的方向是垂直的；横向关系则表现为科层某一个特定级次上组织成员之间的互动，相应的权威扩散、信息分享与知识整合按水平方向进行[②]。其次，根据关系主体的不同特征，或者关系分析的不同层次，可将其分为成员间关系、

[①] 作为组织理论的主流观点，坦南鲍姆（1968）将"控制"定义为一个"组织内人际影响关系的总和"（the sum of interpersonal influence relations in an organization）。埃齐奥尼（1965）进一步将"控制"等价于"权力"（power）。如果将以上两个观点结合起来，就得到了与我们相同的观点：组织成员之间关系的实质就是权力关系，亦即为权力体系所结构化的互动关系。

[②] 可以预期，随着组织变得越来越扁平，组织性过程中的横向关系将变得越来越普遍，横向关系的控制自然也就变得越来越重要。

岗位（或职位）间关系①以及单元间关系，其中，成员间关系和岗位（或职位）间关系又可进一步分为单元内成员关系、单元间成员关系以及单元内岗位（或职位）关系、单元间岗位（职位）关系②。在科层的级次上，岗位是一个与业务层对应的概念，职位则对应于管理层与治理层，至于组织单元，则存在着多种表现形式，既可能是正式设置的部门或分部，也可能是相对松散的团体，比如临时组建的跨部门工作团队。再次，通过将上述两种分类标准综合起来，则无论是岗位（或职位）间关系还是单元间关系，均同时存在纵向和横向两种形态③。最后，以上所有的关系类型，无一例外地存在着显性关系（或正式关系）和隐性关系（或非正式关系）两种形态。以上关于关系分类的讨论表明，整个组织实际上是一个纵横交错的"关系网络"，这一网络体现了组织成员之间纵横交错的互动关系。图3-2概括了关系的分类体系，这一分类体系为我们在内部控制研究中对关系实施解剖提供指引。

关系方向		关系主体		
	纵向关系	成员间关系	单元内	
			单元间	
		岗位（或职位）间关系	单元内	
	横向关系		单元间	
		单元间关系		

图3-2 关系分类体系

在上面所发展的关系分类体系中，纵向关系与横向关系的区分是最基本的形式，因此有必要对这一分类的学理依据做出进一步的讨论。纵向关系存在于科层结构中，是科层制（或官僚制）中的基本关系类型④。基于对科层

---

① 成员间关系不同于岗位（或职位）间关系，这其中有两个原因：其一，在一个适当规模的现代企业，一人一岗的情形相当少见，一个简单的例子是，即使像出纳这样一个简单的工作岗位，也往往拥有多个工作人员。其次，与岗位（或职位）关系不同，成员间关系的分析是在正式的权力体系之外进行的。比如，在不考虑"院长"职位的情况下，某位资深教授与院长担任者之间的关系就属于成员间关系分析。成员间关系概念的提出将有助于我们对非正式权力体系做出分析，因为非正式的权力体系同样深刻地影响着组织成员之间的互动，进而影响到内部控制。
② 比如，会计与出纳之间的关系属于单元内岗位关系，会计与仓库保管员之间的关系属于单元间岗位关系。
③ 由于成员间关系存在于正式的权力体系之外，因此不存在所谓的横向与纵向的进一步分类。
④ 任何一个组织都不可能是纯粹的科层结构，也不可能是纯粹的水平结构，而一定是科层结构与水平结构的相互交织。

制的理论性描述，从而形成相应的概念体系，韦伯成为组织理论的奠基者（雷恩，2009）。韦伯认为任何组织都以某种形式的权威为基础，没有某种形式的权威，任何组织都无法实现自己的目标。权威为科层制内职位的形成提供了基础，而职位取代早期的个人或"世袭"身份而成为组织管理的依据。通过将各种职位组成权力层级，科层制表现为一种权力链或等级结构，而纵向关系正是存在于这一权力等级结构（即科层结构）之中。根据韦伯的科层理论，隐含着纵向关系的科层结构的特征表现为规则、纪律和制约。这些规则、纪律和制约是客观的和去人性化的，毫无例外的适用于所用情形[①]。与纵向关系不同，横向关系（lateral relations）存在于科层制的横向组织（lateral organization）或水平组织之中。现有组织文献对横向关系或横向组织作了充分的讨论。加尔布雷斯（Galbraith，1973）指出横向关系的恰当设计可能有助于提高某些复杂性决策的效率，同时描述了横向交流的形式以及联合决策的过程，认为横向关系表现为经理与处于同一个科层级次的同事进行合作，而不是将问题沿着科层结构向上提交。加尔布雷斯（1973）将横向组织描述为一个分权机制，即将管理决策权分配给直接处理问题的各个层次组织单元的经理，因为他们拥有正确处理问题的必要信息和知识。奥斯特罗夫和史密斯（Ostroff & Smith，1992）认为在横向组织中，员工的工作主要围绕业务流程（business processes）或工作流（work flows）而展开，大多数交流在组织的水平方向发生，而不是沿着科层垂直进行，因此，横向组织可能需要采取与科层组织（即纵向组织）截然不同的控制形式。米尔·库伊斯特等（Meer-Kooistra et al.，2008）认为横向关系中基本只涉及协调与合作，而不涉及命令与控制。为了发展一个有关横向关系治理的概念框架，他们将横向关系的性质描述为以下几个特征：知识与信息分享、合作与竞争同在、弹性与标准化权衡、连续/联合的领导角色，并且认为横向关系的治理设计必须支持这些特征。近年来，一个值得关注的现象是组织结构逐渐呈现出扁平化的发展趋势，横向组织从而横向关系的重要性日益凸显。比如，伊莎美尔等（Ezzamel et al.，1995）发现许多大型公司管理层级的数量不断减少，从而对水平方向的协调与控制产生了更大的需求。横向关系重要性的日益凸显将

---

① 韦伯的著作对巴纳德产生了重要影响，为巴纳德对正式组织的分析奠定了部分基础。同时，韦伯可能是组织设计的先驱。他致力于为权力与活动的关系设计一个结构蓝图，该蓝图将促进组织目标的实现。

对内部控制设计研究产生重大影响。

基于组织研究的关系导向，通过在知识与权力之间确立一个反射性关系（reflexive relationship）①，组织研究的结构主义者（structurationist）在组织成员与组织的现存权力结构（即秩序）之间互动关系的基础上对组织做出定义（Barley，1986；Bourdieu，1991；Giddens，1984），从而提出了组织的另一类关系问题。一方面，组织成员必须适应和遵循现存结构，因为这一结构以权力体系的形式传递着组织成员应当如何"正常行为"（acting normal）的共同知识；另一方面，随着组织成员对现存权力结构的反思（reflective inquiry），并进而获得有关组织成员应当如何"正常行为"的进一步知识，则现存的权力结构将可能被重塑。一旦接受结构主义者的观点，组织的关系将同时表现为以下两个层次：现存结构之下组织成员之间的互动，以及组织成员与现存结构之间的互动。我们将前者称作组织的第一类关系问题，将后者称作组织的第二类关系问题。从表面上看，这两类关系问题的区别在于第一类关系问题表现为人与人之间的互动，第二类关系问题则表现而人与结构之间的互动。然而，由于权力体系的重塑最终将改变组织成员未来的互动模式，因此，第二类关系问题归根到底仍然是人与人之间的互动。我们将第一类关系问题称作组织成员之间的现实性互动关系，将第二类关系问题称作组织成员之间的战略性互动关系，二者均构成内部控制的研究对象。

关系范畴的引入将给我们带来若干洞见，其中之一就是关于控制主体与控制客体之间的区分。与实体主义相适应，在传统的社会科学中，一个根深蒂固的观念就是在认识论的意义上对主体与客体做出严格区分（Bourdieu，1977）②。这一观念之于内部控制研究的影响，便是控制主体和控制客体之间

---

① 传统社会科学长期以来坚持知识中性（neutrality of knowledge）假设，认为知识不应该包含权力与个人利益。然而，知识中性假设自20世纪70年代以来便受到强烈的批评（Feyerabend，1975；Kuhn，1970）。实际上，在现实的组织中，权力与知识是相容的。一方面，权力能够产生有关如何正常行动的知识，比如组织的现存秩序实际上就是有关组织成员如何正常行为的共同知识，而这一共同知识最终来自权力；另一方面，知识能够带来权力，组织的权力分布往往与其知识分布具有一致性。知识与权力之间的相容性在福柯的微观权力理论中得到了最充分的体现。组织研究的结构主义者在知识与权力之间所发展的反射性关系与福柯关于知识与权力之间关系的理解不谋而合。

② 可以借助丈夫与妻子之间的关系来说明主体与客体之间划分的不恰当性。即使在近代中国，丈夫与妻子之间仍存在着主客之分，妻子被称作"堂客"便是例证。然而在当代中国，丈夫与妻子之间构成平等的婚姻关系，这一关系中已无主客之分，丈夫与妻子共同构成夫妻关系的主体，二者之间的关系是相互的、平等的。

的二分法，前者譬如主管或管理者，后者譬如下属或员工。然而，随着关系主义对于实体主义的取代，以及"关系"范畴在内部控制研究中的确立，"控制"在本质上将表现为相关主体对于他们之间关系进行管理。即使对于那些处于不同科层级次的组织成员而言，虽然他们有着不同的权力，从而对彼此之间关系的性质拥有不同的影响力，但这并不意味着他们之间存在着主客之分，他们共同构成这一关系的主体，而这一关系的管理必须建立在他们之间互动的基础上。因此，作为一个内置于组织成员互动关系网络的结构化过程，内部控制是在所有组织成员的相互调整与相互适应中实现的。我们既不能说是成员 A 控制了成员 B，也不能说是成员 B 控制了成员 A。相反，在这个持续的社会性过程中，与组织目标相适应的集体思想与集体意志产生于不同组织成员个体意志之间的相互交织，内部控制正是在这一相互交织的过程中得以实现。因此，在关系的意义上，内部控制是一个双向而非单向过程，所有组织成员都将构成内部控制的主体，而不存在所谓的客体。控制主体与控制客体二分法的破除与杨雄胜（2006）倡导的自我控制理念不谋而合。可以预期，随着"关系"范畴的引入，自我控制理念将能得到更充分的论证。

3.3.2 内部控制分析的基本单元：任务与作业

巴纳德（1938）认为，组织的持续生存将取决于合作效果与合作效率有机统一。其中，效果表现为组织目标的实现程度，取决于资源的有效配置，处理的是人与物之间的关系；效率表现为组织目标的实现对于组织成员个体动机或偏好所带来的满足程度，取决于组织成员的有效激励，处理的是人与人之间的关系。如果说"行为"与"关系"范畴的引入有助于分析与人与人之间关系相联系的效率问题，则"任务"与"作业"范畴的引入将有助于分析与人与物之间关系相联系的效果问题。由于效率与效果表现为一体两面的关系，行为/关系与任务/作业之间也将是不可分离的。任务与作业是在行为与关系的不断发生过程中得以完成的，行为与关系则必须透过任务与作业的完成过程才能得到现实的观察与研究。因此，随着行为与关系被作为内部控制研究的基本对象，任务以及表现为任务完成具体步骤的作业也就相应地构成内部控制分析的基本单元。

1. 任务

基于不同的研究目的，作为科层制组织的企业通常被看作不同类型的集合体。比如，为研究缔约问题，由科斯开创、最终由威廉姆森确立的交易成本经济学将企业看作一个"契约集"或"合同集"；为了研究企业所有权的配置，哈特等人开创的新产权理论将企业看作一个"产权集"或"资产集"。与交易成本经济学和产权理论不同，组织文献在一个动态的、过程的意义上来理解企业的存在。斯蒂格勒（Stigler，1951）认为，企业从事着一系列不同的活动，这些活动包括采购与储存原材料，把原材料转化为半成品以及把半产品转换为产成品，储存与销售产成品，对顾客信贷等。里查德森（Richardson，1972）认为，"将企业看作是完成一系列活动——与对未来需求的发现和估计、研究、开发和设计、物理制造过程的实施与协调、市场营销等相关的——是恰当的，并且必须认识到这些活动得由拥有适当能力的组织成员来完成，换言之，得由拥有合适的知识、经验与技能的组织参与者去完成"。波特（Porter，1985）在价值链的意义上将企业看作一个用来进行设计、生产、营销、交货以及对产品起辅助作用的各种活动的集合。在国内，贾良定（2002）在任务或互动的意义上对企业战略做出定义，认为企业战略的实质是确定优势的专业化任务或活动，并为任务或活动的有效完成选择恰当的协调方式。基于以上文献，本书最终将作为科层制组织的企业定义为一个由为达成共同目标而实施的各种相互协调的任务（task）所构成的集合，也就是将企业看作一个"任务集"①。"任务集"中的所有任务具有互补性，它们为了组织目标的实现而被有机的组织起来。我们进一步将任务完成的具体步骤定义为作业，而作业的最终完成又必须依赖于组织参与者所提供的资源与知识。基于"任务集"的组织模型被呈现在图3-3中。一旦将科层制组织看作一个"任务集"，我们便能通过研究某项具体任务的实现过程，从而现实地考察组织成员的个体行为以及组织成员之间的互动关系，进而对由

---

① 也有文献将组织看作一个"流程链"（chains of routines），比如纳尔逊和温特（1982）。由于任务完成的过程表现为一系列流程，因此，流程集的观点与任务集的观点是一致的。此外，彭罗斯（1959）认为，企业不仅仅是一个管理单位，而且是一个管理框架组织下的生产性资源集合体。钱德勒（1992）解释了企业的四个特征，即法律实体，管理实体，技能、物质资源和资本的集合体，市场和分销物品和服务的实体。

行为与关系所构成的组织性过程进行分析。在一个特定的任务情景之下，抽象的行为和关系才能有所附着，相应的组织性过程也就被赋予具体的含义。由此观之，"任务"实际上已构成内部控制设计研究得以展开的基本平台。因此，本书将"任务"确定为内部控制分析的基本单元。

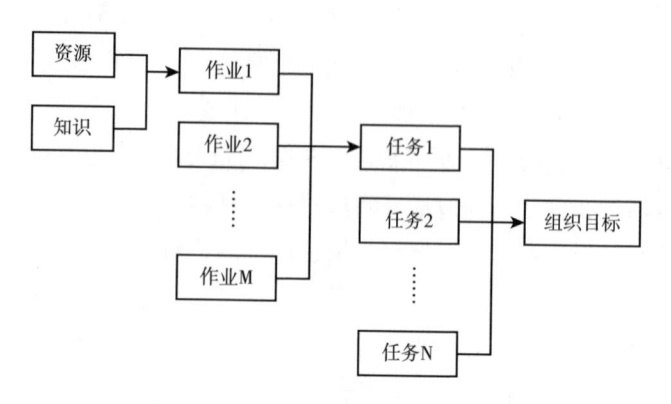

图 3-3 作为"任务集"的组织模型

在现有的组织文献中，"任务"范畴总是与"任务设计"（task design）与"任务分析"（task analysis）联系在一起①。在早期，任务设计的理论基础主要是科学管理理论，基本目的在于实现任务的简化，以便提高劳动效率、降低生产成本以及改善组织绩效的可预测性。后来，由于经验研究表明过度简化的、低技术水平的、短周期的工作可能导致组织成员的低激励以及工作上的不满足感，在任务设计实践中逐渐出现了所谓的工作扩大或工作丰富计划（job enlargement/enrichment programs），从而不再片面地强调任务的分解。在本书中，我们在内部控制的意义上讨论任务的分析及其完成过程的设计，其目的在于降低组织成员在任务完成过程中发生行为失范与行为失败的概率；也就是说，我们直接关注的已不再是任务完成本身的效率，而是任务完成过程中的控制效率。由于设计目的的不同，设计原则与方法自然就有所不同。鉴于我们将企业分解为组织与技术两个维度，任何一项任务的实现过程都将表现为组织性过程与技术性过程的综合②。根据我们关于内部控制性

---

① 在实践的意义上，任务分析与任务设计的历史源远流长。没有精妙的任务分析与任务设计，在古埃及要完成金字塔的建设将几乎是一件无法想象的事情。

② 以原材料采购任务为例，其中的质量检验环节首先是一个技术性过程，同时又是一个组织性过程，其目的在于降低原材料采购过程中出现行为失范与行为失败的可能性。

质的界定，内部控制设计研究关注的是组织性过程的控制，因此，与现有任务设计和分析文献主要从技术维度考察任务完成过程从而考察其技术细节不同，本书注重从组织维度考察任务完成过程从而考察其组织细节。最后，在信息哲学的意义上，任何一项任务的完成都同时表现为物质与信息的双重存在，因此，从控制的角度来研究任务实现过程的设计，不仅要涵盖在任务实现过程中表现为实物流、资金流以及价值流的物质过程，同时也要涵盖在任务完成过程中表现为信息流的信息过程。内部控制的设计之所以必须涵盖任务完成的信息过程，一个重要的原因是信息在哲学意义上所具有的建构功能。信息的建构功能并不仅仅针对信息结构本身的建构，而且也是针对物质结构的建构，并且，物质结构的建构又是通过信息结构的建构，以及相应的信息同化和异化的活动来实现的（邬焜，2005）。信息在哲学意义上所具有的建构功能体现在内部控制设计研究中，就是我们可以借助信息过程的控制设计从而促进对物质过程的有效控制。

2. 作业

图 3-3 显示，组织目标的实现需要众多互补性任务的支撑，但这些互补性任务的完成又必须依赖于相关作业系列的执行。因此，一旦深入任务完成的实际过程，我们便能很自然地由"任务"范畴引申出"作业"范畴。在组织的边界内，几乎任何一项任务的完成都一定是一个由多个成员、多个岗位（职位）、甚至多个组织单元共同参与的过程。在这一过程中，每个主体分别执行着一部分相对独立的工作，所有这些工作被有秩序地连接起来，任务目标的达成取决于其中每项工作能否被正确地执行。我们将为完成某一特定任务而必须执行的所有具体工作定义为作业，任务完成的过程从而表现为一系列作业的有序连接。由此可见，作业实际上就是任务完成的具体步骤（steps）或程序（procedures）。进一步，我们将与完成某项特定任务相关的所有作业构成的一个完整系列称为作业链，相应地，其中的各项特定作业被称为作业点。由于一个特定的任务对应着一个特定的作业系列或作业链，因此，将组织看作一个"任务集"，也就意味着将其同时看作一个"作业集"；透过任务的完成过程来观察行为与关系，也就意味着透过相关作业的执行过程来观察行为与关系。因此，作业与任务一道共同构成内部控制分析的基本单元。

我们将作业分为三个要素，并且认为任何一项特定作业的最终定义必须同时明确这三个要素。作业的三要素分别是作业内容、作业主体与作业规程。作业内容是指某项作业在任务完成过程中所执行的具体工作或步骤，作业主体是指执行该项作业的组织成员、组织岗位（或职位）或组织单元，作业规程的基本功能在于为作业的具体执行提供规范与指引。在以上三个作业要素中，作业内容规定"做什么"的问题，作业主体规定了"由谁做"的问题，作业规程则规定了"如何做"的问题。借助作业三要素，我们可以对作业做出进一步的分类。首先，根据作业内容将作业分为实体性作业与控制性作业[①]。所谓实体性作业，是指在假设不存在行为失范与行为失败的前提下，完成某项任务所必须执行的作业，比如预支差旅费任务中业务员填写借款单作业。所谓控制性作业，是指为了降低任务完成过程中出现行为失范与行为失败的可能性而向作业系列中进一步添加的、具有控制功能的作业，比如部门经理对业务员差旅费报销单的审批作业。按照控制性作业与实体性作业之间相互依赖关系的不同，控制性作业又可进一步区分为前置控制性作业与后置控制性作业。其中，前置控制性作业在作业链中位于相关实体性作业之前，其功能是为后续实体性作业的执行提供依据，比如物资采购用款计划的编制；后置控制性作业在作业链中位于相关实体性作业之后，其功能在于重新审视正在执行中或已经执行完毕的实体性作业，比如外购物资的验收入库以及经理的离任审计等。其次，根据作业主体在科层结构中所处的级次，我们将作业分为业务性作业、管理性作业与治理性作业，其中，业务性作业的执行主体是处于科层结构中业务层的组织成员或岗位，管理性作业的执行主体是处于科层结构中管理层的组织成员或职位，治理性作业的执行主体则是处于科层结构中治理层的组织成员或职位。比如，商品销售发票的开具属于业务性作业，销售部经理对产品赊销交易的批准是管理性作业，董事会对资本预算的审批则属于治理性作业。最后，根据作业规程的程序化水平，作业可以分为程序化作业与非程序化作业。程序化作业具有几乎明确无误的作业规程，作业执行过程中基本不需要作业主体进行自主性的主观判断，比如部门经理在业务员差旅费报销单上的签字；非程序化作业的作业规程则具有

[①] 虽然我们区分实体性作业与控制性作业，但并不意味着控制性作业与实体性作业之间表现为单向的控制关系。事实上，控制功能是在控制性作业与实体性作业的互动中实现的，因此，在控制的意义上，二者并无主客之分。

较大的弹性空间，或者几乎不存在任何具体的作业规程，作业主体在作业执行过程必须运用适当的自主性判断，比如客户信誉调查以及董事会对于总经理所提交战略决策方案的审批。一项作业是否属于程序化或非程序化作业，将同时取决于以下两个因素：其一，取决于作业本身的性质。有些作业更容易实现程序化，而另一些作业不太容易实现程序化，前者如签发支票作业，后者如董事会对总经理所提交的并购重组方案的审批；其二，取决于内部控制设计者的考虑。对于绝大多数作业而言，其程序化程度可高可低。在一个特定的组织环境和任务环境下，设计者将根据内部控制的实际需要，从而恰当地确定某项作业的程序化水平。以上根据作业要素形成的作业分类体系如表3-1所示。

表 3-1　　　　　　基于作业要素的作业分类体系

作业要素	作业分类	
作业内容	实体性作业	
	控制性作业	前置控制性作业
		后置控制性作业
作业主体	业务性作业	
	管理性作业	
	治理性作业	
作业规程	程序化作业	
	非程序化作业	

由于作业是考察行为与关系的最小单元，组织性过程也是在作业系列的流动中呈现出来，因此，我们完全可以借助作业对个体行为、群体关系乃至整个组织性过程展开分析。从而，所谓内部控制设计，归根到底就是作业设计。基于作业链与作业点之间的区分，作业设计将分别在作业链和作业点两个层次上进行，前者被称为作业链设计，后者被称为作业点设计。作业链设计解决的是任务完成步骤的恰当分割①，具体表现为作业点的配置以及不同作业点之间相互依赖关系的确定。作业点设计解决的是某项作业如何具体执行的问题。如果将作业设计与作业要素联系起来，则作业链设计对应的是作

---

① 任务流程的分割在理论上存在这多种可能性，作业链设计的目的就是寻找最优的任务流程分割。

业内容与作业主体的规划，解决的是"做什么"和"由谁做"的问题，而作业点设计对应的是作业规程的规划，解决的是"如何做"的问题。

3. 任务/作业与交易之比较

在本章具体建构内部控制设计的概念框架时，我们借鉴了交易成本经济学的分析逻辑。既然受益于交易成本经济学，一个产生于类比逻辑的想法自然就是：作为交易成本经济学基本分析单元的"交易"同样应该构成内部控制分析的基本单元。事实上，在国外运用交易成本经济学来研究管理控制系统设计的相关文献中，交易确实构成其基本的分析单元，作为交易属性之一的资产专用性因而构成其重要的概念基础。然而，与这些文献不同，本书在构建内部控制设计的概念框架时，并非直接运用交易成本经济学的概念体系，而是借鉴交易成本经济学的微观分析方法。也就是说，内部控制设计概念框架的建构是受到交易成本经济学激发的结果，而不是直接运用交易成本经济学的产物。既然如此，本书自然应该确立属于我们自己的基本分析单元，而不是简单地套用交易成本经济学的基本分析单元，否则我们将可能陷入所谓的"类比谬误"。

"交易"是交易成本经济学乃至整个新制度经济学的核心范畴，构成其基本的分析单元。然而，首先对"交易"范畴做出明确界定是旧制度经济学的代表人物康芒斯[①]，他的主要观点有："交易"是人类经济活动的基本单位，是制度经济学最小的分析单元；"交易"体现的是人与人之间，而不是人与自然之间的关系；"交易"与古典或新古典经济学的"交换"不同，后者体现的是一种物质的供给与需求的平衡关系，前者则不以实际物质为对象，而是以附着在该实际物质之上的权利为对象，体现的是产权在各交易主体之间的转移；作为人类经济活动的基本单位，"交易"本身必须含有"冲突、依存和秩序"三个基本要素，其中，冲突与依存表现为交易关系，反映

---

① 据笔者猜测，威廉姆森在命名"新制度经济学"时大概有两个考虑：其一，所谓"新"，是由于新制度经济学的分析方法以及所关心的问题全然不同于旧制度经济学。由于采用不同的方法（比如社会学以及政治学的方法）分析同样的问题，旧制度经济学站在新古典经济学的对立面，相反，由于采用相同的分析方法（即成本最小化）分析不同的问题（即经济制度问题），新制度经济学成为新古典经济学的重要补充；其二，所谓"制度经济学"，是由于作为新制度经济学基本分析单元的"交易"范畴来自旧制度经济学，并且同样构成旧制度经济学的基本分析单元。

的是人们之间通过让渡基于资源的各项权利而形成的一种既相互冲突又相互依存的利益关系，秩序则表现为一套规范交易活动和行为（也就是交易关系）的各种隐性和显性的惯例和规则。康芒斯关于"交易"范畴的上述界定在威廉姆森的交易成本经济学中得到了充分的体现。不过，与康芒斯不同，在交易成本经济学中还有一个与"交易"同样重要的、并且与"交易"有着密切关系的范畴，这就是"合同"①。在市场经济条件下，交易的本质特征就是相关的权利让渡行为是基于有关交易各方的意思自由，而意思自由也正是"合同"的本质特征。当交易是在意思自由的条件下得以完成时，交易也就实现了它的"合同形式"。也就是说，"合同"构成了作为经济事实的"交易"的法律形式。因此，与交易构成交易成本经济学的基本分析单元相一致，交易成本经济学提出"合同人"假设，并坚持合同分析法（study of contract）。根据威廉姆森，所谓合同分析方法，是指在交易成本最小化目标的引导下，通过制度比较分析，针对交易的具体属性选择最优的合同治理结构。威廉姆森概括了以下三类治理结构，或者三类制度形式：市场、科层与混合制（hybrid），其中，市场提供的是古典合同，适合于治理非专用性交易，科层提供的是关系合同，适合于治理专用性交易，混合制介于市场与科层之间，提供的是长期合同，适合于治理具有一定程度专用性的交易。交易成本经济学所要解决的根本问题，就是在交易成本最小化目标的引导下，根据交易的具体属性，选择最优的治理结构。概括而言，出于理论构建之必要，交易成本经济学所坚持的分析方法在逻辑上先后表现为微观分析方法、合同分析方法以及制度比较分析方法。所谓微观分析方法，实际上就是以微观的交易及其法律形式的合同作为分析对象的分析方法，因此，坚持微观分析方法，也就意味着坚持合同分析方法。由于交易成本经济学解决的基本问题是根据交易的不同属性选择最优的治理结构，因此，合同分析方法的具体实施，必然意味着将市场、科层与混合制这三种类型的制度在一个特定的交易环境下做出比较分析，以观察哪一项制度形式所导致的交易成本最小，也就是采取所谓的比较制度分析。

具体而言，虽然受到交易成本经济学的启发，但内部控制理论与交易成

---

① 从某种意义上说，交易与合同构成了交易成本经济学的全部。交易成本经济学的基本任务就是借助制度比较分析，在对交易属性进行区分的情况下，选择能够使交易成本最小化的合同治理结构。

本经济学之间却存在着明显的差异,正是这些差异使得"交易"不可能成为内部控制分析的基本单元:

首先,交易成本经济学与内部控制理论分别从属于不同的理论范畴。虽然交易成本经济学的一个重要功用是用于分析组织问题,从而促进组织理论的发展,但其本身并不属于组织理论的范畴[①],因为除了研究作为科层制组织的科层之外,交易成本经济学还同时关注市场以及混合制。正是由于研究这三种制度形式在治理交易过程中的比较优势,交易成本经济学在研究中采取的是制度比较分析。相反,内部控制的研究是完全在组织的边界内完成的,既不涉及市场,更不涉及所谓的混合制,因此,内部控制理论属于组织理论的一部分,仅将作为科层制组织的企业作为研究对象,坚持的是制度分析方法。

其次,即使就应用于组织研究从而促进企业理论的形成而言[②],交易成本经济学与内部控制理论所要解决的基本问题并不同。企业理论所要解释的主要有三个方面的问题:企业的存在、企业的边界以及企业的内部结构。在应用于组织研究的过程中,交易成本经济学试图解决的是前两个问题,也就是企业的存在和边界问题。交易成本经济学的开创者科斯于1937年所发表的《企业的性质》一文就是试图解决这两个问题。在他看来,企业存在的理由就是节约交易成本,企业因而构成市场的替代性资源配置方式。至于企业的边界,科斯借助新古典的边际分析方法给出如下解释:"企业将持续扩张,直到再在该企业内组织一项交易的成本等于通过公开市场上的交换方式进行同一交易的成本或在另一企业内组织该项交易的成本"[③]。然而,与交易成本经济学不同,内部控制理论研究试图解释与构造的是企业内部结构,也就是企业内部的具体运作方式。试图对企业内部结构做出解释的还有产权理论,但产权理论关心的是作为委托人的股东与作为代理人的经理之间的权力分配问题,而内部控制理论则进一步深入企业的任务与作业层面,探究组织运转

---

① 在《资本主义经济制度》这部著作中,威廉姆森明确指出交易成本经济学是综合了经济学、法学与组织理论而形成的新型的微观经济理论。

② 除了交易成本经济学,用于研究组织问题从而促进企业理论形成的其他基础性理论还包括新古典经济学、委托代理理论和产权理论(Hart, 1989)。此外,企业理论属于广义上的组织理论的一部分。组织理论除了研究作为营利组织的企业之外,同时还研究非营利形式的组织,比如学校、医院以及政府机构等。

③ Coase R. The Nature of the Firm. Ecomomica, 1937(4): 386-405.

的微观基础。要言之，交易成本经济学研究的是企业存在之前的问题，内部控制理论则研究企业存在以后的问题。

最后，正是由于试图解决不同的问题，交易成本经济学与内部控制理论的分析层次也不相同。制度比较分析表明，在形成企业理论的过程中，交易成本经济学并没有、也不曾试图走进企业的内部。也就是说，在交易成本经济学看来，企业的内部结构是外生给定，企业之所以为企业，就是由其独特的内部结构所规定的。正是在内部结构被给定的前提下，交易成本经济学所关心的问题是为这一特定结构所规定的企业（即科层）与市场、混合制之间的制度比较优势。为了对这一问题做出回答，同时构成企业、市场和混合制的治理对象的"交易"自然就构成交易成本经济学的基本分析单元，三种治理形式所拥有制度优势的比较也就在对"交易"进行分析（也就是合同分析）的过程中得以实现。相反，内部控制理论是在给定企业已经存在并且其边界保持稳定的前提下来研究企业的内部结构。随着企业的最终成立，严格意义上"交易"已经实现；或者说，企业的存在就是交易实现的现实产物。在制度比较分析的场景下讨论企业的存在以及边界，交易的主体是未来企业的参与者，交易的对象是各参与者所意图提供的生产要素，包括实物资本与人力资本。也就是说，在应用于组织研究的过程中，交易成本经济学所关注的交易并非商品市场上的交易，而是要素市场上的交易。因此，在假定企业已经存在的前提下研究企业的内部结构，实际上就是假设在交易已经完成之后来研究企业的内部结构。既然交易已经实现，自然就不可能将交易作为内部控制的研究对象。因此，与交易成本经济学相比，内部控制的理论研究必须真正走入企业的内部，在一个更加微观的层次上展开分析。在交易完成之后，企业所面临的基本问题就是如何选择并有效地协调专业化任务和活动，取代交易的将是循环往复、周而复始的任务与作业的完成过程。此时，企业运行的微观基础将不是交易，而是对因"交易"而来的实物资本和人力资本予以实际运用的具体过程。根据图3-3，这一过程实际上就是任务及其作业的完成过程。因此，处于一个更加微观层次上的任务与作业应当构成内部控制分析的基本单元。从这个意义上说，与交易成本经济学相比，内部控制研究将在一个更加微观的层次上进行。

当然，将交易与任务/作业简单地对立起来显然是不合适的。虽然两个范畴所处的层次不同，但二者之间也存在着密切相关。其中，交易的实现是任务与作业完成的前提,而任务与作业的完成则构成交易实现的必然结果。最终,本书借助图3-4比较了交易成本经济学与内部控制理论所采用分析方法的逻辑层次。该图表明,交易成本经济学与内部控制理论的共同之处在于二者均坚持微观分析,但前者在合同的基础上实现微观分析,也就是所谓的合同分析,后者则在任务与作业的基础上实现微观分析,也就是所谓的任务/作业分析。合同分析关注的是交易实现过程中所引发的合同关系,其目的在于寻找不同经济制度(即治理结构)的比较效率优势,因此最终表现为比较制度分析,任务/作业分析关注的是任务及作业完成过程中所蕴含的权力关系,其目的是试图解释与建构科层制这一特定经济制度的内部结构,因此最终表现为制度分析,此外还可能表现为均衡分析。

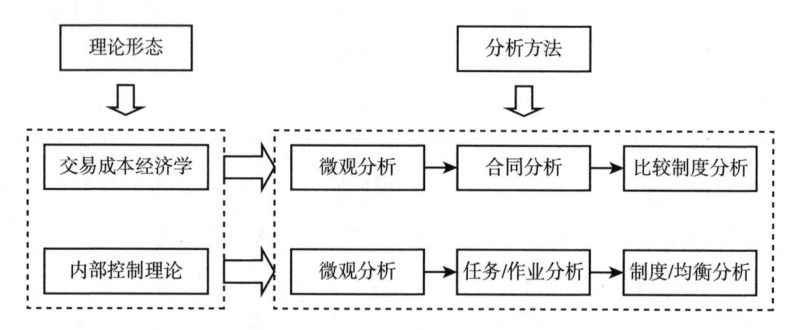

图3-4 分析方法的逻辑层次:交易成本经济学与内部控制理论之比较

3.3.3 内部控制的基本模式:行为控制

控制模式(modes of control)研究长期以来构成组织文献的重要主题,以至于关于控制模式的概括可谓是仁者见仁,智者见智。不过,将控制模式区分为行为控制(behavior control)与产出控制(output control)应该是这一领域的主流观点①。最早在控制意义上讨论"行为"(behavior)与"产出"(outputs)范畴的是默承和西蒙斯(March & Simon,1958),他们认为在组织控制中,仅有两种现象能够被评估:组织成员的行为以及行为所导致的产出。乌奇(1979)进一步明确提出组织控制要么表现为以个体监督(personal

---

① 二者也常被称作行为导向的控制模式与产出导向的控制模式。

surveillance）为基础的行为控制（behavioral control），要么表现为以产出度量（measurement of outputs）为基础的产出控制（output control）。至于两类控制模式的具体适用，则取决于给定控制过程的信息特征，即过程知识的可获得性与过程产出信息的可度量性。如果我们对某一过程所涉及的手段－目的关系（means-ends relationships）有足够的了解，那么就能通过为行为与过程设定相应的规则，从而采取行为控制模式；如果我们并不拥有足够的过程知识，但却能够合理度量产出信息，组织控制将表现为产出控制模式；如果我们同时合理地度量产出与行为，则行为控制与产出控制模式的最终确立将取决于二者之间的比较成本优势。默承和西蒙斯（Merchant & Simons, 1986）的观点则进一步佐证了行为控制与产出控制二分法的合理性，他们明确指出"控制"的定义通常应该涉及两个关键概念：组织参与者的行为以及这一行为对于组织产出的效应。

不同的控制模式有着不同的特征。以个体行为监督为基础的行为控制通常具有以下两个基本特征：其一，行为控制更多地依赖组织正式的规则与程序，与组织结构的正式化程度直接相关。因此，在一个以信任为基础的工作团队中，其控制模式通常不会是行为控制导向的。其二，与产出控制相比，行为控制在机制的运用上通常更加微妙、更加灵活，并且也更加丰富，能够考虑到不同行为的局部性差异，从而适应它们特殊的控制需求。不过，正是由于这种灵活性以及行为评估的主观性，行为控制的效应在组织不同层次之间（也就是纵向关系中）的传递性较差。一个简单的例子是，因为很难详细了解出纳员岗位所发生的种种行为细节，总经理很难对出纳员实施有效的行为控制[①]。以上两个基本特征表明，行为控制模式能够很好地适用于一个局部控制机制（a local control mechanism），但却很难满足一个组织范围控制机制（organization-wide control mechanism）的需求（Ouchi & Maguire, 1975）。以过程产出度量为基础的产出控制通过目标设定、绩

[①] 从这个意义上讲，行为控制往往与组织分权直接相关。也就是说，组织的分权程度越大，则对于行为控制的需求也就越大。

效度量以及奖励制度（reward system）来实现①。产出控制的第一个特征是具有定量性，这有助于在组织的不同层次以及不同单元的控制过程之间实现可比性，但由于抽象的定量指标通常无法捕捉一个部门或成员所进行工作的全部复杂性，因此，产出控制可能遗漏若干重要的行为细节②。由于任何一个过程的产出都是一个由多个成员、多个岗位（或职位），甚至多个组织单元合作的结果，同时也是组织成员的行为与资源投入的综合结果，因此，产出控制的第二个特征是综合性。综合性使得产出控制能够很好地满足组织范围控制机制的需求，但正由于这一特征，加上外部环境的不确定性对于过程产出存在着随机性影响，我们很难在产出度量与组织成员的个体行为之间建立起直接的联系，因此，产出控制模式很难满足一个局部控制机制的设计需求③。

不同控制模式往往遵循着不同的控制原理。乌奇（1975）概括出三类控制原理：结构控制（structural control）、反馈控制（feedback control）与前馈控制（feedforward control）。通过将控制机制的设计内生到组织的过程结构当中，结构控制的目的在于降低过程正常运行中出现错误（errors）与偏差（deviations）的可能性。借助于对过程产出的度量，反馈控制以有关产出偏差的信息反馈为基础，通过采取事后的矫正性行动以使未来的过程能够在理想的状态下运行。通过对过程投入实施适时监控，前馈控制以对未来过程偏差的预期为基础，通过提前采取事前的矫正性行动以期避免预期偏差的出现。概括起来，三类控制原理的不同之处主要体现在以下两个方面：首先，"错误"与"偏差"在三类控制原理中拥有不同的含义。在结构控制中，

---

① 无论是行为控制还是产出控制，其最终目的都是试图改变组织成员的行为。但与行为控制的直接干预不同，产出控制更多地通过激励来间接影响组织成员的行为。行为控制之所以能够实现直接干预，是因为过程知识的可获得性。而正是由于缺乏对过程知识的了解，产出控制只能通过激励来间接影响组织成员的行为。

② 后文将述及产出控制模式遵循的是反馈式控制原理，而反馈式控制原理并不寻求消除所有偏差（Cushing，1975）。

③ 一种常见的观点是将行为控制理解为事前控制，将产出控制理解为事后控制，这一观点并不完全正确。比如，虽然产出控制的重要特征是根据产出度量来对组织成员实施激励，从而间接影响其行为，但由于产出目标以及激励制度在事前就已明确，所以，产出控制对于组织成员行为的激励效应事实上在事前就已发挥，而无须等到事后。至于行为控制，以材料采购为例，为了对业务员的采购行为进行控制，我们既可以通过在事前编制采购计划，还可以通过在事后设置验收作业，甚至可以将以上两种形式结合起来。

"错误"与"偏差"是行为意义上的,因为在过程的实际运行中,资源的投入已经完成,影响过程产出的唯一变量只可能是组织成员的行为。反馈控制与前馈控制的"偏差"都是产出意义上的,只不过前者指的是已实现的产出偏差,后者则是指未实现的、预期的产出偏差。其次,结构控制原理表现为借助科层的权力结构对个体行为实现直接干预①,其控制功能在"过程"的延续中被自然地实现;反馈控制原理与前馈控制原理则表现为对个体行为的间接影响②,只不过前者以对过程产出的适时监控为基础,后者以对过程投入的适时监控为前提。通过将控制模式与控制原理联系起来,我们大致可以认为:产出控制以实际产出与目标产出之间的比较为基础,目的是通过激励制度以间接影响组织成员的个体行为,遵循的是反馈式控制原理;行为控制则是通过正式的权力结构对成员的个体行为实施直接干预,遵循的是结构控制原理。至于前馈控制原理,则主要运用于组织的管理过程中,比如管理的控制职能的具体运用③。由此可见,行为控制与产出控制之所以构成不同的控制模式,其原因在于分别遵循着不同的控制原理。图3-5对三类控制原理做出概括。

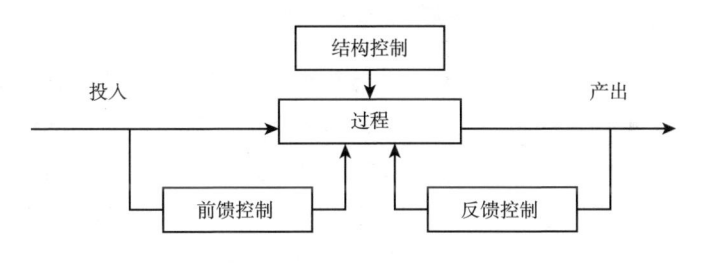

图 3-5 三类控制原理对比

不同的控制原理在根本上受着不同控制哲学的指引。在权力范式之下,企业的组织性过程被看作一个政治性过程,亦即一个被权力体系结构化了的

---

① 现有组织文献中,"控制"(control)通常被一般性地理解为"干预"(intervene)。至于"干预"一词,则借自机械控制论。"控制"的另一个一般性的理解是"影响"(influence)。

② 一旦将反馈式控制原理运用到组织控制之中,事后的矫正性行动将表现为两种形式,其一是调整过程的资源投入,其二是调整组织成员的行为。其中,对组织成员行为的调整并非表现为对行为的直接干预,而是通过以业绩度量为基础的激励机制来实现对行为的间接影响。

③ 控制既可能是一个过程,比如内部控制与管理控制系统,也可能构成组织管理的一项重要职能,即管理的控制职能,比如对货币资金余额以及商品库存量的控制。管理的控制职能以未来为导向,前馈控制原理正要切合这一需求。

社会性过程。组织结构与权力结构为这一社会性过程的运行提供了基本规则,从而决定了参与这一过程的各个主体的行为规范及其之间的关系模式。因此,结构控制原理在根本上体现的是权力范式。至于反馈控制,则是控制论范式的产物(Otley & Berry,1980)。因此,随着在内部控制研究中权力范式对控制论范式的取代,遵循结构控制原理的行为控制应该构成内部控制的基本模式。由于传统的管理控制系统遵循控制论范式,因此,图3-6以内部控制与管理控制系统为例,对控制哲学、控制原理以及控制模式之间的逻辑关系做出概括①。

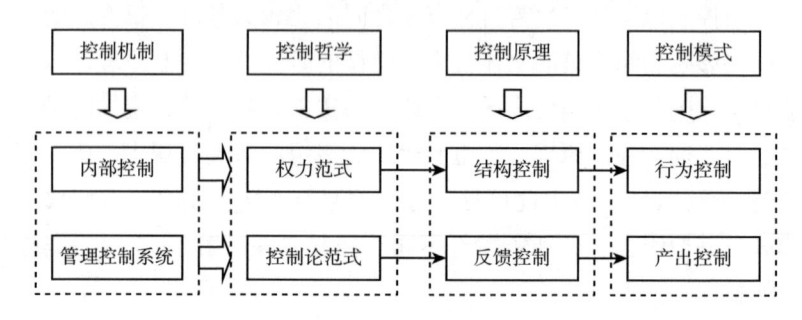

控制机制	控制哲学	控制原理	控制模式
内部控制	权力范式	结构控制	行为控制
管理控制系统	控制论范式	反馈控制	产出控制

图3-6 控制哲学、控制原理与控制模式关系

为了在一个更微观的层面进一步分析行为控制构成内部控制基本模式的原因,我们根据乌奇和马奎尔(Ouchi & Maguire,1975)对局部控制机制与组织范围控制机制所做的区分中引申出"设计界面"概念。不同类型的控制机制在设计时通常面临着不同范围的组织界面,比如,管理控制系统的设计界面通常由某个特定的管理边界所规定,可能是整个组织,也可能是组织内部某个特定的行政单元;内部控制的设计界面通常表现为组织的某项特定任务,而这些任务的完成往往超越某个特定的管理边界②。设计界面的不同通

---

① 内部控制与管理控制系统是两类典型的组织控制机制。前者以任务为控制设计界面,后者则以整个组织或组织内部的某个行政单元作为控制设计的界面。因此,内部控制属于组织的微观控制机制,而管理控制则是组织的中观或宏观控制机制。由此可见,组织的控制系统实际是一个复合性的系统,存在着不同层次的控制机制。这些不同层次的控制机制往往依循不同的控制原理,进而表现出不同的控制模式。除了内部控制与管理控制系统之外,管理的控制职能也是组织控制系统的重要组成部分。

② 据此,我们可以将管理控制系统的设计理解为管理边界导向的,将内部控制的设计理解为任务导向的。

过设计者所直接面对的工作面的不同而表现出来，其最终的结果则是导致不同设计界面的控制机制在整体上有着不同程度的异质性。设计界面越小，整体控制机制的异质性越大，比如内部控制[1]；设计界面越大，整体控制机制的异质性越小，如果将整个组织作为一个设计界面，则整体控制机制将是同质的，而不存在任何程度的异质性。此外，在乌奇和马奎尔（1975）对局部控制机制与组织范围控制机制做出区分的基础上，我们进一步提出微观控制机制概念。乌奇和马奎尔（1975）所谓的局部控制机制是指针对组织内部的某个单元而存在的控制机制，我们所提出的微观控制机制则是针对某项特定的任务而存在控制机制。由此可见，组织范围控制机制的设计界面最大，局部控制机制的设计界面次之，微观控制机制的设计界面最小。由于我们已经将任务与作业作为内部控制分析的基本单元，因此，内部控制的设计界面将是任务与作业导向的，因而构成组织的微观控制机制。乌奇（1979）认为行为控制与产出控制的具体适用取决于给定控制过程的信息特征，即过程知识的可获得性与过程产出信息的可度量性，我们则进一步认为给定控制过程的信息特征与控制的设计界面大小直接相关。其中，过程知识的可获得性与控制设计界面的大小负相关，比如，我们很难完全了解与整个组织的运转过程相关的知识，但却很容易掌握组织内某项特定任务的过程知识；过程产出信息的可度量性与控制设计界面的大小则表现出正相关，比如，我们很容易准确度量作为一个整体的"组织"的产出（比如利润），但却难以准确度量某个特定组织单元的产出，至于要准确度量某项任务甚至作业所导致的产出，则几乎是一件不可能的事。从这个意义上说，随着控制设计界面的扩大，产出控制模式更可能被采用，相反，随着设计界面的缩小，行为控制模式被采用的可能性更大。作为一个以任务和作业作为设计界面的微观控制机制，行为控制自然应该构成内部控制的基本模式。当然，内部控制的基本模式之所以表现为行为控制，另一个重要原因就是行为以及因行为而引发的关系构成内部控制研究的基本对象。

---

[1] 就某个特定的组织而言，完整意义上的内部控制是由为数众多的、以个别任务为导向的具体内部控制综合而成的，其异质性自然就大。

3.3.4 内部控制的基本功能：行为约束与行为优化

若要研究内部控制的基本功能，就必须首先在控制的意义上对"功能"做出定义。本书将"功能"定义为内部控制实现其目标的具体方式，也就是内部控制在组织运行过程中所发挥的具体功用。如果说内部控制的目标表明了内部控制在组织机体内存在的价值，内部控制的功能则表现为实现这些价值的具体手段。因此，内部控制的功能为内部控制的目标所决定。由于内部控制的目标是在经济与技术的双重约束条件下最小化组织成员的行为失范与行为失败的概率，因此，内部控制的功能也就表现为内部控制对于组织成员的行为实施干预或影响的具体方式。在行为控制模式之下，内部控制的基本特征表现为以组织结构为依托，通过构造正式的权力体系实现对组织成员个体行为的直接干预。在严格意义上的内部控制文献中，内部控制的基本功能是一个极少被充分讨论的课题。因此，为了给本章节的研究提供启发与借鉴，我们首先对管理控制系统文献关于控制功能所做的研究做出回顾，以此为基础，对内部控制的基本功能做出最终的界定。

1. 管理控制系统文献关于控制功能的讨论

在《管理控制系统》（*Management Control Systems*）一书第 9 版的序言中，安东尼和戈文德瑞亚（Anthony & Govindarajan，1998）指出，必须承认的是，一个新的管理控制系统（MCS）框架在未来的某一天应该被发展出来，因为本书所提供的框架发展于 20 世纪 50 年代。大学的教授们必须意识到这一点，并且为这一天的到来做好准备。事实上，自 20 世纪 90 年代以来，学术界与实务界反复表达的一个重要关切是：管理控制系统的现有框架与管理实践之间的相关性值得反思，因为当前的控制环境与早前已大不相同，因此，管理控制系统框架迫切需要做出进一步改进（Otley et al., 1995; Langfield-Smith, 1997; Chenhall, 2003）。正是在这样的背景下，西蒙斯（1994）提出了控制杠杆（levers of control, LOC）框架。通过聚焦于组织在实现战略目标过程中运用管理控制系统的不同方式，LOC 框架的最大贡献在于促成了管理控制系统功能的彻底转变。

作为 LOC 框架构建的起点，西蒙斯（1994）将管理控制系统定义为以信息为基础的正式的流程（routines）与程序（procedures），这些流程与程序被用来维持或改变组织活动（activities）的模式。由于组织活动的理想模式不仅应该包括有助于实现当前战略目标的那些活动，而且还应该包括有助于促进未预期的创新与实验的那些活动，因此，有效的管理控制系统必须在确保当前战略实施的同时促进新战略的产生。为此，他将整个管理控制系统划分为信念（控制）系统、边界（控制）系统、诊断性控制系统与交互性控制系统，并将这4个子系统形象地称为控制杠杆。信念系统（Belief systems）的功能在于正式地向组织成员传递组织的基本价值观、目标以及方向（simons，1994）。作为控制杠杆之一，信念系统有助于明确组织成员对于组织目标实现的责任，并且激发组织成员寻找新的机会及其解决方案。信念系统可以向组织成员提供一个稳定的环境，并且通过价值观的传递从而挑战组织惰性。任何一个向组织成员提供有关组织价值观或战略优先次序信息的管理控制系统都可以被看作一个信念系统，如平衡计分卡就是一个信念系统。通过明确组织不打算投入资源的商业机会，边界控制系统被用来针对组织成员的机会搜寻行为设定界限，以便对其施加必要的限制。通过向组织成员传递能够被接受的活动以及被认为的突破限制的活动，边界控制系统的目的是防止组织成员浪费组织的资源。它有助于将组织的活动指向一个有意义的终点，以避免组织成员寻找机会的行为超越了最优的界限。通常，财务数据被用来为防止组织的财务风险而确立边界，非财务术语则主要用于确立经理应该在其内部运作的战略边界（Tuomela，2005）。当管理控制系统被用于诊断性的目的时，就表现为诊断性控制系统。诊断性控制系统被用来比较实际绩效与事前确定的目标（Abernethy & Brownell，1998；Simons，1994），从而识别计划执行过程中可能出现的例外与偏差。通常，财务数据被用来衡量目标是否被实现，非财务数据则使经理能够监督和控制可能促成目标实现的关键因素。诊断性系统代表了管理控制系统的传统功能，随着作为绩效反馈结果的矫正性行动的采取，诊断性系统将对经理的行为施加约束性影响。在评估为实施事前确定的目标而必须完成的关键的绩效变量的基础上采取矫正性行动，诊断性系统引入了事后的监督（Merchant，1985）。利润规划、预算，以及差异分析是企业中最广为使用的诊断式控制系统。管理控制系统被交互运用（interactive use）的结果便是交互性控制系统，表现为经理与下属之间正式的双向交流过程，也就是二者之间就驱动组织任务的基础性假设以及行动计划展开辩论的过程。交互性控制系统促使组织将对于组织活动拥有不同信息和知识的个体集中起来，从而使经理可以获得能够用于发展战略计划的、为其下属所掌握的局部知识（local knowledge）。通过在组织内部构造适当的压力，交互性控制系统可以促成对组织未来状态的重新评估，并以此为基础，激励组织学习以及新观念和新战略的产生。交互性控制系统的最典型例子就是参与型预算编制过程。控制杠杆与公司战略之间的关系如图 3-7 所示。

西蒙斯（1994）之所以提出有关管理控制系统与战略改变之间动态关系的模型，目的是试图提供一个内在一致的、综合性的管理控制理论。图 3-7 显示，在战略改变的情景下，管理控制系统被组织用来形成信念、针对可接受的战略行为制定边界、定义和度量关键的业绩变量，以及激发有关战略不确定性的辩论。四个控制杠杆相互交织，同时发挥作用，但却从不同的方面为组织战略目标的实现做出贡献。信念系统用来强化与公司战略相关的核心价值观，并激发与这些价值观一致的新机会的搜寻。边界系统通过为在战略上不被接受的行为设定边界或限制，从而规避不必要的风险。通过诊断性控制系统，关键的成功因素被交流并被监督，最后，交互性控制系统被用来讨论战略上的不确定性以及针对变化的环境获得新的战略反应。信念系统与交互控制系统被用于鼓励创新行为，边界系统与诊断性控制系统则被用于确保组织成员根据事前确定的规则与计划行动。

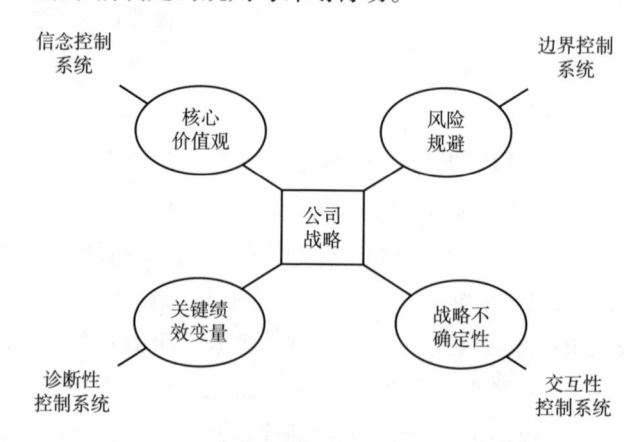

图 3-7 公司战略控制：一个分析框架

资料来源：Simons R. 1994. How new top managers use control systems as levers of control. Strategic Management Journal. 15: 173.

作为一个有效的分析工具，LOC 框架涉及管理控制系统在组织内部所发挥的不同功用（uses）。以上四个控制杠杆实际上刻画了存在于组织内部的两个相互冲突的力量：一方面，组织需要借助信息系统和交互性控制系统以激发组织成员的创造力，从而强化组织的动态控制，另一方面，组织也需要借助边界系统以及诊断性控制系统以固化流程，从而强化组织的静态控制。因此，LOC 框架隐含地假设管理控制系统具有双重功能，也就是在促进组织成员创造力的同时向其行为施加约束。借助这四个杠杆，组织可以利用管理控制系统在向雇员的行为提供约束的同时允许其创新与实验的繁荣。由此可见，作为传统度量功能（measuring functions）与监督功能（monitoring functions）的补充，控制系统也可被用来克服组织惰性、交流新的战略日程、确立战略实施的时间表和目标，以及确保对新战略行动的持续关注。从而，管理控制系统被认为具有两个互补的、并且相互独立的功能（roles），它可以被用来向组织目标的实现施加控制（control），也可以促进（enable）雇员寻找机会并且解决问题。这两个相互竞争的功能使得组织必须在采取与组织目标相一致行动的同时向雇员提供足够的决策自主权（autonomy）（Sprinkle, 2003）。由此可见，LOC 框架的核心在于它平衡了组织对于创新（innovation）与约束（constraints）的双重需求，组织可以通过运用四个控制杠杆从而在控制与创新和学习之间实现有效的平衡。因此，"平衡"（balance）是隐含在 LOC 框架中的一个重要概念。

在 LOC 框架以及其他相关文献的基础上，茱莉亚·曼迪（Julia Mundy, 2009）明确地将管理控制系统的双重功能称为控制功能（controlling role）与促进功能（enabling role）。其中，控制功能与可预测性（predictability）、效率（efficiency）、正式化水平（formality）以及实现短期目标的重要性相关，促进功能则与自发性（spontaneity）、透明度（transparency）、适应性（adaptation）、信息分享（information-sharing）、创新精神（enterprise）以及适应能力（adaptability）相关。控制功能的目标是弱化信息不对称问题，从而在事后影响决策（decision-influencing）；促进功能寻求降低不确定性，从而试图在事前优化决策（decision-facilitating）。借助 LOC 框架中的平衡概念，茱莉亚·曼迪（2009）研究了组织如何通过在管理控制系统的控制功能和促进功能之间实现平衡从而在组织内部创造动态的张力（dynamic tensions）。控制功能与促进功能之间的平衡具体表现为组织必须利用管理控制系统同时实现指导（direct）与授权（empower）的双重目的，其中，当组织通过管理控制系统实现指导时，体现的是管理控制系统的控制功能；当组织通过管理控制系统实现授权时，体现的是促进功能。产生于不同控制功能之间相互关系的动态张力可以促进诸如创新、组织学习、企业家精神以及市场定位等组织能力的发展，进而促进组织绩效的提高。

2. 内部控制的基本功能

早在 1993 年，作为当时美国通用电气公司 CEO 和董事长的杰克·韦尔奇指出，过去的组织是建立在控制（control）的基础之上，但世界正在发生改变。世界的快速发展已经使得控制成为一种限制（limitation），它会降低你的发展速度。你必须在自由（freedom）与某些形式的控制之间寻求平衡（balance），并且，你必须拥有比你过去曾经设想的更多的自由。以一种更为学术化的口吻，奥特利等（Otley et al., 1995）评论道，尽管环境在过去的15 年间发生了重大变化，然而，控制理论中的基本性问题在控制文献中从未得到充分的讨论。自 20 世纪 90 年代以来，在放松监管、全球化、新兴经济体的出现以及信息技术发展的推动下，组织的控制环境正在以更快的速度发生变化（Evans & Wurster, 2000；Lawrence et al., 2005）。在当前这一充满变革的环境下，为了实现内部控制在组织机体内存在的基本价值，内部控制的功能创新已势在必行。

在传统的内部控制理论中，"控制"被有意和无意地看作"约束"的同义词，然而这一观点难以对现实中的内部控制做出全面的解释。比如，物资采购计划编制作业难道仅为了对业务员的物资采购行为施加约束吗？生产部门与财务部门参与设备采购合同的会签难道仅仅只是为了约束设备部门与供货商之间的签约行为吗？显然不完全是。以上两项作业的共同目标都是为了降低组织成员在完成相关任务的过程中出现行为失范与行为失败的可能性，但约束显然不是内部控制为实现这一目标所具有的唯一功能，也就是说，内部控制一定还存在着除了约束之外的其他功能。在研究横向关系的治理（governance）时①，达斯和邓（Das & Teng, 2001）认为不同组织成员之间

---

① 达斯和邓（Das & Teng, 2001）认为"控制"（control）是一个"单边性"（one-sided）的概念，因此，在他们的研究中采用"治理"范畴替代"控制"范畴。由于我们已论证了"控制"是一个双向性的过程，因此这一替代对于我们来说是不必要的。

关系的高度结构化将使他们难以运用自己的知识与经验以有效地应对环境的变化，因此，组织成员之间的关系模式应该具有足够的自主空间（room for manoeuvre）。然而，最系统、也是最深刻地关注到除了约束之外的其他内部控制功能的是杨雄胜（2006a；2006b），他提出的一系列观念极具洞察力：内部控制应当立足改善行为而不只是限制职权；良好的内部控制应该将"限制"与"激励"成员行为选择两者很好地结合起来；除了"强制性规范"，内部控制还应同时提倡"引导性规范"以鼓励员工发挥主观能动性去"自我控制"自己的行为；基于信息观的内部控制不仅应该强调纠偏，同时还应该强调引导以及行为的持续优化。以上论述为我们全面理解内部控制的功能提供了强有力的支撑。借鉴管理控制系统文献关于控制功能的讨论，以杨雄胜（2006a；2006b）的洞见为基础，本书将内部控制的功能概括为以下两项：行为约束与行为优化[①]。其中，行为约束表现为对组织成员行为的强制性干预，含有"限制"之意；行为优化则表现为决策自主权的赋予或对组织成员行为的建设性干预，含有"改善"之意。根据行为优化的动力机制，行为优化可进一步区分为自我优化与外部优化，自我优化的动力来自因决策自主权的赋予所激发的积极性和创造性，外部优化的动力则来源于外来的建设性干预，是在分工协作的前提下，通过实现信息的分享与知识的整合来实现的。行为约束与行为优化虽然存在着功能形式上的差异，但目标都是为了降低组织成员发生行为失范与行为失败的可能性。由此可见，与管理控制系统一样，内部控制同样存在双重功能。

鉴于行为范畴与关系范畴之间的密切联系，本书进一步在关系的意义上审视内部控制的基本功能，从而深刻洞察内部控制功能的微观结构。在科层的背景下，关系的一个基本分类是在横向关系与纵向关系之间做出区分。一旦分别从横向关系和纵向关系上考察内部控制的基本功能，我们将能得到进一步的结论。在横向关系上，行为约束表现为牵制[②]，行为优化则表现为协

[①] 以职责分离为例对行为约束与行为优化的双重存在做出说明。职责分离的目的不仅是为了实现不同作业主体之间的相互约束，同时也是为了在他们之间实现更好的合作：前者构成行为约束的根据，后者构成行为优化的根据。

[②] 牵制是传统内部控制理论的核心概念，甚至构成早期内部控制功能的全部。在本书中，牵制被严格地定义于同一个科层级次上，并仅构成控制功能的一个部分。

作①;在纵向关系上,行为约束表现为节制,行为优化则表现为引导。牵制与节制的区别在于:牵制只能发生在同一个科层级次上,表现为同一级次上的不同人员、岗位(或职位)或者组织单元之间的相互约束,而节制则是发生在科层的上下级次之间,表现为上个级次的人员、岗位(或职位)或者组织单元对下个级次的人员、岗位或者组织单元的监督性约束。协作与引导的区别在于:协作只能发生在同一个科层级次上,表现为同一科层级次上的不同人员、岗位(或职位)或者组织单元之间的合作,而引导则发生是在科层的上下级次之间,表现为上个级次的人员、岗位(或职位)或者组织单元与下个级次的人员、岗位或者组织单元之间的建设性干预。无论是横向关系上的牵制与协作,还是纵向关系上的节制与引导,均体现的是组织成员之间不同形式的权力关系。图3-8以内部控制功能矩阵的形式呈现了内部控制功能的分类体系。

	控制功能	
	行为约束	行为优化
横向关系	牵制	协作
纵向关系	节制	引导

关系

图3-8 内部控制的功能矩阵

对于约束功能与优化功能之间关系的进一步讨论将给内部控制设计带来重要启示。在作业设计中,我们几乎不可能同时强化内部控制的约束功能和优化功能,也就是说,行为约束与行为优化之间是替代而非互补的关系。比如,在作业链设计中,任务流程的过度分割②虽然可以通过加强牵制和节制从而强化内部控制的约束功能,但却可能因为作业主体所拥有自主权的缩小或者过度的强制性干预而损害内部控制的优化功能;在作业点设计中,过度宽松的作业规程虽然可以通过协作与引导的加强从而强化内部控制的优化功能,但却可能损害内部控制的约束功能。因此,我们将内部控制设计所要解决的基本问题概括为在作业设计中实现行为约束与行为优化的有效权衡。基于内部控制的功能矩阵,我们可以对约束功能与优化功能之间的替代关系作

---

① 梅尔·科伊斯特拉和斯卡彭斯(Meer-Kooistra & Scapens,2008)认为横向关系中基本上只汲及协调与合作,而不涉及命令与控制。

② 也就是我们通常所说的职责的过度分离。

如下概括：在横向关系上，二者之间的替代表现为牵制与协作的权衡，在纵向关系上，二者之间的替代则表现为节制与引导的权衡；在横向关系和纵向关系上，二者之间的替代要么表现为牵制与节制之间的权衡，要么表现为协作与引导之间的权衡①。

3.3.5 一个简要的小结

为了最终规划内部控制设计过程的逻辑结构，本章节提出并讨论了支撑内部控制设计研究的若干基础性概念。以权力范式为基础，相关的基础性概念包括内部控制的研究对象、作为内部控制的基本分析单元、内部控制的基本模式以及作为内部控制的基本功能。我们利用图3-9对本章节所讨论的基础性概念做出概括。在图3-9中，本节介绍的所有概念均围绕"组织性过程"而展开。由于我们在组织性过程的背景下对内部控制的性质做出定义，因此，"组织性过程"概念将内部控制的性质研究与设计研究有机地结合了起来，从而确保了二者之间的逻辑一贯性。图3-9的逻辑线表明，组织成员的个体行为引发成员之间的社会性关系，成员间的社会性关系构成了企业的组织性过程，组织性过程最终在任务完成和作业执行中得以呈现。图3-9中的控制线则表明，行为控制在对组织性过程的控制中实现，而组织性过程的控制最终取决于对任务完成以及作业执行的控制。不过，无论是逻辑线还是控制线，图3-9中所有概念之间的联系实际上是瞬间实现的。因此，在内部设计的过程中，我们直接关注的是位于图3-9两端的两个概念：行为与作业。由此可见，所谓内部控制设计，归根到底是通过恰当的作业设计，从而实现有效的行为控制。由此我们便能理解为什么行为控制构成内部控制的基本模式，并且，在这一控制模式之下，内部控制的基本功能表现行为约束与行为优化。最终，作业设计所要解决的基本问题是在约束功

---

① 以董事长与总经理是否两职分离为例来说明约束功能与优化功能之间的权衡。在两职分设的情况下，董事长能够借助董事会对总经理的行为实施有效约束，因此，分设主要体现的是约束功能；在两职合设的情况下，由于拥有足够的自主权，总经理开展工作的积极性更高，创造性更大，因此，合设主要体现的是优化功能。如果考虑组织的生命周期，约束功能与优化功能权衡的可能结果是：在组织的初创期，市场等待开拓，优化功能显得更为重要，此时应倾向于合设；在组织的成熟期，经营的稳健性显得更加重要，此时应倾向于分设，以强化内部控制的约束功能。

能与优化功能之间实现恰当的权衡,以最小化行为失范与行为失败的发生概率。

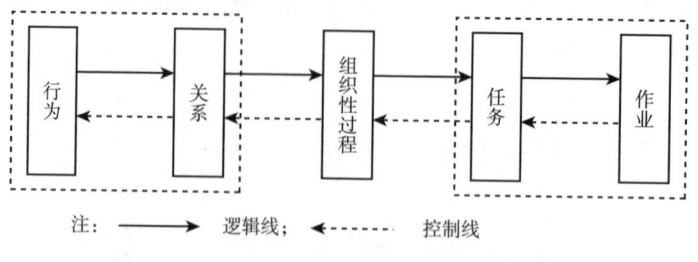

图 3-9 行为—作业之间的逻辑关系与控制关系

3.4 内部控制设计过程的逻辑结构

借鉴交易成本经济学的分析逻辑,以 3.3 节所提出的若干概念为基础,本章节的任务是对内部控制设计过程的逻辑结构做出规划,从而为内部控制的设计提供一个基本的思想路径。虽然内部控制设计归根到底表现为作业设计,但有效的作业设计必须建立对组织及其任务的充分了解的基础之上。因此,本章节所规划的内部控制设计过程将自上而下依次穿越组织、任务和作业三个层面,先后表现为组织背景分析、任务识别、任务分析和作业设计四个阶段。组织背景分析关注的是与内部控制设计密切相关的两个组织变量:组织结构与组织文化;任务识别和任务分析的目的在于明确内部控制的设计界面,其中,任务识别是任务分析的前提;至于作业设计,则在之前三个阶段的基础上,分别对作业链和作业点做出规划。不过,为了给本章节的研究提供一个合适的起点,我们首先对以下两类文献做出回顾与评述:作为理论基础的交易成本经济学,以及基于交易成本经济学的控制类文献。

3.4.1 文献回顾与评述

1. 交易成本经济学的简要回顾

交易成本经济学(TCE)从一个制度比较的视角研究交易的治理(governance)。在这一研究视角之下，不同的制度安排（institutional arrangements）被认为是可替代的治理经济活动（economic activities）的不同方式，交易成本经济学的主要任务就是解释为什么某些交易更可能在某种制度安排内被执行，而另一些交易则与其他类型的制度安排相联系。交易成本经济学给出的基本答案是：一个特定的制度安排之所以被选择用来治理某些特定的交易，是由于这一制度安排为这些交易的完成提供了一套独特的、无法为其他制度安排所轻易复制的控制措施（control devices）。在交易成本经济学看来，不同交易之间的差别体现在所导致的缔约问题（problems of contracting）的不同，而不同制度安排之间的差别则体现在它们对于不同的缔约问题有着不同的解决能力。从而，交易成本经济学的基本任务被严格地定义为从效率的角度（即交易成本最小化）来解释交易与治理结构之间的最优匹配。

缔约问题在交易过程中的产生基本来源于如下事实：作为交易主体的"人"天生就是不完美的。威廉姆森（1985）指出人性中存在着两个基本缺陷：有限理性与机会主义，并将二者作为支撑整个交易成本经济学的行为假设。给定有限理性与机会主义，缔约问题的性质和规模与所进行交易的属性（或特征）密切相关。在交易成本经济学中，交易的属性被区分为以下三个维度：资产专用性（asset specificity）、不确定性以及交易频率。资产专用性是指在用以支持交易完成的投资（即资产）的专用性程度：专用性程度越高，则该项投资一旦改变用途所导致的机会损失（opportunity losses）就越大，反之越小。不确定性是指合同预期绩效的明确性以及环境对于合同影响的可预测性。交易频率是指某项交易在一段时间内发生次数的多少。

缔约问题的基本挑战是克服交易双方的适应性障碍（impediments of adaptation）。在不存在适应性需要的情况下，绝大多数的缔约问题便将消失。不确定性与有限理性共同决定了适应性在何时以及为什么产生，资产专用性与机会主义则解释了在何时以及为什么不能想当然地认为适应性能够成功地实现。在不确定性存在的情况下，合同的预期绩效无法在事前以一种综合的、状态依存（state-contingent）的方式进行设定，有限理性则进一步恶化了这一问题。因此，不确定性与有限理性共同决定了合同是不完全的，并且，合同的不完全性随着不确定性的上升而加剧。然而，随着与交易以及环境相关的信息在合同执行过程被不断地获得,这些新的信息将不断地填补(或缩小)交易双方的缔约性隔阂(contractual gap),这将激发交易主体试图根据新信息所带来的洞见调整合同执行的需要。然而,这一调整并非自我执行(self-enforcing)的,而是要求在交易双方之间经过剧烈的协商过程。由于机会主义的存在,交易主体在这一协商的过程中并不必然采取合作的态度,其行为空间将依赖于资产专用性以及信息不对称的程度。资产专用性程度表明了一旦合同被终止所带来的机会损失的大小。在不存在足够防范措施的情况下,这些损失的价值被暴露在机会主义剥夺的风险之下。因此,资产专用性的高低度量了来自机会主义的潜在收益以及事前机会主义行为的动机强度。作为交易属性的维度之一,交易频率的功能在于进一步恶化与其他属性维度相关的缔约问题,从而增加了寻找新解决方案的迫切性。

交易主体试图通过不同的制度安排来解决上述缔约问题,也就是针对不同属性的交易确立相应的治理结构。在一般性的意义上,交易成本经济学识别了三类不同的治理模式(mode of governance):市场、混合制(hybrid)①以及科层(或内部组织,internal organization)。这些可替代的治理结构采用不同的控制措施来确保合同的顺利执行,并且实现交易主体之间的相互适应。市场对应的是古典合同(classical contract),通过自由竞争以及剧烈的讨价还价(hard bargaining)实现交易的治理。由于彼此之间不存在相互依赖的关系,因此,交易主体的身份是无关的。古典合同履行过程中的争端通过法律诉讼解决。混合制对应着新古典合同(neoclassical contract)。与古典合同相比,新古典合同具有更大的弹性与适应性。在混合制下,交易主体在拥有自主权的同时又存在着相当程度的双边依赖(bilaterally dependent)。由于任何一方交易主体不可能无成本地被其他交易主体所代替,因此,交易主体的身份对于维持交易的效率是重要的。新古典合同履行过程中的争端将主要通过仲裁(arbitration)解决。科层对应的是关系合同,主要通过权威、内部激励结构以及监督从而实现交易的治理。在三类合同中,关系合同具有最强的弹性与适应性。在科层下,对于环境变化的适应性调整通过管理命令

---

① 所谓混合组织形态是指介于市场与科层之间的一种中间组织形态,其一体化程度比市场更强,但较科层更弱。

(fiat)来实现。合同履行过程中出现的争端在科层内部解决，而不是提交法庭或仲裁解决。

不同的治理模式对应着不同的交易成本，交易成本经济学的主要思想是在具有不同属性的交易与有着不同成本和能力的治理结构之间建立其符合效率的匹配，交易成本因此被用来解释治理结构和交易之间的匹配[①]。市场被用来治理低资产专用性的交易。在低资产专用性的前提下，交易缺乏特异性（idiosyncrasy），合同执行过程中因而可以获得大量的可替代的交易主体以及低的转化成本，"无形的手"为合同的执行及其对环境变化的适应提供保证，市场竞争也能够以非常低的成本有效地抑制任何机会主义倾向。然而，随着资产专用性的上升，市场所拥有的制度优势相应地被削弱，权衡的天平向混合治理结构倾斜。与市场相比，混合治理结构提供额外的、与特定交易相关的防护措施，如专门的争端解决机制。这些防护措施能够提高合同条款的遵循。不过，在不确定性足够大的情况下，最低水平的合同细节不可能总是能够被提供，而且，这些防护措施通常并不完美。因此，随着资产专用性的进一步上升，为了避免缔约主体之间的利益冲突，科层解决方案对于有效地治理交易便是必要的。在科层内，个体薪酬通常并不完全建立在个体绩效的基础上[②]。尽管与绩效相关的津贴计划越来越多地被采用，但科层仍然倾向于将固定工资作为其主要的激励制度，同时在个体向组织目标所做贡献的基础上建立职位晋升制度。科层的上述实践支持了缔约主体之间的合作，并且确立了一个足够大的冷漠区（zone of indifference）。在冷漠区内，管理性命令得以实施，而不再表现为缔约主体之间无休止的讨价还价。虽然科层的管理协调能够提供了重要的决策弹性，并且能够实现序贯性（或持续性）的适应（sequential adaptation），但也是有代价的，这就是科层将会导致官僚成本（bureaucratic costs）。

总之，交易成本经济学关于交易属性与治理结构匹配的主要研究结论可以概括为如下命题：

（1）随着资产专用性的上升，与市场治理相关的交易成本将上升；

[①] 不过，在交易成本经济学中，效率是一个相对而非绝对的概念。也就是说，当不存在其他治理结构通过替代现有治理结构而获得净收益时，现存的治理结构便是有效率的。

[②] 这也就是为什么科层被称作"低能激励"（low power incentive），而市场则被称为"高能激励"（high power incentive）的缘故。

(2) 随着资产专用性的上升，混合制与科层将优于市场；在高水平资产专用性的情况下，科层将成为最优的治理形式；

(3) 当资产专用性处于适度水平时，不确定性的上升将提高市场治理的交易成本；

(4) 当资产专用性处于适度水平时，不确定性的上升将使得科层优于混合制和市场；

(5) 当资产专用性以及不确定性同时处于高水平时，科层将成为最有效（cost-effective）的治理形式。

2. 基于交易成本经济学的控制研究回顾

交易成本经济学所倡导的分析方法以及所提出的概念框架极大地启发了组织理论的研究者。随着交易成本经济学的不断完善，组织理论研究者开始尝试借助交易成本经济学的分析方法甚至概念框架来解释科层组织对于不同控制结构的选择。如果说交易成本经济学的基本任务是在不同治理结构的选择间开展制度比较分析，那么，以交易成本经济学为基础的控制研究则在科层这一特定的治理结构之下对不同控制结构的选择做出制度比较分析。也就是说，交易成本经济学关注的是不同治理结构之间的权衡，基于交易成本经济学的控制研究则是在科层的背景下关注不同控制结构之间的权衡。就现有文献而言，以交易成本经济学为基础的控制研究主要分布在组织控制以及管理控制领域。这些文献的一个共同特征是，在科层（或组织）的背景下对控制结构的类型做出区分，然后进一步研究不同控制结构的适用条件。

最早借鉴交易成本经济学研究组织控制问题的是乌奇（Ouchi, 1979）。不过，由于没有简单地采用交易成本经济学的概念框架，乌奇更多的是受到交易成本经济学分析逻辑的启发，而不是直接以交易成本经济学为基础（Spekle, 2001）。通过聚焦科层这一特定的治理形式，乌奇试图提出了一个有关组织控制（organization control）设计的概念框架。在将组织的基本问题定义为在有着不完全相同目标的不同个体之间实现有效合作的基础上，乌奇区分了三种类型的组织控制机制。借助这些机制，组织能够有效地应对合作过程中所出现的评估与控制问题。这三类组织控制机制分别是市场控制、科层控制以及宗族控制（clans control）。其中，市场控制以对个体贡献的准确度量和激励为基础，宗族控制借助一个相对完善的社会化过程来消除不同个体之间的目标不一致，科层控制则同时依赖于对个体的绩效严格评估以及实现共同目标的社会性接受。乌奇进一步将不同控制机制适用的前提条件概括为以下两个维度：社会性要求（social requirements）与信息性要求（informational requirements）。其中，社会性要求是指某项控制机制的适用所要求的组织成员之间必须存在的最低限度的共识（agreement），分别表现为互惠性规范（norm of reciprocity）、法理型权威（legitimate authority）以及共同的价值观（shared values）；信息性条件表明了支撑不同控制机制有效运作的信息机制，分别表现为价格、规则（rules）以及传统（traditions）三种形式。不同控制机制所对应的社会性条件和信息性条件如表 3-2 所示。在信息性要求的意义上，科层控制与市场控制得以运行的基本前提是能够以合理的准确性度量个体的绩效。通过将绩效区分为行为绩效与产出绩效两种形式，乌奇认为科层控制与市场控制的合理运用将取决于产出（output）和行为（behavior）的可度量性。在无法准确度量产出与行为的前提下，最理想的组织控制将是宗族控制。由此可见，乌奇实际上向交易成本的理论框架中增加了两个方面的交易特征：行为的可度量性以及产出的可度量性。

表 3-2　　　　　　　组织控制的社会前提和信息前提

控制类型	社会性要求	信息性要求
市场控制	互惠性规范	价格
科层控制	互惠性规范	规则
	法理型权威	
宗族控制	互惠性规范	传统
	法理型权威	
	共同的价值观，信念	

资料来源：Ouchi, W. G. M. A. Maguire. 1975. Organizational Control: Two Functions. Administrative Science Quarterly, 20 (4): 559-569.

斯佩克（2001）试图在交易成本经济学的基础上对管理控制的结构变化做出解释。由于组织目标的实现依赖于组织成员向组织所提供的贡献（contribution），斯佩克认为管理控制的目的就是对这些贡献进行治理（governance），以确保贡献的质量。为了借鉴交易成本经济学的合同分析方法，斯佩克进一步将管理控制看作组织与其成员之间的合同，从而，不同的控制结构便可以被理解为解决与贡献有关的缔约问题的不同方案。斯佩克首先将控制类型（control archetypes）分为市场控制、协商式控制（arm's length control）、机械式控制（machine control）、探索式控制（exploratory control）以及边界式控制（boundary control），然后将贡献的属性概括为以下3个维度：不确定性、资产专用性以及事后的信息不对称。由于不同特征的贡献将导致不同的、但可预测的缔约问题，因此，以上3个维度被用来解释不同控制类型的适用。由于这些不同的控制类型有着不同的解决问题的能力以及不同的成本，因此，控制类型与贡献之间的匹配将通过分析不同控制机制在解决内生于这些贡献的缔约问题上的效率优势来进行。总之，在机会主义以及有限理性行为假设的前提下，斯佩克（2001）试图在不同的管理控制结构类型与不同特征的贡献之间建立其成本有效的匹配，并且就各项控制结构的适用性提出具有理论基础的、可检验的命题，从而所谓的管理控制的交易成本理论。其理论框架如表3-3所示。

表3-3　　　　　　　　管理控制类型及其决定因素

不确定性	资产专用性	事后信息不对称	控制类型
高	低		市场控制
	中		协商式控制（科层或混合形式）
	高		机械式控制
低	低		市场控制
	中	低	探索式控制（科层或混合形式）
		高	边界控制（科层或市场基础）
	高	低	探索式控制（科层）
		高	边界式控制（科层）

资料来源：Spekle R. F. 2001. Explaining management control structure variety: a transaction cost economics perspective. Accounting, Organizations and Society, 26: 436.

科瓦莱斯基等（Covaleski et al., 2003）的研究是从对斯佩克（2001）的评论开始的。他认为斯佩克对交易成本经济学和管理控制的整合完全建立在组织活动的效率追求（efficiency-seeking）性质的基础上，因而采取了一个纯粹的工具性方法（instrumental approach）。与斯佩克不同，科瓦莱斯基等认为隐含在交易成本经济学中的社会政治维度（social-political dimensions）可能对交易成本经济学与管理控制之间的关系产生重要影响。科瓦莱斯基等的研究首先受到威廉姆森（1991）的启发，后者意识到同时存在着两个主要力量影响到交易成本经济学的研究版图：制度环境与治理制度①。不过，明确地将制度环境定义为管理控制的社会维度则是受到旧制度经济学的代表人物康芒斯的启发②。从而，科瓦莱斯基等认为必须同时从经济维度（economic dimension）和社会维度（sociological dimension）来研究管理控制结构的选择。其中，经济维度体现的是管理控制的效率追求性质，对应着工具性的效率分析；社会维度体现着管理控制的合法性追求（legitimacy seeking）性质，对应在非工具性的权力分析③。科瓦莱斯基等认为管理控制系统的两个维度相互交织，彼此无法截然分离，因此，研究者在检验管理控制结构的不同选择时必须同时考虑到管理控制系统的效率追求以及合法性追求这两个方面的性质。一旦同时考虑管理控制的经济维度与社会维度，控制结构选择以及效率问题将表现为一种更为复杂的存在。因为社会规则（即制度环境）对于组织的影响，并不仅仅表现为某些工具性行为的成本与收益的调整，同时还构成一个约束组织存在的普遍的规范性和认识性框架，并且，组织与其制度环境之间的关系具有高度的内生性。总之，通过将制度环境作为管理控制的社会维度，科瓦莱斯基等进一步拓展了交易成本经济学在管理控制研究中的应用。

以交易成本经济学为基础，威得恩（Widener，2004）调查了战略人力资本的不同属性对管理控制系统设计的影响。战略人力资本的属性被区分为以下四个维度：重要性、不确定性、专用性以及规模。重要性是指战略人力资本在组织战略的形成或实施过程中所发挥作用的大小。虽然战略人力资本对于所有组织均不可或缺，但战略人力资本在不同的组织中有着不同的重要

---

① 威廉姆森（1991）意识到存在着两个主要力量影响交易成本经济学的研究：制度环境（institutional environment）以及治理制度（institutions of governance）。根据威廉姆森（1993），制度环境包括有着普遍影响的、宏观的政治、社会以及法律规则，这些规则为社会的生产和分配活动确立了基础。相反，治理制度是一个更微观的范畴，治理制度的研究是在交易成本最小化目标的引导下聚焦于不同治理制度之间的比较效率（comparative efficacy）的分析。威廉姆森（1991）认为制度环境为治理制度的运行设定了一系列参数，这些参数的调整（亦即治理环境的变化）将导致不同治理制度之间的比较成本的变化。

② 威廉姆森（1991）认为交易成本经济学的研究焦点只是治理制度的比较效率研究，之所以提到制度环境，只是试图将制度环境变化对于不同治理制度比较效率的影响纳入交易成本最小化的分析框架。也就是说，虽然意识到宏观制度环境的存在，但威廉姆森坚持的仍然是效率最大化的分析范式。与威廉姆森不同，康芒斯完全是在社会与政治的意义上研究制度环境。

③ 通过强调权力关系（power relationship）以及一个合理的制度性规则框架存在的必要性，康芒斯试图在一个更广泛的背景下研究效率问题。虽然法庭认为效率对于社会是重要的，但审判的道德标准以及公平也将同样重要。因此，交易的制度性评估并非简单地表现为降低交易成本以及最大化效率。

性。不确定性是指战略人力资本与组织的可持续竞争优势之间的关系难以被充分理解，也就是说，组织无法准确地识别战略人力资本与组织产出之间的特定联系。不确定性的存在使得组织的战略人力资本难以为其他组织所复制。专用性是指某一组织的战略人力资本无法为该组织的竞争者带来价值，因此，拥有组织特定知识的战略人力资本在不同组织之间的可转让性（或流动性）较差。如果战略人力资本在不同组织间很容易转移，则组织难以维持所拥有的竞争优势。规模是指整个组织中所拥有的战略人力资本的数量。威得恩进一步区分了三类控制机制：人事控制（personnel control）与结果控制。其中，结果控制又区分为传统的结果控制（traditional output control）与非传统的结果控制（untraditional output control）。人事控制属于典型的事前控制机制，是在事前通过人力资源政策对影响组织绩效的各项人事条件进行控制，这些条件包括组织成员的知识、技巧、能力、价值观以及动机。两种类型的结果控制均属于事后控制。其中，传统的结果控制以财务数据的反馈为基础，非传统的结果控制则以非财务数据（包括营运绩效的物理性度量以及与问题解决过程相关的信息）的反馈为基础。威得恩调查了战略人力资本的四个属性与三类控制机制之间的关系，最终发现人事控制以及非传统的结果控制的运用分别与战略人力资本的重要性、不确定性、专用性以及规模的大小正相关，传统的结果控制的运用分别与战略人力资本的重要性、不确定性、专用性以及规模的大小负相关。

以合资企业（joint venture）为背景，通过将关系问题（relational issues）加入交易成本经济学的框架中，坎明加等（Kamminga et al., 2007）试图提出了一个有关管理控制的整合模型。坎明加等认为关系特征与交易成本经济学所讨论的交易特征共同影响合资主体（即股东企业）对于合资企业的控制。关系概念聚焦于合资主体之间以及合资主体与合资企业管理层之间的合作，关系特征因而表现在不同合资主体对上述关系所能施加的影响力上。坎明加等将关系特征具体概括为以下四个维度：合资主体间差异、信息不对称、信任以及讨价还价能力。通过将交易特征与关系特征相结合，坎明加等区分了三种不同的管理控制模式：内容基础的控制模式（a content-based control pattern）、顾问基础的控制模式（a consultation-based control pattern）以及背景基础的控制模式（a context-based control pattern）。其中，在内容基础的控制模式下，合资主体对于合资企业的控制表现为直接的干预；在背景基础的控制模式下，合资主体主要采用非正式的以及文化基础的控制机制，从而为合资主体目标的实现提供组织背景；所谓协商基础的控制模式，是指合资主体之间通过面对面的协商来协调它们之间既互补又冲突的利益与贡献。根据所面临的管理控制问题的复杂性程度，坎明加等进一步将合资企业依次分为以下三种类型：低复杂性的合资企业、中复杂性的合资企业以及高复杂性的合资企业。在坎明加等所提供的整合框架下，以上三种类型的合资企业分别采用内容基础的控制模式、协商基础的控制模式以及背景基础的控制模式。

纵观以上文献，我们可以概括出借鉴交易成本经济学来研究控制问题的两个基本方式。第一种方式是受交易成本经济学分析方法的启发，但并不直接采用交易成本经济学的概念逻辑，比如乌奇（1979）；第二种方式则是将研究基本的建立在交易成本经济学概念逻辑的基础上，如斯佩克（2001）、利瓦列斯基等（2003）、威德恩（2004）以及坎明加等（2007）。就本章节研究而言，我们将坚持第一种方式。一方面，交易成本经济学与内部控制理论研究的都是微观的制度性问题，因此，交易成本经济学所坚持的微观分析方法对于构造内部控制的设计理论具有重要的指导作用；另一方面，交易成本经济学与内部控制理论的分析层次不同，前者在市场、科层与混合制这三种不同治理结构之间开展制度比较分析，将交易作为基本分析单元，后者则进入到作为一项特定治理结构的科层的内部，研究科层在实际运行过程中所面临的控制问题，以任务和作业作为基本分析单元。总之，虽然交易成本经济学将给内部控制的设计研究带来重要启发，但内部控制的设计研究并不能简单地照搬交易成本经济学的概念逻辑。在本章节的后面内容中，我们将以本章第3节所提出的一套概念体系为基础，借鉴交易成本经济学的分析逻辑，对内部控制设计的逻辑过程做出具体规划。

3.4.2 组织背景分析

在组织理论文献中，结构（structure）与文化（culture）被看作两个最基本的组织维度，组织变革（organizational change）必须在这两个维度上同时进行才能最终实现（Bate et al., 1990）。其中，结构变革属于组织设计（Organization design）的命题，文化变革属于组织发展（Organization development）的命题。组织变革如果仅停留在文化层面，也就是采取"没有设计的发展"(development without design)模式,则所谓的"组织变革"过程将不可能产生积极的、持续的结果,因为文化变革并没有借助于"硬性"的结构变化从而实现具体化或制度化(Blunt,1997);相反,如果组织变革仅局限于结构层面,也就是采取"没有发展的设计"(design without development)模式,则所谓的"组织变革"实质上只是一个"空洞重构"(empty restructuring)的过程(Bate,1995),在经历了一个短暂的结构性调整之后,管理风格、组织文化乃至组织过程又重新回复到初始状态,甚至由于结构与文化的错误匹配从而进入一个新的、但却是一个更糟糕的状态。基于此,本书将组织结构和组织文化作为组织背景(organizational context)分析的两类基本变量。其中,组织结构在组织设计的意义上为内部控制的设计提供直接约束,表现为"硬性"的组织背景变量;组织文化则在组织发展的意义上通过影响内部控制的后续运行从而为内部控制设计提供间接约束,表现为"软性"的组织背景变量。最终,有效的内部控制设计不仅需要适应特定的组织结构,还必须与特定的组织文化相匹配。

1. 组织结构

结构既是组织成员之间互动的媒介,又是其互动的结果。之所以是媒介,是因为结构为组织成员之间任何有意义的互动提供了所必需的规则与资源;之所以是结果,是因为规则和资源只能通过在互动中被运用和认可的方式而存在,也就是说,脱离了组织的社会性实践,我们便无从辨识规则和资源的客观存在(Riley,1983)。由于内部控制在本质上表现为这一社会性互动的结构化过程,遵循着结构控制原理,因此,内部控制与组织结构之间自然是密不可分、相互交融。实际上,在讨论激励机制与控制机制对于解决投机问题的相对重要性时,威廉姆森(1985)便明确地将控制机制的运用建立在组织结构的基础之上:"大部分研究公司的理论都不太注意研究公司的架构,而把注意力集中到激励机制上。但事实上,即使在那些不必为解决投机问题而考虑激励机制的公司中,组织结构也是至关重要的"[①]。因此,组织结构构成内部控制设计的重要环境变量。

[①] 根据上下文很容易判断,威廉姆森所谓的"架构"或"组织结构",是指基于组织结构的正式的"控制机制"。与控制机制不同,激励机制的运用并不依赖于正式的组织结构。

在《战略与结构：美国工商企业成长的若干篇章》这部经典著作中，钱德勒提出了著名的"结构跟随战略"（structure follows strategy）命题，也就是著名的钱德勒命题①。这一命题表明企业的组织结构具有动态适应性，即经营战略决定着组织结构的设计与选择。通过将视野进一步深入到组织的微观层次，本书提出"控制跟随结构"命题，也就是说，内部控制的设计必须适应现存的组织结构，并且随着组织结构的变化而做出相应的调整②。从这个意义上说，内部控制设计与组织结构设计之间存在着内在的逻辑关联，表现为组织设计的进一步发展。不过，与战略和结构之间的关系不同，控制和结构之间并非纯粹的单向关系。内部控制的设计固然受到现行组织结构的约束，但并不意味着内部控制设计必须完全限制在当前的组织结构中。实际上，基于信息分享与知识整合的需要，内部控制的设计有时可能促成现存组织结构的技术性调整。由于内部控制的目标在于为组织目标的实现提供合理保证，而组织目标又是形成组织战略的重要依据，因此，通过将组织结构作为内部控制设计的重要环境变量，本书在战略、结构、控制与目标之间建立了一个完整的逻辑链条（见图3-10）。

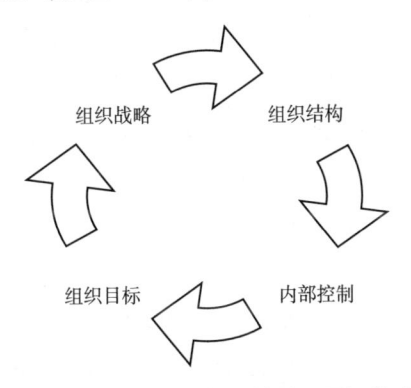

图 3-10 战略—结构—控制—目标关系

---

① 熊彼特有关"创新"的思想对钱德勒有着巨大的影响。在分析经济行为时，熊彼特将创新区分为创造性革新和适应性反应。其中，创造性革新能够超越原有的常规和程序，而适应性反应虽然会使做出反应的个人或企业发生重大变化，但从本质上仍未跳出原有的窠臼。钱德勒关于"结构跟随战略"的思想体现的就是组织结构对于因外部环境变化而导致的战略调整所做出的适应性反应。因此，钱德勒关于企业史的研究为熊彼特的理论框架提供了实质性的支持。

② 比如，随着组织变得越来越扁平，相对于纵向关系控制，横向关系控制的重要性将日显突出。

组织结构分析的基本任务是在明确组织结构具体形式的基础，对组织结构的特征做出描述。组织结构的基本功能在于正式设定组织成员的不同角色，从而确保组织的各项活动得以执行。因此，不同的组织结构意味着经济活动的不同组织方式。常见的组织结构主要有以下三种基本形式：职能式科层、分部式科层和矩阵式结构。其中，在职能式科层（a functional hierarchy）中，与一项特定职能相关的所有活动集中在相应的职能部门中完成；在分部式科层（a divisional hierarchy）中，与某一产品或某一地区相关的所有活动被整合进入到某个特定的分部；矩阵式结构（Matrix structure）则综合了职能式科层和分部式科层的优点，其基本特征表现为双重权威关系（dual-authority relations）的存在，即每一个低层级的经理必须同时向两个甚至更多的主管报告。以现有组织文献为基础（Pennings, 1973; Child, 1974; Sathe, 1978; Walton, 1981），本书进一步将组织结构的描述性特征概括为以下3个维度：权力集中程度（centralization）、专门化程度（specialization）、正式化程度（formalization）[1]。其中，权力集中程度是指影响组织目标实现的各项决策权集中在科层顶端的程度，体现的是权力在组织的不同层级间的扩散程度；专门化程度是指组织内的劳动分工程度，同时表现为职能专门化（functional specialization）以及角色专门化（role specialization），前者表现为正式职责在组织内部不同的功能单元之间的分割程度，后者是指正式职责在某一组织单元内部的不同岗位之间的分割程度；正式化程度是指规范组织成员行为的各种规则（rules）、程序（procedures）和指示（instructions）的成文化或书面化程度。组织结构特征的描述在以上三个维度上同时进行。

如何获得用来描述组织结构3个维度的原始数据，是组织结构分析中面临的一个重要的技术性问题。组织研究中的相关文献可以为我们提供启发。在韦伯正式提出科层理论之后，组织研究中出现了大量的经验文献试图对组织结构的特征做出度量。总的看来，研究者主要采用以下两种方法获得描述组织结构特征的相关数据：调查问卷法（the survey approach）以及制度法

---

[1] 皮尤等（Pugh et al., 1968）还提出了一个"标准化程度"（standardization）维度，表现为组织活动的开展遵循事前确定的标准程序的程度。本书之所以没有包括这一维度，原因有二：其一，正式化程度在一定程度上包含了标准化程度的信息，其二，标准化程度因任务或作业的不同而不同，是一个任务和作业层次的概念，而非组织层次的概念，因此不太适合用来描述整体组织结构的特征。我们曾经将作业区分为程序性作业和非程序性作业，实际上就已经考虑了标准化程度概念。

(the institutional approach)。调查问卷法通过向一群相关的组织成员发放事前设计好的问卷,从而收集与组织结构相关的原始数据;制度法则主要通过与主要管理人员的访谈来获取数据,同时根据来自组织流程图、人事记录以及其他相关文献所获得的资料对访谈结果做出进一步补充。虽然这两个方法试图度量的是完全相同的组织结构维度,但经验研究表明二者度量的结果并不总是完全一致(Sathe,1978)。萨特(Sathe,1978)对此做出了解释,认为两种方法实际上度量的是同一组织结构维度的不同形态:制度法所提供的数据反映了管理者对于组织结构设计的实际选择,因而度量的是组织结构的设计结构(designed structure)形态;调查问卷法所提供的数据反映了组织成员在工作中对于组织结构的实际感受,因而度量的是现实结构(emergent structure)形态①。不过,两种度量方法都有缺点。调查问卷法所产生的主观信息可能因被调查者的态度与观点等原因而出现偏误,而且,该方法还面临着如何将不同个体的回答综合成为组织结构度量的问题,因为这一综合过程很可能出偏差。另一方面,虽然制度法有时候被认为具有客观性,但这并不必然意味着所得到的度量将更加可靠和有效,其原因在于所依赖的流程图以及文献可能已经过时,并且访谈过程也容易出错。

在现实的内部控制设计中,设计者既可能是诸如管理咨询师等外部人士,也可能是组织内部的相关职能部门及其工作人员。为了在设计之前了解与组织结构3个维度相关的具体细节,无论是外部人士还是内部人士,均可以将上面所讨论的制度法以及问卷调查法作为组织结构分析的基本工具。由于两种方法各具优缺点,因此,在实际描述组织结构特征的过程中,可考虑将制度法和问卷调查法结合起来运用。在对组织结构的3个维度进行描述之后,我们可以根据伯恩桑德和斯塔尔克(Burnsand & Stalker,1961)所提出的机械式结构(mechanistic structure)与有机式结构(organic structure)二分法②,对

---

① 表面上看,现实结构似乎是通常的非正式组织的同义词,但二者并不完全相同。非正式组织通常被用来指在正式确立的组织框架内不断演化的社会性互动模式(Blau & Scott 1962),现实结构是指组织成员在不同组织结构维度所表现出来的实际行为,如某些组织成员利用中午休息时间打扑克属于非正式组织,但并不属于现实结构;另外,书面的规则与程序在工作中被实际遵循的程度将被用来作为现实结构的度量。

② 当然,在现实中,任何一个组织结构都不可能符合严格意义上的机械式结构或有机式结构,而只是在一定程度上倾向于机械式结构或有机式结构。关于机械式结构与有机式结构二分法,后文还有述及。

所描述组织结构的总体特征做出概括。与有机式结构相比，机械式结构具有更高的权力集中度、更高的专门化程度以及更高的正式化程度。由于机械式结构和有机式结构对于内部控制有着不同的要求，因此，上述概念对于内部控制设计有着重要的指导作用。

2. 组织文化

如果说不同个体循着共同目标从而走到一起形成组织，那么文化是促使这些不同个体能够持续凝聚在一起的精神力量。在社会学上，"文化"被定义为任何特定人类群体世代相传的本质性特征；在组织这样一个微观的、具有明确目的的社会性系统中，文化则被狭义地定义为全体组织成员共同拥有的基本价值观①。这些价值观念在长期的组织实践中不断积淀并留存下来，具有相对的稳定性和延续性，不随组织成员的更新而不断地变动。相反，组织成员正是利用组织文化的这种延续性，从而不断地理解并接受组织的基本价值观念。他们接受这些观念的行为方式受到组织的褒奖，背离这些观念的行为方式则将受到组织的谴责与排斥。因此，文化是影响组织成员的利益观念及其个体动机，进而塑造其行为模式的无形力量。通过影响内部控制的后续运行效率，组织文化构成内部控制设计的组织背景变量。

组织文化对于组织成员行为模式的塑造主要通过影响组织的领导风格和人力资源政策而实现，不过，组织的领导风格和人力资源政策反过来又构成组织文化形成的基本力量。也就是说，组织文化与领导风格、人力资源政策之间存在着相互影响和相互强化的关系。博尔顿等（Bolton et al., 2008）将"领导"概括为以下5个要素：确立远景、沟通、授权、执行与整合，同时指出不同的领导者在完成以上任务时往往采用不同的方式。也就是说，不同的领导者往往有着不同的个性特征（personality）与行为特质（behavioral traits），亦即不同的领导风格（leadership style）。科特和赫斯克特（2004）对领导者风格在促进组织文化形成方面的内在机理做出如下概括：领导者制定并努力实施一种经营思想或经营策略，组织成员运用受经营思想、经营策

---

① "共同拥有"是文化最本质的特征。个体的价值观如果没有被广为接受，便不会形成文化。文化一定是一个群体现象或社会现象，而不是一个个体现象。

略指导的行为方式进行实际操作,一旦这一实际操作促使组织在经营上获得持续的成功,则经营思想和经营策略便深深地渗透于组织文化之中。不过,领导风格对于组织文化形成的促进作用主要在以下两种情形下发生:组织的初创期和组织的变革期。在组织的发展处于相对稳态的情况之下,领导风格更多地受到现存组织文化的约束。组织文化形成的动力既可能来自组织的最高层,也可能来自组织的基层,即普通的组织成员。一个极端的例子是,一个主要由农民工组成的建筑公司与一个主要由知识分子组成的科研机构必定有着完全不同的组织文化。由于组织成员的个体特征由组织的人力资源政策决定,因此,人力资源政策构成组织文化形成的另一股重要力量。不过,与领导者风格一样,人力资源政策对于组织文化形成的影响主要发生在组织的初创期和变革期,在组织发展处于相对稳态的情况下,人力资源政策更多地受到组织文化的约束。比如,组织总是倾向于招聘那些拥有与组织文化相一致的价值观和行为方式的人员,并且,严格的岗前培训促使新员工能够尽快地了解和接受组织的特有文化。总之,组织文化既产生于组织成员之间的社会性互动,又同时成为这一互动过程的重要约束力量。

为了有效地开展组织文化分析,我们必须了解组织文化的不同特征。在现有组织文献(Denison & Mishra,1995)的基础上,本书将组织文化的特征概括为以下两个基本方面:参与性(involvement)和一致性(consistency)[①]。参与性体现的是组织成员对于组织文化形成过程的积极参与。高度的参与性有助于培育组织成员对于组织及其目标的心理所有权(psychological ownership)以及对于组织目标实现的责任感,从而确保组织成员在即使拥有较大自主权的条件下仍然能够更好地为组织利益而工作。一致性体现的是领导者在组织文化的形成过程中所发挥的主导作用,即以整合性的方式对行为、制度及其含义做出集体性定义,强调个体的遵循而不是自愿参与。一致性的本质特征表现为规范的整合性(normative integration),即经过协商一致的行为规范在组织各领域的普遍存在。因此,具有高度一致性特征的组织文化通常被称作"强势"文化(a strong culture)。参与性与一致性表明了组织文化形成的两种基本不同的途径。在一个高参与性的文化中,组织文化的形

[①] 在丹尼森和米什拉(Denison & Mishra,1995)所提出的文化特征理论模型中,还包括组织文化的其他特征,比如适应性(adaptability)和使命(mission)。由于这些特征是在组织适应其外部环境的背景下讨论的,与内部控制设计并无太大关联,因而本书未予论及。

成由每个个体通过诱导的方式而实现，虽然这一过程通常由领导者触发，但其细节却并非事前便已详细拟定。相反，在一个高度一致性的文化中，组织文化的形成更多地来自事前的定义，现有的领导者是这一过程的代理人，而普通的组织成员构成这一个过程的客体。在一个高度参与性的文化中，"代理人"与"客体"之间并无实质区别，但在一个强势文化中，二者之间的区别显而易见。由此可见，在高度参与性的文化中，文化主要形成于领导者与组织成员以及组织成员之间的多维互动，而在高度一致性的文化中，文化的形成机制更多地表现为自上而下的单向过程。本书将主要以参与性为特征的组织文化定义为参与型文化，将主要以一致性为特征的组织文化定义为整合型文化。在参与型文化和整合型文化之下，组织成员有着完全不同的行为模式，但两类文化之间并无简单的好坏之分，其形成主要取决于组织本身的特征以及组织所面临的外部环境，是组织与其环境相适应的产物。就内部控制设计而言，所要解决的问题仍然是一个适应性的问题，也就是在内部控制与组织文化之间实现最优的匹配①，从而确保所设计的内部控制能够在特定的组织背景下有效地运行。通常，由于参与型文化下组织成员的共同价值观表现出强烈的内聚性，内部控制的设计应该更加注重优化功能的发挥；相反，由于整合型文化强调个体价值观向共同价值的强力整合，相应地，内部控制的设计应该更加注重约束功能的发挥。图3-11概括了组织文化影响内部控制设计的具体路径。

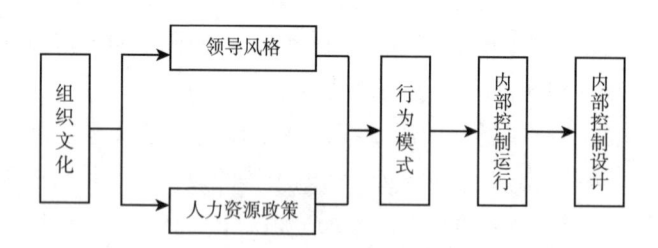

图 3-11 组织文化影响内部控制设计的具体机制

---

① 至于组织文化是否与组织本身实现了恰当的匹配，或者说组织文化本身是否需要变革，这不是内部控制设计所要和所能解决的问题。内部控制设计只能适应组织文化，而不可能改变组织文化，虽然这种可能性在长期的意义上存在。一个与组织文化不相适应的内部控制设计方案，即使拥有良好的初衷，在组织现实面前也将显得苍白无力。这也表明了内部控制设计的局限性。

3.4.3 任务识别

通过将组织看作一个"任务集",并且将任务与作业确定为内部控制分析的基本单元,内部控制最终被定义为组织的微观控制机制。从而,任务构成内部控制的设计界面,任务识别也就构成内部控制设计过程的重要步骤。为了避免因"控制真空"而导致内部控制失败,任务识别必须具有完备性[1]。因此,一个完整的任务分类体系将构成任务识别的基础。在对组织设计文献有关任务分类的讨论做简要回顾的基础上,我们将提出一个适用于内部控制设计的任务分类体系,以此为基础,进一步讨论任务的具体识别方法。

1. 组织设计文献关于任务分类研究的一个简要回顾

在组织设计文献中,对组织活动(或任务)做出系统分类的是安索夫和布兰登堡(Ansoff & Brandenburg,1971)。在假设组织目标构成组织结构决定因素的前提下,他们将组织设计所要解决的基本问题做如下定义:在给定组织目标及其战略的前提下,设计一个能够在目标实现的过程中最大化组织绩效(performance)的组织结构。也就是说,安索夫和布兰登堡将来自资源运用的报酬最大化(maximum return)作为组织的目标。不过,由于实践中很难在一个长期的意义上对报酬做出预测,因此,他们确定了3个近似的目标:(1)最大化短期(亦即一个计划期间)绩效的目标;(2)支持长期绩效的长期成长目标(比如基础性研究项目的开展);(3)预防组织出现重大风险(比如专有技术突然过时等)的目标。在组织目标的基础上,安索夫和布兰登堡进一步定义了确保组织目标实现的效率标准(effectiveness criteria)以及可行性标准(feasibility criteria)。其中,效率标准分为稳态效率(steady-state efficiency)、营运反应性(operating responsiveness)、战略反应性(strategic responsiveness)以及结构反应性(structural responsiveness)。其中,稳

---

[1] 所谓控制真空,是指未内置内部控制机制的组织任务或组织性过程。控制真空是导致内部控制失败的重要原因。控制真空最常出现在组织的新兴任务上,当然,任务识别的遗漏也是导致控制真空出现的重要原因。因此,任务识别应该是一个持续性的过程,其目的是确保所有的组织任务均被聚焦在内部控制之下。

态效率度量的是在产出（throughput）的水平以及质量在一段时期内保持相对稳定情况下的组织效率；营运反应性度量的是当市场需求或竞争态势发生变化时组织迅速而有效地调整产出水平的能力；战略反应性度量的是组织对于产出性质（而非数量）的变化做出反应的能力；结构反应性度量的是当组织无法实现以上三个效率标准时对其自身结构做出调整的能力：组织结构富有弹性，调整将会非常迅速，并且不会导致不必要的效率损失，相反，如果组织结构缺乏弹性，则调整将是缓慢和成本高昂的。效率标准的讨论以能够获得合适的人力资源以及实物资源。然而，一旦这一条件不能得到满足，则基于效率标准的组织设计将不是可行的。因此，安索夫和布兰登堡为组织设计增加了额外的两个可行性标准：经济可行性（economic feasibility）以及人力资源可行性（human resource feasibility）。其中，经济可行性度量的是用来构建与维持组织所必需的货币、实物以及人力资源的可获得性；人力资源可行性度量的是可获得的人力资源与组织结构要求之间的匹配。

在安索夫和布兰登堡所提供的组织设计语言（a language for organization design）中，组织目标的实现取决于组织结构的最优设计，效率标准以及可行性标准则构成组织设计的基本原则。由于组织结构的设计归根到底表现为组织活动（或任务）的设计，因此，效率标准以及可行性标准直接决定了组织活动（或任务）的设计。为此，安索夫和布兰登堡提出了一个完整的组织活动分类体系。他们将作为科层制组织的企业分为两个子系统：逻辑系统（logistic system）与管理系统（management system），从而将组织内的全部活动区分为逻辑性活动（logistic activities）与管理性活动（management activities）。最终，组织结构设计将表现为逻辑系统（或活动）设计以及管理系统（或活动）设计。在将逻辑性活动定义为执行将物理与信息资源转化为能够提供给消费者的最终产品或服务的前提下，他们将逻辑性活动（亦即资源转化的具体步骤）分为以下几个大类：R & D（即研发活动）、采购、人员雇用、融资、制造、市场营销和运输。在上述分类的基础上，还可以做进一步的分类，比如将研发活动区分为基础性研究以及新产品开发等。管理性活动表现为对组织的指导（guidance）与控制（control）过程。安索夫和布兰登堡根据以下两个维度对管理活动做出定义：管理者所要解决问题的类型以及管理者解决问题的过程。其中，管理者所要解决问题的类型分为战略性问题（strategic problem）、行政性问题（administrative problems）以及营运性问题（operating problems），管理者解决问题的过程被一般地概括为计划（planning）、执行（implementation）与控制（control）。战略性问题解决的是组织产出向量（output vector）的选择，也就是选择组织所要生产的产品或者所要提供的服务，以及选择产品或服务将要销往的客户及市场。行政性问题解决的是逻辑性活动与管理性活动之间关系的分组、配置与确立，具体表现为在组织成员分配决策权与责任、确立工作流（work flow）、生产设施的配置以及建立信息与报告系统。营运性问题关注的是组织产出向量的实际产生，也就是在业已确立的行政性关系（administrative relationships）的基础上制定生产计划、制定价格政策、开展广告活动、实行研究项目以及回收应收账款等。在对组织活动做出系统分类的基础上，安索夫和布兰登堡详细讨论了效率标准以及可行性标准在组织活动设计过程中的具体运用。

安索夫和布兰登堡（1971）关于组织活动分类的讨论极具启发性。不过，在内部控制设计研究中，我们似乎并不能简单地照搬这一分类体系，这主要有以下4个原因：首先，与安索夫和布兰登堡将作为科层制组织的企业分为逻辑系统（或维度）和管理系统（或维度）不同，我们将企业分为技术系统（或维度）和组织系统（或维度）。虽然这两类区分方法具有一定一致性，但二者的分类逻辑并不相同。安索夫和布兰登堡的分类明显地受到工程理论的影响，我们的分类则主要建立在组织理论以及经济理论的基础上。其次，安索夫和布兰登堡将逻辑系统以及管理系统的设计同时作为组织设计的两个基本方面，我们则认为内部控制设计仅局限于组织系统的设计，与技术系统并无直接联系。换言之，技术系统的控制设计可能属于组织设计的范畴，但却不属于内部控制设计的范畴。再次，与安索夫和布兰登堡不同，我们同时关注到组织系统的物质（或实体）存在以及信息存在，从而同时从物质与信息两个方面对任务做出分类。安索夫和布兰登堡虽然也关注到信息和报告系统，但仅将其作为管理者所要解决的行政性问题的一个方面，而没有将其上升到一个一般性的存在。最后，安索夫和布兰登堡并没有针对不同的任务类型提出一个概括性的识别方法，只是有针对性地列举了某些任务的具体项目，相反，我们在任务分类体系的基础上提出一个一般性的识别方法，从而提高任务识别的效率。正是基于以上原因，我们将在本书所提供的概念逻辑的基础上，尝试提出一个能够满足内部控制设计需要的任务分类体系以及相应的任务识别方法。

2. 内部控制设计研究任务识别体系的建立

与安索夫和布兰登堡（1971）一样，我们也将组织目标作为提出任务分类的逻辑起点。不过，我们关于组织目标的理解与他们并不完全相同。本书将组织看作一个"任务集"。在这个"任务集"中，所有具体任务都是为实现组织目标而被有机地整合在一起，因此，任务与组织目标之间的关系构成任务分类的基本依据，讨论任务的分类必先讨论组织目标。在经济学上，组织最广为接受的目标是价值最大化（或利润最大化）。然而在组织的管理实践中，组织目标分别在以下两个层面上表现出来：战略层面与营运层面。我们将前者称作组织的战略目标，将后者称作组织的营运目标[1]。其中，战略目标解决的是组织对于环境变化的适应性问题，表现为组织的长期目标[2]；营运目标解决的是组织日常营运活动的有效性问题，也就是战略规划的有效实施问题，表现为组织的短期目标。价值最大化目标的实现最终取决于战略目标与营运目标的实现及其之间的恰当均衡。由于目标构成组织资源配置的依据，因此，价值最大化目标的实现在根本上又取决于组织的长期利益与短期利益之间恰当的均衡。与组织目标相关的另外两个目标概念分别是任务目标与内部控制目标，本书在这三者之间做出明确的区分。组织目标与任务目标之间的区别表现为目标的层次不同，组织目标对应于作为一个整体的组织，而任务目标则对应于组织内部的某项具体任务。任务目标根据组织目标确定，是组织目标在具体任务情景中的现实体现，因而组织目标的达成最终有赖于任务目标的实现[3]。至于组织目标与内部控制目标，二者之间虽然密

---

[1] 本书之所以采用"营运目标"提法，而不采用"经营目标"提法，是为了确保概念的一般性。比如，在汉语语境中，"经营"一般与营利性组织相连，但"营运"则可同时适应于非营利组织，比如学校或医院。

[2] 钱德勒（1962）在《战略与结构》中明确将"战略"定义为"企业长期目标的确定，以及为实现这一目标所必须采取的一系列行动和资源分配"。

[3] 比如，会计信息处理任务的目标是提供可靠的财务报告，而可靠性目标的实现最终仍然是为了促进组织目标（包括战略目标与营运目标）的实现。有助于理解可靠性目标与组织目标之间这一关系的实例是：大连港集团有限公司副总经理兼总会计师张凤阁在接受记者采访时表示，财务工作对企业的最大贡献，就是通过提供真实可信的财务会计数据，增强诚信度，从而提高企业在社会上的信誉度和影响力。"这个工作如果做得好到位、扎实，反应在融资上，无论是上市、贷款，还是发债，都会得到社会的认可，企业发展壮大就有源源不断的资金支持；反应在和客户的关系上，真实可靠的财务报表，能够在与客户打交道时，获得可信的信任。"（详见《新理财》杂志2007年第6期）。这一例子说明会计信息系统存在的根本目的仍然是基于公司战略与运营的需求。

切相关，但性质不同。组织层次的战略目标和营运目标并不构成内部控制本身的目标，内部控制的目标是为组织目标的实现提供合理保证。由于这一合理保证是通过最小化组织成员行为失范与行为失败的可能性而实现的，因此，内部控制的目标也可表述为在经济与技术的双重约束下实现行为失范与行为失败可能性的最小化①。

以上关于组织目标的讨论表明，"任务集"中的任何一项任务，要么为实现组织的战略目标而存在，要么为实现组织的营运目标而存在，当然，某些任务可能同时为战略目标与营运目标的实现提供支持，比如信息处理任务②。本书将支持组织战略目标实现的具体任务定义为组织的战略性任务，比如并购、重组、重大的资本性投资、新产品开发等③。将支持组织营运目标实现的具体任务定义为组织的营运性任务，比如日常的产品销售任务等。借鉴安索夫和布兰登堡（1971）关于逻辑性活动以及管理性活动的区分，本书进一步将营运性任务区分为逻辑性任务和管理性任务。不过，此处的逻辑性任务和管理性任务与之前的含义已有所不同。在安索夫和布兰登堡的概念框架中，管理性任务表现为对逻辑性任务的指导与控制，而在我们的概念框架中，二者是相互独立的。无论是逻辑性任务还是管理性任务，我们关注的都是其中的组织性细节，而不是技术性细节。逻辑性任务与管理性任务之间的区别在于：逻辑性任务明显地表现为技术与组织的双重存在，如原材料采购任务，管理性任务则基本地表现为一个纯粹的组织性存在，而没有明显的技术背景，如预算管理以及成本管理等④。至于信息处理任务，由于同时为组织的战略目标和营运目标提供支持，因而单独作为一类任务，具体包括会计信息处理任务和非会计信息处理任务，前者主要表现为财务报告的编制与提供，后者如销售报告以及产量报告等统计报告的编制与提供。任务分类体

---

① 由此可见，本书所提出的目标概念体系与 COSO 框架的目标概念体系不同。在本书的目标概念体系下，COSO 框架中的可靠性目标以及合规性目标只可能出现在组织的任务层次，而不可能构成组织的整体目标。比如，我们只能说某项任务是否遵循了合规目标，而不能说整个组织是否遵循了合规目标。当然，对这两个目标概念体系的详细比较并非本书的主要内容。

② 无论是战略目标还是营运目标，其具体的实现过程均表现为一系列决策的叠加，因而均需要信息的支持。

③ 比如，南京大学的战略目标就是在未来的 10~20 年内将南京大学建设为世界一流大学。为了支持这一战略目标的实现，南京大学将有针对性地开展一系列工作（或任务），比如工学院以及医学院的建设等。

④ 可以大概地将管理性任务想象为一个纯粹的"书面上的工作"。

系在图 3 – 12 的粗框中得到概括。

任务	任务分类		任务识别方法
	任务-目标关系	任务性质	
	营运性任务	逻辑性任务	业务循环法
		管理性任务	
	战略性任务		项目识别法
	信息性任务	会计信息处理任务	
		非会计信息处理务	

图 3 – 12　任务分类体系及其识别方法

　　为了确保任务识别的完备性，任务识别当以任务分类体系为基础。不过，由于不同的任务类型往往具有不同的特征，因此，在任务的具体识别中，不同类型的任务往往采用不同的识别方法。营运性任务类型中的逻辑性任务具有种类庞杂、数量较大的特征，为了确保这一任务识别过程的逻辑性，可借鉴审计理论中的业务循环方法予以识别。当然，业务循环方法所识别的仍然只是一个任务大类，在实际的任务识别中，还必须以此为基础，对其做进一步的划分，直到明确最小任务单元。所谓最小任务单元，是指可适当作为内部控制设计界面的最小任务单位。以资产管理任务为例，生产用设备与办公用设备就可能采用不同的内部控制，而办公用设备与办公用品也可能采用不同的内部控制，从而，生产设备、办公设备与办公用品便可能构成资产管理内部控制设计的最小任务单元；以采购与付款循环任务为例，原材料的采购与低值易耗品的采购可能采用不同的内部控制，主要材料的采购与辅助材料的采购也可能采取不同的内部控制，从而，主要材料采购、辅助材料采购与低值易耗品采购可能分别构成采购与付款任务内部控制设计的最小任务单元。最小任务单元的确定遵循以下两个原则：第一，尽量提高作为内部控制设计界面的具体任务的同质性，这一原则要求最小任务单元的确定不可太粗；第二，避免因任务的过度细分而导致内部控制设计成本的过度上升，这一原则要求最小任务单元的确定不可太细。战略性任务的特征表现为任务性质相对单纯、任务数量相对较少，因此，可结合组织的具体情况，按具体项目来识别。近年来出现了营运性任务不断被上升为战略性任务的情形，如战略人力资源管理、战略成本管理以及战略营销管理等。一旦上升到战略层面，相关的任务自然应归入战略性任务。同样，信息性任务也可采用项目识别法。其中，会计信息处理任务的识别应严格遵循会计信息系统本身的逻辑，关注一般性的会计信息处理过程，而不是简单地根据会计报表的具体项目逐一展开。以上市公司为例，重要的会计信息处理任务可能包括财务报告编制、信息披露以及公允价值的运用等。此外，如果组织的信息处理过程是在信息化环境下进行的，则计算机系统的安装、运行与维护也将构成信息性任务内部控制设计的最小任务单元之一。任务识别的具体方法在图3-12中做了归纳。

由于组织总是处于不断发展的过程中，因此，任务识别是一个动态的、持续的过程，其目的在于确保组织出现的任何新兴任务都能被聚焦于内部控制之下。任务识别的最终结果表现为一个完备的任务清单，而任务清单进一步构成任务分析的起点。

3.4.4 任务分析

作为内部控制设计过程的重要阶段，任务分析构成作业设计的直接依据。所谓任务分析，实际上是对任务的特征展开分析，其目的在于根据不同的任务特征以有效地分配控制资源。在本书所提出的概念框架下，任务的特征（或属性）被概括为以下三个维度：任务复杂性、任务重要性、任务专业性。

1. 任务复杂性

虽然不是以内部控制设计研究为背景，但任务复杂性（task complexity）概念在现有组织与管理文献中得到了充分的研究，最典型的是沃德（1986）所做的讨论。沃德（1986）将任务的复杂性定义为以下三个维度：要素复杂性（component complexity）、协调复杂性（coordinative complexity），以及动态复杂性（dynamic complexity）。其中，要素复杂性由完成任务所必须处理的不同信息提示（information cues）的数量以及必须执行的不同行动的数量共同决定；协调复杂性由信息提示与行动执行的内容、时间、频率以及位置等要求之间关系的形式与强度决定；动态复杂性与任务完成过程中因果关系（cause-effect relationships）的改变所导致的调整相关。在知识复杂性（knowledge complexity）已有研究成果的基础上，沃德（1986）进一步在知识复杂性的各维度与任务复杂性的各维度之间建立起一一对应关系，从而借助知识复杂性来定义任务复杂性。首先，任务的要素复杂性对应着知识的计算复杂性（computational complexity），而计算复杂性产生于任务完成所牵涉的主体与作业（activities）的数量及其相互联系（Grandori，1997；Simon，1962）；其次，任务的协调复杂性对应于知识的技术复杂性，而技术复杂性决定于参与任务完成过程的各个不同主体所拥有的不同技巧或能力的数量（Iansiti & Clark，1994；Zander & Kogut，1995）；最后，任务的动态复杂性与知识的认知复杂性密切相关，而认知复杂性产生于外部环境的不确定性。图 3-13 概括了沃德（1986）关于任务复杂性的定义①。

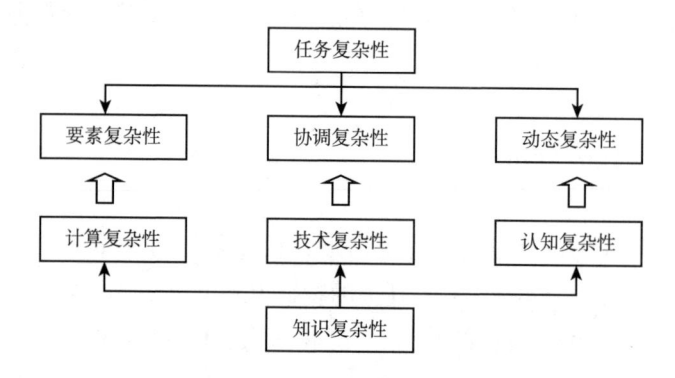

图 3-13　沃德关于任务复杂性定义的概念体系

虽然沃德（1986）关于任务复杂性的观点极具启发性，但这一定义比较适合用来分析技术性过程的复杂性，而不是组织性过程的复杂性。由于我们将内部控制严格地定义在组织性过程的框架内，因此，本书将试图从一个完全不同的视角对任务复杂性做出定义。下面问题的回答或许可以为任务复杂性的定义提供启示：是经理的工作更复杂还是工程师的工作更复杂？② 我们的观点是经理的工作更复杂，因为经理的工作面临着大量的不确定性，而工程师的很多工作则基本上不存在太多的不确定性。或者说，经理的工作是非

---

① 借助复杂性理论以及计算机理论，（Moldoveanu & Bauer，2004）根据任务完成过程的计算机模拟所显示的算法复杂性来定义任务的复杂性，从而将任务分为简单（easy）、困难（hard）以及难以应付（intractable）三种类型。这一研究思路也极具启发性。

② 当然，这一比较有个前提，那就是无论经理还是工程师，他们均拥有符合社会对于他们所从事职业的一般期望的知识与能力。

线性的，工程师的工作则是线性的。事实上，组织存在的基本目的在于应对不确定性，没有不确定性，组织也就没有存在的必要（奈特，1921）。在市场经济条件下，不确定性构成复杂性的基本来源。因此，本书将任务复杂性的定义建立在不确定性概念的基础上①。

不确定性首先表现为外部环境的不确定性，即环境不确定性（environmental uncertainty）。现有组织理论文献将环境不确定性定义为环境的动态性、异质性（Amigoni，1978）、可预测性（Waterhouse & Tiessen，1978）、可控性（Ewusi-Mensah，1981）以及模糊性（Daft & Macintosh，1981），加尔布雷斯（Galbraith，1973）则在一般意义将环境不确定性定义为某项任务的完成所必须掌握的信息量与任务完成者实际拥有的信息量之间的差异：信息差越大，则环境不确定性越大。借助"信息差"概念，我们可以理解环境不确定性导致任务复杂性的具体机制。在认识论的意义上，任务完成过程实质上是一个知识运用的过程。环境不确定性之所导致任务的复杂性，根本原因在于环境不确定性所导致的信息差影响到任务完成者的知识运用效率。比如，经理的工作之所以更复杂，是由于更大的环境不确定性使得他在解决问题的过程中面临着更大的信息差，而正是这一更大的信息差降低了经理运用存量知识来解决问题的效率。由此可见，在任务完成的背景下，流量的信息决定了存量知识的运用效率。最终，环境不确定性通过导致任务完成过程中行为主体运用知识的复杂性从而决定了任务的复杂性。这一结论暗示着我们将知识复杂性区分为两个方面，即知识运用的复杂性和知识获取的复杂性。本书之所以根据知识运用复杂性而不是知识获取的复杂性来定义任务的复杂性，是由于无论是管理人员还是技术人员，组织的人力资源政策均能确保组织获得合格的员工。因此，知识获取过程的复杂性与任务完成的复杂性并不相关。

任务的完成过程不仅面临着环境不确定性，也面临着行为主体的动机不确定性。这一点常常为现有组织与管理文献所忽视，其中原因可能是组织与管理文献在讨论任务复杂性时基本上不考虑任务完成过程中出现行为失范，

---

① 有助于说明不确定性构成复杂性基本来源的经典例子是牛顿。牛顿虽然在科学上取得了巨大的成就，但却在股市上赔得一塌糊涂。正如他自己所言："我能准确地计算天体的运行，但却无法准确计算人心的贪婪。"在本书的概念体系下，牛顿之所以不能准确"计算"股市的运行，主要是因为股市的运行同时受到环境不确定性与投资者动机不确定性的双重影响，而这一点在他所从事的科学研究中是不存在的。这也说明了为什么很多人认为社会科学比自然科学更加复杂。

尤其是有意识的行为失范的可能性。由于内部控制的目标之一就是降低行为失范的可能性，因此，组织成员的动机自然应该被纳入本书所提出的任务复杂性的定义中。通常，动机不确定性的大小基本取决于行为主体机会主义利用某项任务的完成过程获取个人利益的可能性的大小；也就是说，行为主体动机不确定性的大小与任务的具体内容密切相关①。比如，与管理会计档案的工作人员相比，管理现金的出纳员在动机上可能具有更大的不确定性。由此我们便不难理解，为什么在一个买方市场上采购任务与销售任务相比隐藏着更大的动机不确定性，然而在一个卖方市场上情形却刚好相反。

最终，本书同时从环境不确定性与动机不确定性两个维度来定义任务的复杂性。环境不确定性与动机不确定性之所以被用来定义任务复杂性，根本原因在于二者构成组织成员行为不确定的必要条件。其中，环境不确定性是导致行为失败主要原因，动机不确定性则是导致行为失范的主要原因。图3-14概括了本书关于任务复杂性的定义。

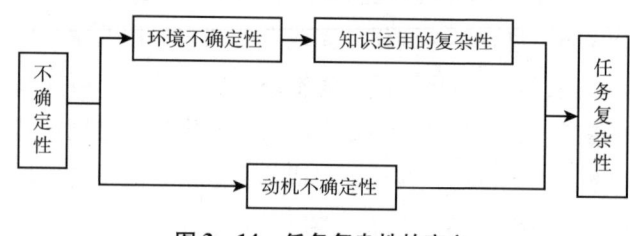

图3-14 任务复杂性的定义

2. 任务专业性

经理的工作虽然那比工程师的工作更复杂，但工程师的工作却比经理的工作更专业。某些并未经过严格的经济学与管理学专业训练但却具有商业天赋的人能将组织经营得很好，相反，那些很多经过了大学四年专业训练的会计系毕业生刚参加工作时可能连基本的原始凭证都无法识别②。这似乎意味

---

① 根据这一定义，办公用品管理任务也是复杂的，虽然显得不是十分重要。比如，要完全杜绝员工不将办公电话用作私人通讯目的几乎是不可能的。办公用品管理任务的复杂性主要来自办公室工作人员的动机不确定性，而办公人员的动机不确定性又来源于办公用品管理的特殊性，亦即人们很容易从办公用的"管理"中获得个人好处。

② 但这绝不意味着专业性的工作一定比非专业性的工作更难做。实际上，专业性与复杂性是任务特征的两个不同维度。专业性与非专业性任务的区别仅在于：要将前者做好必须依赖于严格的专业训练，而要做好后者则更多地依赖于个人的悟性以及应变能力。

着应将任务的完成主体是否必须经过专业性训练作为判断任务专业性的标准，但这却是一个似是而非的判断。随着大学教育（也就是专业教育）的日益普及，在一个现代化的组织中哪怕想寻找一位没有大学学历的普通员工都不容易，更何况那些高级管理人员。在这样的情况下，我们当然不能通过主观地设想某项任务的完成是否必须由接受过专业训练的人来完成，从而对该项任务的专业性高低做出评价。因此，本书将在一个更严格的意义上对任务的专业性做出判断。

任务的完成过程是一个知识运用的过程，然而，知识有着不同类型。根据知识的不同来源，我们将知识区分为专业知识与经验知识（亦即"经验"）①。所谓专业知识，也就是通常所说的书本知识，这一知识必须经过专业训练才能获得。不过，虽然专业训练主要发生在诸如学校以及培训机构等专门场所，但专业知识也可能通过个体自学习得②，当然这一定不是普遍情况。所谓经验知识，也就是我们通常所说的社会知识，这一知识只能来自个体独特的经历。专业知识的掌握情况主要取决于专业性训练是否严格，而经验知识的掌握情况则主要取决于个体的经历是否丰富及其悟性的高低。由于专业知识属于公开的显性知识，因此，专业知识在不同个体之间的分布具有同质性。由于经历以及领悟能力的个体差异，加上经验知识通常表现为隐性知识而无法在人际间实现有效转移，因此，经验知识在个体之间的分布是异质。在现代组织中，几乎任何一项任务的完成过程都同时需要专业知识与经验知识的支撑。但在不同任务的完成所需的知识总量中，专业知识与经验知识所占的比重或相对重要性是不同的。基于此，本书对任务专业性的判断准则做如下概括：如果某项任务的完成主要依靠专业知识，则该项项任务的专业性更强；相反，如果某项任务的完成主要依靠经验知识，则该项任务的专业性较弱。也就是说，本书将任务专业性的定义建立在任务完成所需的知识结构上，也就是专业知识与经验知识的相对重要性的基础上；并且，任务的

---

① 现有组织与管理文献提出了很多关于知识的分类，不过，除了名称的提法稍有不同之外，分类的逻辑与意图大致都是类似的。本书所采用的这一提法符合大多数人的常识。

② 一位民营企业的董事长的书柜中摆放了一排会计书籍，并决心从出纳学起。问他为什么？他不无遗憾地说，我要算的东西会计算不清楚，而会计算的东西我们也不明白，不知道他们每天在干什么。这个小故事告诉我们两个道理：其一，要了解会计专业知识就必须经过专业训练，董事长选择了"自学成才"；其二，非专业人员无法为专业性任务的完成提供信息与知识上的帮助，专业的事只能由"专业人"做。

专业性程度与知识结构中专业知识所占的比重正相关①。

专业性之所以构成任务特征的重要维度之一，是由于专业性通过以两种方式对内部控制设计产生影响：第一，任务的专业性通常会弱化跨部门（即跨专业）信息分享与知识整合的必要性，从而影响到横向关系的控制设计，"隔行如隔山"讲的就是这个道理；第二，专业性构成非正式权力的重要来源，从而影响到纵向关系的控制设计。

3. 任务重要性

与生产商的现金销售业务相比，为什么超市的现金销售业务通常采取更为严格的内部控制？与普通员工的招聘相比，为什么一家公司通常针对职业经理人的招聘制定更为严格的程序？由此可见，虽然我们将组织看作一个"任务集"，但并不意味着这一集合中的所有具体任务都同等重要，更不意味着所有具体任务应该被分配同样的控制资源。因此，重要性构成任务特征的维度之一。

不过，尝试度量任务的重要性并不是一件容易的事，一个可能的借鉴是会计理论对于重要性的研究。在会计中，重要性概念与标准在确定某项会计信息是否应该向公众披露及其披露形式时发挥关键性作用。早期重要性研究的一个中心问题就是能否得出一个适用于一群使用者的唯一固定的重要性标准。美国财务会计准则委员会（FASB）最初对重要性做出如下结论："重要性一般被认为是某一事项或其会计处理的披露是否足以使人合理、全面地理解企业的财务报表、或可能影响一个谨慎投资者的行为"②。不过，后来的理论研究似乎并不支持 FASB 的结论。比如，通过构建了一个会计信息项目及其数额的重要性度量模型，炳（Byung, 1982）的理论分析表明：即使是针对一个既定决策者在简单条件下的决策，也不可能就一个会计项目确定一个唯一固定的重要性标准，因为每个人的偏好是变化的。如果进一步考虑到不

---

① 即使对于非常专业化的工作而言，经验也是必不可少的。比如，会计是一项非常专业化的工作，但经验对于开展好会计工作仍然非常重要，国内职场上流行着的一句话"会计职业越老越吃香"讲的就是这个道理。但这并不妨碍人们将会计看作当今社会的三大职业之一，因为相对于其他非职业性的工作而言，在开展会计工作的过程中，专业知识在整个知识结构中所占的比重相对更大。比如近年来会计工作越来越难做，大量的"老会计"逐渐被淘汰，主要原因就是会计制度与会计准则变化的速度太快，以至于这些"老会计"的会计知识无法及时更新。

② FASB. 1975. Discussion Memorandum: Criteria for Determining Materiality.

同使用者所面临决策问题的异质性,要想针对一个群体确立一个统一的重要性标准几乎是不可能。这也是 FASB（1980）后来改变其初衷,并明确表明不可能就重要性推导出一个一般标准的原因。

既然会计理论对于重要性的标准都无法形成一个统一的结论,我们自然难以从中获得任何有意义的启示。实际上,即使在会计上能够得到一个有关重要性的一般性标准,任务重要性的研究也不能简单地照搬。与会计上的重要性相比,任务重要性具有以下特征:第一,在会计上,重要性的载体是会计信息,因而可简称为信息重要性,相反,本书关注的是任务重要性。由于并非所有的任务均被反映在会计信息系统中,因此,如果按照信息重要性的标准来度量任务重要性,将导致大量任务的重要性无法被度量。第二,信息重要性是在信息使用者经济决策的背景下判断的,因而表现为决策重要性,任务重要性是组织背景下判断的,因而应该从组织过程的角度来定义其重要性。既然重要性的载体与判断背景都不相同,任务重要性和信息重要性的定义与标准也就应该有所不同。作为一个"任务集",组织内所有任务存在的最终目的是促成组织目标的实现,组织目标是整合所有任务的最高原则。因此,一项任务的相对重要性将取决于该项任务的正确完成对于组织目标实现的支持作用的大小。也就是说,本书借助目标重要性、并且在一个比较的意义上对任务重要性做出如下定义:如果任务 A 没有被正确完成而给组织目标的实现所带来的消极影响大于任务 B,则任务 A 比任务 B 更重要。根据任务分类体系,不同任务相对重要性的排序大概为:战略性任务的重要性高于营运性任务的重要性;在营运性任务中,逻辑性任务的重要性通常高于管理性任务的重要性。在某一任务大类下,具体任务的重要性排序继续根据目标重要性进行,比如,原材料采购比办公用品采购就显得更为重要。为了准确地分配控制资源,任务重要性排序不仅在不同任务之间进行,还常常在同一任务的不同业务之间进行[①],比如,由于重大采购合同与小额采购合同相比对组织目标的实现显得更为重要,因而应该采取更为严格的签约程序。

最后,本书借助图 3-15 对与任务属性（或特征）相关的整个概念体系做出了概括性呈现。

---

① 此处的"业务"与会计上的"业务"概念大体相同,是指抽象的任务在现实中的具体实现,比如某次特定的材料采购就构成一项业务。由于多数任务是循环发生的,因此,一类任务往往对应着为数众多的具体业务。

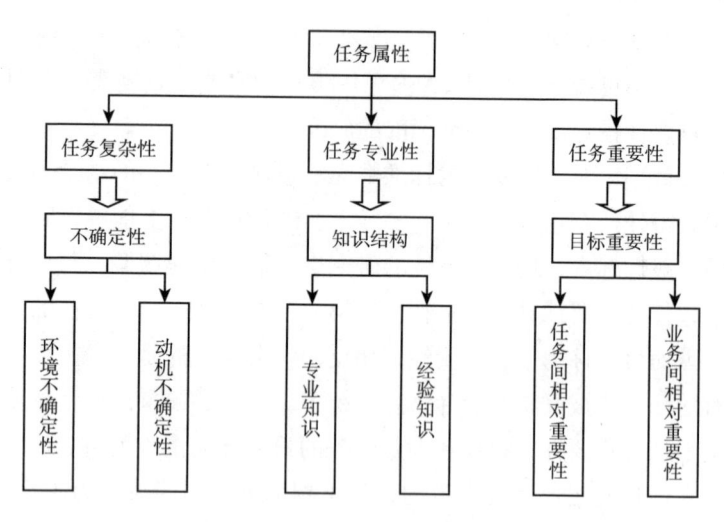

```
                    任务属性
        ┌──────────────┼──────────────┐
     任务复杂性      任务专业性      任务重要性
        ↓              ↓              ↓
      不确定性       知识结构        目标重要性
       ┌─┴─┐         ┌─┴─┐           ┌─┴─┐
     环境  动机      专业  经验      任务间  业务间
     不确  不确      知识  知识      相对    相对
     定性  定性                      重要性  重要性
```

图 3-15 任务属性的概念体系

3.4.5 作业设计

1. 作业设计基本问题的重新表述

本书曾将作业设计所要解决的基本问题概括为在约束功能与优化功能之间实现恰当的权衡。然而，一旦落实到具体的作业链设计与作业点设计中，这一基本问题可重新表述为在作业链与作业点的控制刚性与控制弹性之间寻找平衡①。与功能视角的表述不同，由于控制刚性与控制弹性与作业链与作业点设计直接相连，因而，重新表述后的基本问题能够更有效引导内部控制的设计过程。

塔提康达和罗森塔尔（Tatikonda & Rosenthal，2000）最早在新产品开发的背景下讨论刚性（firmness）与弹性（flexibility）之间的平衡对于创新活

---

① 与内部控制设计相关的另一个范畴是"控制强度"，作业设计的基本问题相应地被表述为寻找最优的控制强度。基于我们对内部控制功能的概括，控制强度同时表现为约束强度与优化强度，从而，最优的控制强度在理论上将表现为约束强度与优化强度的最优组合。不过，由于以下两个原因，本书没有将"控制强度"纳入概念框架：其一，"控制强度"在"控制刚性"与"控制弹性"中能够得到解释，其中，约束强度与控制刚性正相关，优化强度与控制弹性正相关。其二，在引导作业设计时，这一概念所发出的信号显得模糊不清，比如，提高控制强度，既意味着控制刚性的上升（与约束强度的提高相对应），也意味着控制弹性的上升（与优化功能的提高相对应），反之亦然。

动的重要意义①，他们的这一观念后来被（Meer-Kooistra & Scapens，2008）用来研究组织内及组织间横向关系的治理，后者进一步认为治理横向关系的最小结构（minimal structures）在设计上必须同时综合刚性与弹性。事实上，类似的观念在早期便曾出现过，如宽松控制与严格控制（loose-tight controls）的概念，以及有机控制与机械控制（organic-mechanistic controls）的概念。通过将"刚性"与"弹性"引入内部控制的设计研究中，本书进一步提出"控制刚性"与"控制弹性"的概念，并且将控制刚性与控制弹性的定义建立在作业链或作业点设计的基础之上。如果作业链或作业点的设计导致行为约束的加强，则意味着作业链或作业点控制刚性的上升；如果作业链或作业点的设计导致行为优化的加强，则意味着作业链或作业点控制弹性的上升。由此可见，与约束功能和优化功能之间关系相一致，控制刚性与控制弹性是一对互逆的概念。从而，约束功能与优化功能之间的权衡，实际上就等价于在作业链或作业点的控制刚性与控制弹性之间寻求平衡。

由于内部控制是一个行为规范与关系模式的结构化过程，因此，本书进一步引入"结构化程度"概念，以便更深入地理解控制刚性与控制弹性之间权衡的组织含义。结构化程度由高到低分别表现为以下三种情形：结构化过度、结构化适度与结构化不足。其中，结构化过度表现为过度的控制刚性，也就是过度强调行为约束而忽视了行为优化；结构化适度表现为控制刚性与控制弹性之间的均衡，也就是行为约束与行为优化之间的均衡；结构化不足则表现为过度的控制弹性，也就是过度强调行为优化而忽视了行为约束。以"结构化程度"为基础，本书进一步提炼出"控制结构"概念②。在作业设计中，控制刚性与控制弹性的特定组合对应着一个特定的结构化程度③，而特定的结构化程度一旦落实到具体的作业链和作业点上，就表现为一个特定的控制结构，其中，体现在作业链上的控制结构简称为作业链结构，体现在

---

① 最能说明刚性与弹性有效平衡的例子是爵士乐表演中的即兴演奏。在演奏过程中，表演者在基本遵循事前准备好的音乐结构的同时，又恰到好处地超越既定结构。一场完美的即兴演奏一定是刚性与弹性的完美结合。此外，中国人常说的"既要讲原则性，又要讲灵活性"，也是刚性与弹性相结合的产物。

② "控制结构"概念的提出同时受到"治理结构"（governance structure）以及"最小结构"（minimal structure）概念的启发。

③ 也就是说，控制刚性与控制弹性的特定组合要么导致结构化适度，要么导致结构化过度或不足。

作业点上的控制结构简称为作业点结构。如此一来，控制结构就成为一个连接控制刚性与控制弹性的平衡与作业链和作业点设计的中间概念。从而，作业设计实际上就是控制结构的设计，也就是为某一项特定的任务寻找一个特定的控制结构，而这一特定的控制结构体现了控制刚性与控制弹性的特定组合①。最终，我们在约束功能与优化功能之间的权衡、控制刚性与控制弹性之间的平衡、结构化程度以及控制结构四者之间建立起内在的逻辑关联。

在作业设计中，控制刚性与控制弹性的平衡是一个复杂的过程。其一，这一平衡过程分别在作业链设计与作业点设计中独立地进行，前者表现为作业链刚性与作业链弹性的平衡，后者表现为作业点刚性与作业点弹性的平衡。其中，在作业链设计中，控制刚性与控制弹性的平衡既可能分别存在于横向关系与纵向关系的控制设计中，也可能在横向关系与纵向关系的控制设计中交互进行，比如，在某些情况下，横向关系的控制效率可能比纵向关系的控制效率更高②。其二，控制刚性与控制弹性的平衡也能可能在作业链设计与作业点设计这两个层面之间交互进行，比如，在某些情况下，作业链的刚性能够有效地替代作业点的刚性，也就是说，我们可以考虑让作业主体在执行某个项作业时拥有足够的自主判断空间，但同时在作业链的设计上让这一自主判断受到更多的来自横向或纵向的干预。

控制刚性与控制弹性平衡的理念使我们能够超越伯恩桑德和斯塔尔克（Burnsand & Stalker, 1961）所提出的机械式结构（mechanistic structure）与有机式结构（organic structure）的两分法。在伯恩桑德和斯塔尔克的概念体系中，机械式结构对应着刚性，有机式结构对应着弹性。然而，控制刚性与控制弹性的平衡意味着科层制组织的内部控制既不是一个纯粹的机械体，也不是一个纯粹的有机体，而是同时包含了机械式结构的刚性与有机式结构的弹性的综合体。我们的这一理解与科层制组织作为一个社会性系统是完全一致的。在这个意义上，为了纠正早期文献将内部控制看作一个机械式结构的

---

① 控制结构概念的提出不仅与内部控制所遵循的结构控制原理相适应，更重要的是，这一概念能够综合作业链结构与作业点结构，从而使得围绕内部控制设计而展开的沟通和表述显得更为简洁。

② 在某些情况下，横向的牵制可能比纵向的节制更有效，横向的协调可能比纵向的引导更有效。这也是为什么很多组织变得越来越扁平化的重要原因。威廉姆森（1975）提出的"控制损失"（control loss）概念有助于解释这一现象。所谓控制损失，是指权力在纵向穿越科层级次的过程中所发生的效率损失。

错误而将其看作一个纯粹的有机式结构，实际上是从一个极端走向另一个极端①。

由于作业设计已被划分为两个层次，因此，下文将以作业设计基本问题的重新表述为基础，分别就作业链设计和作业点设计做出讨论。

2. 作业链设计

根据定义，作业链是一个由为完成某项任务所必需的所有相关作业连接而成的完整系列。由于作业链的背景下，每项具体作业被进一步称为作业点，因此，作业链也可被理解为一个由多个作业点构成的集合。基于作业链的集合观，本书将作业链的结构特征概括为以下三要素：作业链长度、作业链宽度以及作业链密度。作业链长度有两种度量方法：按作业点的数量计算确定，以及按作业点所涉及的组织单元（如职能部门）的数量计算确定。有些作业链的作业点数量虽多，但所涉及组织单元的数量却很少，也就是说，相应的任务基本在组织的某个特定单元内完成，如会计信息处理任务。通常作业链长度越大，说明任务完成步骤的划分越细。由于作业链长度的统计中包含了所有作业点，因此，作业链长度综合反映了横向关系和纵向关系的控制结构。作业链宽度在科层的背景下计算，根据最低作业点与最高作业点之间的科层级次数量计算确定。通常，作业链的宽度越大，表明权力的纵向干预越强，因此，作业链宽度主要体现纵向关系的控制结构②。作业链密度根据控制性作业点在作业点集合中所占的比重计算确定。作业链的密度越大，说明任务完成过程中实体性作业点的执行所面临的外来行为干预力量在总体上越强。由于控制性作业点既可能与相应的实体性作业点处于同一科层级次，也可能处于不同科层级次，因此，作业链密度综合反映了横向关系与纵向关系的控制结构。与作业链长度不同，作业链密度进一步关注到作业点集合中作业点类型的不同构成。

在一个动态的意义上，一个特定的作业链实际上规定了一个特定的控制流程。"控制流程"概念与"业务流程"概念密切相关但又有所不同：业务流程完全由实体性作业点构成，是在不考虑行为失范与行为失败的前提下，

---

① 与控制刚性和控制弹性相类似的两个概念是宽松控制与严格控制（loose-tight controls）（Merchant, 1985）。

② 作业链宽度概念的提出体现了内部控制的分层控制与分层设计的思想。

完全依据任务完成的内在逻辑设计而成；控制流程则是在充分考虑行为失范与行为失败的前提下，对实体性作业点做出重新配置并向其中添加适当的控制性作业点而形成的。从这个意义上讲，控制流程大致可以被理解为一个"非理想状态下"的业务流程，亦即存在行为失范与行为失败状态下的业务流程。所谓作业链设计，实际上就是以业务流程为基础来规划任务的控制流程[1]。此外，在作业链设计中，控制性作业可以被看作整个控制流程的"关节"，决定了整个控制流程的稳定性、可靠性和适应性。因此，控制性作业点的设计，包括是否需要设置控制性作业点，以及控制性作业点与相应实体性作业点之间的位置关系等，构成作业链设计的核心内容。

一旦引入了作业链长度、宽度与密度概念，作业链设计所要解决的问题就是通过确定最优的作业链长度、宽度与密度，从而在控制刚性与控制弹性之间取得恰当平衡。这样一来，控制刚性与控制弹性之间的平衡具体表现在作业链长度、宽度以及密度的设计上。二者之间的关系表现为：作业链的长度、宽度或者密度越大，则控制刚性越强；相反，作业链的长度、宽度或密度越小，则控制弹性越强[2]。由此可见，控制刚性与控制弹性之间的平衡意味着这作业链的长度、宽度或密度不是越大越好，也不是越小越好。在研究科层结构的控制损失时，埃文斯（Evans，1975）认为权力在科层（即纵向关系）中穿越的级次越多，所发生的控制损失将越大，而且一旦超过3个级次，则科层的控制损失将是不可接受的。这一观点对于我们在经验上理解最优控制链宽度非常有帮助，由此我们可以大概推算绝大部分任务的作业链宽度的设计不能超过3个级次，否则，纵向关系的控制将会失去效率[3]。至于作业链的长度与密度，则因任务内容的不同而存在较大的差异。

最优作业链结构的具体设计必须具体结合环境分析与任务分析来进行，因而是一个异常复杂的过程。在假设环境变量不变的情况下，本书对任务属性与作业链结构之间的经验关系做出概括。随着任务复杂性的上升，单个个体所拥有的信息与知识难以满足任务完成的需要，纵向与横向的信息分享和

---

[1] 从这个意义上讲，业务流程分析构成作业链设计的重要基础。
[2] 在改革开放早期，开办公司是一件非常不容易的事，具体表现为审批手续烦琐，涉及的职能部门以及主管部门众多。这就是控制刚性过度的一种表现。
[3] 此时，采用横向关系控制来替代纵向关系控制可能显得更为有效。

知识整合都将显得非常必要，所谓"集思广益"讲的就是这个意思①。表现在作业链结构的设计上，就是作业点长度、宽度和密度都随着任务复杂性的上升而上升。当然，由于复杂性的重要来源之一是环境不确定性，而环境不确定性的应对要求组织拥有足够的适应性，因此，当环境不确定性构成复杂性的主要来源时，控制性作业点更多地表现为建设性干预而不是强制性干预；相反，当动机不确定性构成复杂性的主要来源时，控制性作业点则更多地表现为强制性干预。随着任务重要性的上升，潜在的行为失范与行为失败所导致的成本或损失预期也将上升。因此，控制刚性与控制弹性之间的平衡将向控制刚性倾斜。也就是说，任务重要性与作业链的长度、宽度以及密度正相关②。由于专业性任务的完成所必需的信息分享与知识整合更需要在同专业的范围内充分地进行，横向跨部门的信息分享与知识整合没有太大的意义③，因此，任务的专业性通常与根据作业点数量统计而来的作业链长度正相关，与根据作业点所涉及的组织单元数量统计而来的作业链长度负相关。同时，由于专业性意味着下级相对于上级拥有信息和知识优势，能够给其带来非正式权力，纵向的信息分享与知识整合的必要性也将下降④，因此，任务的专业性与作业链宽度负相关。由于作业密度根据作业点的数量来计算确定，因此，与作业链长度相一致，任务专业性与作业链密度正相关⑤。以上所有经验关系的分析都是孤立进行的，但实际的作业链规划必须综合考虑三个任务属性维度上的所有关系。任务属性与作业链结构之间的经验关系被归纳在图3-16中。

---

① 合同会签制度就是一个很好的例子。
② 以企业并购任务为例。由于企业并购是一项事关组织战略的极具重要性的任务，因此，现实中的企业并购过程是非常复杂的。从并购案的提出到并购的最终完成，涉及的人员、岗位（或职位）以及科层的级次都是很多的。甚至由于组织内部知识与信息的有限，并购者通常从外部专家（比如律师和注册会计师）处获得进一步的信息与知识。
③ 会计信息加工任务就是一个最好的例子。会计信息加工过程几乎完全在会计部门内完成。如果将财务报告的提供看作一项完整的任务，则计算出来的作业链长度将令人望而生畏。专业的任务一定是一项烦琐的任务，但相反却不一定成立。
④ 虽然财务报告在对外提交之前需要总经理的签字，但这一签字作业徒具形式上的意义。
⑤ 由于专业人员的工作通常难以为外部所监督，因此，专业性任务内部控制设计的一个重要特点是，应该通过确保人力资源政策的有效运行，从而确保组织能够获得具有足够专业知识和专业精神的员工，以弱化后续监督的需求。

	作业链长度	作业链宽度	作业链密度
任务复杂性	+	+	+
任务重要性	+	+	+
任务专业性	+/−	−	+

图 3-16 任务属性与作业链结构之间的关系矩阵

3. 作业点设计

作业设计的第二个层次是作业点设计，也就是作业点结构的设计。由于作业点设计解决的是作业规程的问题，因此，作业点的结构实际上就是作业规程的结构。康姆（Kamm，1980）曾将"控制"做如下定义：控制表现为一个程序（procedures）、政策（policies）与标准（criteria）的集合，其目的在于实现运作（operations）的标准化，以确保组织目标的达成。借助康姆（1980）的控制思想，我们将作业规程的结构确定为以下两个要素：政策与标准[1]。政策直接为组织的目标服务，而标准则是在既定政策的基础上所做出的技术性规定[2]。从形式上看，政策主要表现为定性的形式，当然也可能含有一定的定量成分；标准则主要以定量形式表现。从来源上看，政策来自组织的经营计划与战略需求，标准则在既定政策的基础上，主要来源于信息系统，尤其是会计信息系统。当然，政策与标准的共同目标是为作业的具体执行提供结构。

如果说作业链设计通过寻求最优作业链长度、宽度和密度以实现控制刚性与控制弹性的平衡，则作业点设计将通过寻求政策与标准的最优规划以实现控制刚性与控制弹性的平衡。在作业点设计中，控制刚性表现为政策的刚性与标准的刚性，控制弹性表现为政策的弹性与标准的弹性。因此，控制刚性与控制弹性之间的平衡首先表现为政策的刚性与弹性之间的平衡、标准的刚性与弹性之间的平衡。此外，刚性与弹性的平衡甚至进一步在政策与标准的

---

[1] 至于康姆（Kamm，1980）所说的"程序"，实际上已体现在作业链的设计中。

[2] 政策与标准之间的关系在商品赊销业务中表现得非常清楚。赊销政策表明了公司对于在当前市场条件下是否开展赊销业务的总观点，这一观点的形成取决于公司价值最大化目标的实现，而赊销标准则是在具体开展赊销业务中必须遵循的技术性标准，比如客户的信用标准等。再比如在会计信息处理任务中，是否计提资产减值准备属于政策问题，资产减值准备如何计提则属于标准问题。当然，本概念框架中的"政策"与会计专业意义上的"会计政策"并不完全相同。

设计中交互进行，比如，在政策较为宽松的情况下，组织可能设定更为严格的标准，反之亦然。以上所有权衡最终决定了作业主体在执行作业过程中所拥有的自主决策空间的大小。当然，某个作业主体是否能够拥有足够的自主决策空间，同时还取决于这一作业本身的特征，即是属于程序化作业还是属于非程序化作业，是属于业务性作业还是属于管理性作业或治理性作业。通常，业务性作业和某些管理性作业的政策和标准能够被规定得清清楚楚，但治理性作业和某些管理性作业的政策与标准则只能以相对模糊的形式出现。

与作业链设计一样，作业点设计也必须结合环境分析与任务分析来进行。在假设环境变量不变的前提下，本书对任务属性与作业点结构之间的经验关系做出如下概括。首先，在一个不确定的环境下执行相关作业，作业主体往往需要足够的自主决策权，以迅速应对外部环境可能发生的变化，此时，政策与标准的制定应该更多地体现出弹性；但如果任务的复杂性主要来自作业主体本身动机的不确定性，则需要更刚性的政策和标准，以约束组织成员的自利动机。其次，随着任务重要性的上升，行为失范与行为失败的潜在损失也将增大，此时，政策与标准的制定应该偏向刚性，以降低预期的损失。最后，由于专业性的任务往往意味着专业性的标准，因此，随着任务专业化程度的上升，政策与标准的刚性也将上升。图3－17对任务属性和作业点结构之间的经验关系做出归纳，其中，"＋"表示刚性，"－"表示弹性。

	任务复杂性	任务重要性	任务专业性
政策	－/＋	＋	＋
标准	－/＋	＋	＋

图3－17 任务属性与作业点结构之间的关系矩阵

3.4.6 一个简要的小结

最后，我们通过图3－18对内部控制设计过程的逻辑结构做出概括。该图显示，内部控制的设计过程依次分为组织背景分析、任务识别、任务分析与作业设计四个阶段。组织背景分析的目的是明确内部控制设计的一般性约束条件，包括组织结构分析和组织文化分析。其中，组织结构构成内部控制设计的"硬性"环境变量，组织文化构成内部控制设计的"软性"环境变量。任务识别建立在一个综合性的任务分类体系的基础之上，目的是明确内部控制的设计界面。在该分类体系之下，任务被一般性的区分为战略性任务、营运性任务和信息性任务。任务分析在任务识别的基础上进行，目的是对任务属性做出评估。在本章所提供的概念框架下，任务属性被区分为任务复杂性、任务重要性和任务专业性三个维度。内部控制设计归根到底表现为作业设计，而作业设计同时在作业链与作业点两个层面进行，从而分别表现为作业链设计和作业点设计。

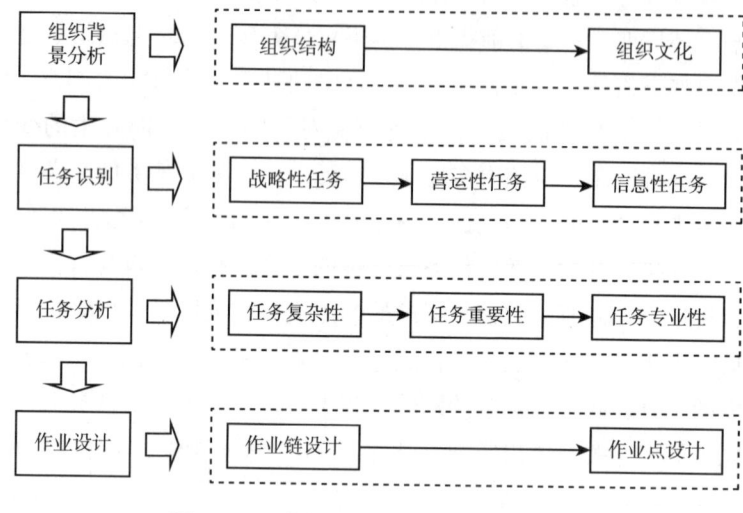

图 3-18　内部控制设计过程的逻辑结构

如果将内部控制的性质研究与设计研究结合起来，我们将能够更完整地理解内部控制的内涵。在性质上，本书将内部控制抽象地理解为一个实现权威扩散、信息分享与知识整合的一体化过程，内部控制因而表现为一种过程存在；在设计上，本书将内部控制现实地理解为一个特定的作业链以及相应的作业点规划，内部控制因而表现为一个结构存在。实际上，内部控制的过程存在与结构存在是融为一体的。作为一个一体化过程，内部控制是在作业链的持续流动中得以实现的；正是由于内含着权威扩散、信息分享以及知识整合，作业链的持续流动才能够为组织目标的实现提供现实保障。因此，内部控制最终表现为抽象的"一体化过程"与具体的作业链（即控制流程）的统一。也就是说，只有将抽象的过程与现实的流程相结合，我们才能对内部控制是什么这一问题做出更完整的回答。

第4章
内部控制设计的均衡分析

4.1 引言

我们曾将内部控制的设计知识概括为概念框架和设计命题两个组成部分。受交易成本经济学分析逻辑的启发,第3章就内部控制的设计提出了一套完整的概念框架,本章则以概念框架为起点,借助委托代理模型(a principal – agent model),从而在均衡分析的基础上进一步提出一系列设计命题。之所以采用委托代理模型展开内部控制设计的均衡分析,不仅由于内部控制过程中不同组织成员之间的互动模式可简单地描述为委托代理关系,更重要的是委托代理模型是在设计方法论的引导下逐步发展起来的经济学理论。实际上,作为机制设计的重要分析工具,委托代理理论在近年来被进一步称为机制设计理论(威廉姆森,1983)。

在制度分析的背景下,作业设计的基本问题被概括为在约束功能与优化功能之间实现恰当的权衡,亦即在作业链与作业点的控制刚性与控制弹性之间寻求平衡(以下简称"权衡目标")。然而在内部控制设计的均衡分析过程中,委托代理理论坚持成本最小化分析导向;也就是说,最优的内部控制设计一定是成本有效的。基于理论逻辑的内在一贯性,制度分析的权衡目标与均衡分析的成本最小化目标之间应该存在着一致性。事实上,两类目标之间的一致性由以下两个原因所决定:其一,产生于制度分析的内部控制设计概念框架受益于交易成本经济学,而交易成本经济学的分析导向就是交易成本最小化（威廉姆森，1983）；其二，由于成本效益原则构成内部控制设计的经济约束条件，因此，制度分析背景下的权衡目标必须遵循成本效益原则，否则，所谓的"权衡"便一定是无效率的。

在概念框架中，内部控制设计（即作业设计）被区分为两个层次：作业链设计和作业点设计。本章所开展的均衡分析将仅针对作业链设计进行，因此，关于作业点设计的均衡分析将构成未来的研究方向。作业链设计包括三个方面：作业链长度设计、作业链宽度设计以及作业链密度设计。为了简化起见，本章仅对作业链长度的设计展开均衡分析。由于作业链长度属于最基本的作业链属性，在一定程度上综合了作业链宽度和作业链密度信息，因此，这一简化不会显著影响设计命题的一般性。当然，严格针对作业链宽度和作业链密度的均衡分析同样构成未来的研究方向。总之，本章所要解决的基本问题是：就某一特定任务而言，在给定代理人（即组织成员）数量的前提下寻找最优的作业链长度。也就是说，本书在相对而非绝对意义上寻找最优的作业链长度。现将本章的主要内容概述如下：

首先，本章对内部控制设计领域的理论文献做出系统的回顾。由于国内迄今为止在该领域甚至尚不存在最基本的尝试，因此，本章主要关注国外的相关文献。大致看来，国外文献主要分为以下两类：一类文献以满足审计师对于上市内部控制的评估为目的，实际上属于审计类文献；另一类文献则是从组织本身的需求出发，借助工程理论（即可靠性理论）来研究内部控制的设计，属于严格意义上的内部控制设计文献。鉴于本书在组织理论的框架内研究内部控制，因此，本章主要对第二类文献做出详细的回顾与评述。在可靠性理论的基础上研究内部控制的设计，意味着将机械系统的控制逻辑扩展到人类系统，所获得的研究结论存在着种种局限性自然在所难免。由于委托代理模型直接处理人类系统中的动机问题，因此，本章将借助委托代理模型对内部控制的设计展开均衡分析，从而提出若干具有可检验性的设计命题。

其次，在文献回顾的基础上，本章首先研究了单一代理人情形下的内部控制设计。虽然单一代理人模型通常不具有足够的现实性，但却可以为多代理人模型的发展与分析提供一个对比的基准。模型的分析表明，由于纯粹的工资性激励并不足以成为一个防止舞弊的有效措施，因此，内部控制的存在对于降低组织成员发生舞弊和差错的概率有着基本的必要性。此外，虽然舞弊被发现后所施加的处罚足以影响代理人的保留金额，进而影响到舞弊动机，但实施舞弊所需努力的上升带来的负效用将对保留金额产生更大的影响。因此，事前的内部控制设计比事后的奖惩机制能够更有效地降低舞弊的概率。

再次，在单一代理人模型的基础上，本章进一步发展出双代理人模型。在单一代理人模型中，某一特定的任务将由该代理人全部承担，不存在严格意义上的分工协作（或职责分离）。但是，在两个代理人的情况下，委托人可以将该项任务分解为相互联系的不同作业，并分别交由两个代理人完成，从而在他们之间实现有效的分工协作。与单一代理人模型不同，由于实现了分工协作，双代理人模型中的舞弊实施必须取决于两个代理人之间实现合谋。双代理人模型的一个基本结论是：在两个代理人之间在实现充分分工协作的情况下完成了任务，作业链长度被最大化，舞弊与差错发生的概率以及相应的组织成本从而被最小化。

最后，为了能够获得一个更为一般性的研究结论，本章在双代理人模型的基础上最终发展出 N—代理人模型。N—代理人模型的分析结果进一步验证了之前获得的研究结论。代理人的保留金额与作业链长度正相关；也就是说，随着作业链长度的增加，代理人的舞弊动机将越弱。此外，组织成本与作业链长度以及舞弊发现后所施加处罚的程度负相关；也就是说，在与完成某项任务相关的雇员数量被给定的前提下，委托人要实现舞弊和差错概率以及相应组织成本的最小化，就必须实现作业链长度的最大化，并且寻求事后处罚的最大化。

4.2 文献回顾与评述

基于本章的研究目的，我们主要关注内部控制设计领域的分析性文献，也就是所谓正式的理论文献。由于国内迄今为止在该领域甚至尚不存在最基本的尝试，因此，本节主要就国外的相关文献做出回顾。在国外，这一类文献主要出现在 20 世纪 70 ~ 80 年代，并且大多以满足审计师对于上市公司内部控制的评估为研究目的[①]。阿什顿（Ashton，1974）是这一研究领域的开

---

① 内部控制评估与内部控制设计在原理上密切相关，只不过前者以审计师为本位，后者则主要站在组织本身的立场。

拓者，在他的启发下，随后产生了一系列有关审计师对于内部控制职业判断的文献，包括阿什顿和布朗（Ashton & Brown, 1980）、汉密尔顿和莱特（Hamilton & Wright, 1982）、韦伯（Weber, 1980）、威廉姆森和莱特（Willingham & Wright, 1985）、斯瑞尼迪和瓦沙赖里伊（Srinidhi & Vasarhelyi, 1986）以及菲力克斯和奈尔斯（Felix & Niles, 1988）。此外，罗宾逊（Robinson, 1981）、格里姆隆德（Grimlund, 1982）、库利（Cooley, 1982）、埃拉尔（Helal, 1983）、克涅科（Knechel, 1983）、克涅科（Knechel, 1985a, 1985b）、洛德和汉吉（Lord & Hanges, 1987）、斯里尼迪（Srinidhi, 1988），以及巴拉钱德朗和拉马纳恩（Balachandran & Ramanan, 1988）也纷纷在审计的背景下就内部控制评估做出研究。在严格的意义上，与其说这些文献是内部控制设计文献，倒不如说是审计文献。这一情形的出现与早期内部控制理论研究的实际状态以及会计职业界对于内部控制性质的理解直接相关。也许正是由于内部控制研究对于审计需求的依附如此之严重，以至于"在图书馆中很难搜索到超越审计职业文献之外的参考书"（Mautz et al., 1980）。不过，如果说早期几乎不存在任何内部控制本体意义上的设计类文献，倒也并不确切。事实上，1974~1985年，美国会计评论（*Accounting Review*）杂志上连续发表了4篇论文，就是严格地以内部控制设计为主题的经典文献，包括库欣（1974；1975）、博德纳尔（1975；1985）。不过，遗憾的是，这一研究传统在后来似乎并未得到传承。自此以后，有关内部控制设计的理论文献似乎显得日渐式微。基于本章研究之需要，下面将对以上4篇经典文献做出比较详细的回顾。

库欣（Cushing, 1974）的研究是在评论汤普森等、戈尔德斯所做研究的基础上开始的。其中，汤普森等运用数学控制理论（mathematical control theory）[①]研究了企业的会计与预算过程中的控制问题，戈尔德斯（1971）则借助一个两阶段的马尔科夫随机过程研究了控制信息反馈的及时性问题[②]。库欣认为他们的研究主要以反馈概念为中心，并且讨论的主要属于管理控制（management control）问题，因而，其研究结论是否适用于传统意义上的内

[①] 根据裕二和汤普森（Yuji & Thompson, 1970）的行文，所谓数学控制理论，实际上就是可靠性理论（reliability theory），这是为什么在文中将他们所发展的数学模型称为可靠性模型的原因。

[②] 信息反馈的及时性是在设计一个最优的信息结构和交流结构过程中所必须解决的重要问题。

部控制（internal control）尚不得而知①。库欣（1974）的研究目的主要有两个：其一，提出一个借助数学术语来呈现内部控制的方法；其二，将这一数学方法有效地运用于内部控制的设计研究。库欣（1974）所开展研究的一个重要制度背景是 AICPA 于 1972 年发布了《审计程序公告》第 54 号。在该公告中，AICPA 表达了职业会计界对于内部控制的关注。库欣（1974）正是依据这一定义来展开内部控制的设计研究。因此，库欣（1974）在研究中所关注的内部控制，是指那些试图预防来自会计数据处理过程中的有意和无意差错（errors）所导致损失的种种机制或程序。他将具有这一性质的控制称作"预防式"（preventive）控制，以便与反馈式控制相区分②。为了便于讨论，库欣（1974）在整项研究中均以货款回收业务的会计处理为例，并因此对手工处理环境下现金收入过程中可能产生的有意和无意的差错类型以及相应的控制措施做出分析。作为模型构建的概念基础，库欣（1974）在内部控制程序（procedure）和内部控制系统（system）之间做出区分：内部控制程序是指一个单一的内部控制措施（measure），内部控制系统则包含一个或多个相关的内部控制程序。也就是说，内部控制系统必须借助具体的内部控制程序才能实际发挥控制效应。库欣（1974）进一步在设计的意义上讨论了内部控制程序与差错之间的关系模式：在一个内部控制系统内，某些程序仅用来预防一种类型的差错，而其他程序可能用来预防多种类型的差错；相反，某些类型的差错只能设计一种程序来预防，而另外一些差错则可能同时设计多种程序来预防。最终，借助数学方法③，库欣（1974）首先模型化了"单一程序—单一差错"情形下的内部控制设计，然后逐渐扩展到"单一程序—多种差错""多种程序—单一差错""多种程序—多种差错"三种更为复杂的情形。通过识别与内部控制设计和分析相关的参数，库欣（1974）所发展的数学模型（亦即可靠性模型）为内部控制的设计与分析提供了一个框架。基于这一模型，库欣（1974）对未来的研究方向做出展望：其一，内部控制设计

---

① 由此我们可以发现，库欣（1974）试图在管理控制与内部控制之间做出适当的区分。在他的研究中，他严格地遵循 AICPA 在其所发布的公告中对"内部控制"的界定。

② 与预防式控制不同，反馈式控制的目的并不是试图预防差错的发生，而是通过侦测和报告这一差错的存在，从而采取相应的事后调整。因此，反馈控制通过监控预防性控制系统的运行，从而为预防控制提供补充（Cushing，1974）。

③ 库欣（1974）所谓的数学方法，实际上就是可靠性理论。这在他于 1975 年发表在《会计评论》上的那篇论文中有所述及。

的可靠性模型为经验研究（比如实地研究）的开展提供了可能，未来研究的一个重要方向就是借助实际数据对模型中的内部控制设计参数做出估计；其二，可考虑借助行为研究（behavioral research）来估计差错出现的概率，因为组织成员的个体特质可能与该个体出现差错的概率密切相关；其三，通过进一步考虑"效用"概念，未来可实现对该模型做出进一步拓展。比如，为了降低差错概率，一个相对保守的人可能更愿意采用一项成本相对较高的控制程序，相反，在同样的条件下，一个不太保守的人则可能趋向于采用一项更具经济性的控制程序。即使在今天看来，库欣（1974）的这些研究预期仍然具有非常重要的现实意义。在我们的研究中，虽然可靠性理论不再构成分析性模型的理论基础，但库欣（1974）对于行为研究和效用概念的强调则直接影响到我们针对内部控制设计所开展的理论研究。

在库欣（1974）论文发表的同时，石川（Ishikawa，1974）在《会计评论》（Accounting Review）上发表了一篇评论性文章，认为库欣（1974）就内部控制设计所发展的可靠性模型可以借助"反馈"概念作进一步的改进，并且认为同样来自工程学中的概念"可维护性"（maintainability）① 也可以用于引导内部控制的设计研究。作为对石川（1974）评论的回应，库欣于1975在《会计评论》上又发表了一篇论文，从而对他的早期研究做出进一步的说明。在这篇论文中，库欣（1975）首先在概念上将"控制"分为结构控制、反馈控制以及前馈控制三种类型，从而提出了一个控制框架（a control framework）。基于这一控制框架，库欣（1975）明确地指出之前所发展的可靠性模型遵循着前馈控制原理，其目的是用来引导内部控制系统的设计。至于石川（1974）所主张的反馈控制，库欣（1975）认为其更适合在管理背景（administrative setting）下应用。由此可见，依据 AICPA 所发布的公告，石川（1974）一直倾向于在内部控制系统与管理控制系统之间做出必要的区分。此外，针对石川（1974）所提出的反馈控制优先的观点②，库欣（1975）认为以上三种控制类型之间是互补而不是替代的关系，其中，每一个控制类型所拥有的优势都足以抵消其他控制类型所具有的劣势。因此，片面地强调某一控制类型的重

---

① 在一个完全工程性的背景下，石川（1974）将"可维护性"定义为"修复一台出现故障的机器所耗费时间的长短"。

② 石川（1974）之所以提出"反馈控制优先"的观点，是与当时控制论所占据的主流地位分不开的。所谓控制论，实质上是指反馈式控制。

要性是不合适的。最后，库欣（1975）认为来自工程理论的概念"可维护性"对于内部控制设计研究的意义尚未得到充分的论证，因为石川（1974）完全在一个机器运行的背景下对这一概念做出讨论，尚未有效地将其引入人类系统。库欣（1975）声称虽然"可靠性"概念也借自工程理论，但是在模型构建过程中，他已通过大量的实例来说明这一概念对于内部控制设计研究的适用性，并且也没有完全照搬可靠性理论关于"可靠性"的严格定义。透过库欣（1975）与石川（1974）之间的论争，我们大致得到如下结论：第一，与石川（1974）不同，库欣（1975）充分意识到人类系统与机械系统之间的本质差别，并且在内部控制设计研究中试图克服这种差别。这表现在虽然以可靠性理论作为分析性模型的基础，但库欣（1975）同时对工程性概念在内部设计研究的适用性保持谨慎的态度，明确指出工程理论中的相关概念并不能必然成功地应用到一个全新的领域（比如内部控制设计）；第二，库欣（1975）倾向于在管理控制系统和内部控制系统做出必要的区分，并认为前者适用于反馈控制，后者则适用于前馈控制。库欣（1975）的这些观点与我们在第3章所做的相关论述具有基本的一致性。

在库欣（1974）的启发下，博德纳尔（1975）试图进一步拓展可靠性工程理论在内部控制设计研究中的应用。在肯定库欣（1974）所发展的理论模型具有基本可行性的前提下，博德纳尔（1975）建议对其做出若干发展。与库欣（1975）一样，博德纳尔（1975）对于可靠性理论在内部控制设计研究中的适用性保持同样谨慎的态度：由于可靠性理论被借来研究一个与其初始概念相距遥远的领域，所借来的概念并不必然适用于这一新的领域。基于人类系统与可靠性系统之间的区别，博德纳尔（1975）认识到人类失败（human failure）与机械失败之间的本质差异。从而，博德纳尔（1975）认为在针对内部控制设计实施可靠性建模时，必须遵循以下两个步骤：第一，运用可靠性理论来识别理想的系统要素的运行结构；第二，通过运用基于行为科学的相关控制原则（control principles），以确保人类要素确实按照基于可靠性理论的运行结构所设定的那样正常地发挥功能。博德纳尔（1975）认为库欣（1974）的研究只完成了第一个步骤，但却没有完成第二个步骤。为此，博德纳尔（1975）提出将"双重控制"（dual control）[①]作为内部控制设计的基本原则，因为双重控制的存在将使得舞弊的实施必须基于多个主体之间的合谋，而这将极大地降低舞弊发生的概率。博德纳尔（1975）认为，只有与控制原则以及职业判断等这些以行为和动机为基础的理念相结合，可靠性理论所提供的概念才能为内部控制的设计和评估提供一个有用的框架。由此看来，与库欣（1974）一样，博德纳尔（1975）目的也是试图解决可靠性理论对于内部控制设计研究的适用性问题。博德纳尔（1975）对库欣（1974）的发展表现在他进一步洞察到人类系统的特殊属性，从而强调将控制原则的人文化运用与控制结构的工程化设计有机地结合起来。有意思的是，在时隔十年之后，石川（1985）在《会计评论》上又发表了一篇论文，对可靠性理论在内部控制设计研究中的应用做出进一步讨论。借助可靠性理论中的串联式系统（series system）概念[②]，他针对内部控制系统的设计提出了一个可靠性模型。模型分析表明，随着额外控制元素（或控制环节）的引入，内部控制系统产出的可靠性既可能提高，也可能降低，具体结果将取决于该控制要素的可靠性参数的价值。这一结果对于内部控制设计的重要启示在于：简单地增加串联式控制系统中的控制元素并不必然提高内部控制系统的可靠性。就我们的概念体系下，这意味着简单地扩大作业链的长度并不必然降低舞弊和差错出现的概率。

总体上看，在20世纪70~80年代，学界大多倾向于借助工程理论来研究内部控制的设计，并且也取得了相当的成就。但是，这一研究也面临着如下问题：第一，虽然研究者在构建内部控制设计模型时对可靠性理论的运用保持着适度的谨慎，但可靠性理论对于内部控制设计研究的适切性远没有彻

[①] 所谓"双重控制"，实际上就是通常所说的职责分离，比如会计与出纳的分离。行为科学实验表明，当其他人有机会观察到同一偏差的时候，当事人主动报告或纠正偏差的概率将迅速上升。因此，双重控制原则的提出是以行为和动机为基础的。

[②] 串联系统是一个由没有冗余元素构成的系统，某个单个元素的失败意味着整个系统的失败。这是由于串联系统中的各要素（或服务器）所从事的任务是一项简单的过程性任务（process task），而没有责任、努力、训练以及期望来检查前一个要素的工作是否存在差错（Srivastava, 1985）。与串联系统相对应的是备用系统（stand—by system）。备用系统中存在着备用单元（stand—by unit），其目的在于侦查主要单元的失败。也就是说，备用系统的要素要么是部分冗余的，要么是完全冗余的。在可靠性理论文献中，完美冗余意味着在出现失败的情况下从主要单元向侦查单元实现完美转换（或切换）。在这个背景下，完美冗余相当于雇员能够捕捉经过他们路径的全部差错。可靠性理论文献显示，在其他条件不变的情况下，一个备用系统的可靠性大于或等于一个串联系统的可靠性。

底理清①。在我们对权力范式和控制论范式做出严格区分的情况下,继续采用可靠性理论研究作为人类系统的内部控制设计便显得不再恰当。事实上,早期学者之所以主要借助工程方法来研究人类系统的设计问题,一个重要原因就是与人类系统设计直接相关的研究方法或研究工具尚未得到充分的发展。自20世纪80年代以来,直接处理人类行为和动机的若干基础性理论逐渐发展起来,这些理论既包括交易成本经济学,也包括委托代理理论以及由此演变而来的机制设计理论,甚至包括复杂性理论。由于这些理论的处理对象是人类系统,能够解决库欣(1974)和博德纳尔(1975)在借助可靠性理论过程中的种种担心,因此,在本书中,我们将借助委托代理理论对内部控制的设计展开均衡研究。第二,由于当时学术界和实务界对于内部控制定义的局限性,使得这些研究均局限于会计信息系统,甚至局限于会计信息系统中某项具体的信息加工任务而展开,从而缺乏理论研究所应该具备的一般性。与现有研究不同,本书对于内部控制设计所展开的均衡研究将建立在我们关于内部控制性质的定义以及内部控制设计的概念框架的基础上,这将使得本项研究所提出的设计命题具有普遍的适用性。第三,由于以工程理论为基础,现有文献所提供的研究结论更多地表现为一些政策性的建议,不太具有可证伪性。相反,在本项研究中,我们将力图使得所提出的设计命题具有可检验性,从而能很好地将内部控制的科学研究和设计研究结合起来,并为未来的经验研究提供有益的方向。

4.3 单一代理人模型

4.3.1 一般性的讨论

在第2章,我们曾将组织成员的行为不确定一般性地区分为行为失范与行为失败两种情形。行为失范是指组织成员的行为背离了体现组织或社会核

---

① 在本书的第2章已述及,可靠性理论被借鉴用来研究人类行为起始与20世纪50年代末期。迈斯特(Meister,1964)将"人类可靠性"(human reliability)定义为"一项涉及人类要素的任务在系统运行的任何一个环节以及在一个标准的时间周期内被正确执行的概率"。这一定义与设备可靠性的定义几乎完全相同。

心价值观的行为规范，表现为有意和无意两种状态，其中，有意识的行为失范主要有以下三个目的：使行为主体受益、使组织受益，以及纯粹的破坏性行为。行为失败则是由于组织成员的能力原因而未能正确地完成组织赋予的相关任务，属于无意识的行为不确定。这些极具一般性的范畴在发展内部控制设计概念框架的过程中非常有用，但若用于分析性模型的构建，则过于一般性的范畴将可能妨碍我们理解分析性模型的具体背景。因此，在本章中，我们将采用两个更为具体的概念来描述组织成员的行为不确定。在传统的内部控制理论研究中，舞弊与差错是用来描述组织成员行为不确定的两个基本概念。其中，舞弊通常被认为是有意的，差错则被认为是无意的。通过将舞弊、差错与行为失范、行为失败联系起来，我们会发现，舞弊是行为失范的主要表现形式，而差错则构成行为失败的主要表现形式。因此，在模型建构中，为赋予抽象的模型以更为具体的含义，我们将分别用舞弊和差错来替代行为失范与行为失败。我们认为这一处理方式不会损害分析性模型的一般性。

为了在分析性模型中对作业链的长度做出度量，我们还必须对组织成员在任务完成过程中的角色做出规定。我们在一般意义上将组织成员在任务完成过程中的角色区分为两个类型：任务执行者（P）以及任务控制者（C）。其中，任务执行者只负责完成分配给他的那部分任务，而不负责对其他组织成员的工作进行控制。相反，任务控制者的职责是对处于同一作业链上其他组织成员的工作进行控制。根据本书对内部控制性质所做的界定以及第3章提出的内部控制设计概念框架，通常情况下，任务控制者对于其他组织成员工作的控制过程是在完成分配给他的那部分任务的过程中自然实现的[①]。因此，在一般情况下，任务控制者一定是任务执行者，但反之则不成立。在任务完成过程中，组织成员的具体角色将取决于他们之间是否存在着分工协作。即使为了完成某项任务而同时存在多个组织成员，一旦他们之间没有实现分工协作，则意味着他们当中的每个人都平行地面对着一项完整的任务。此时，虽然都是为了完成同一项任务，但他们是在完全独立的状态下开展工作的，彼此之间既不存在技术意义上的联系，更不存在社会意义上的关系。任务完成的最终效率不是取决于他们之间的合作效率，而完全取决于他们各

---

① 当然，可能出现完全为"控制"而存在的组织成员。不过，为了简化分析，我们假设这一情形不会出现。

自的表现。相反，一旦他们之间基于任务完成的目的而实现了分工协作，则意味着任务的完成过程被分解为若干环节，这些相互联系的若干环节被分配给不同组织成员。此时，每个组织成员不再独立地面对整项任务，而只是面对其中某个特定的环节。从而，不同组织成员之间不仅存在着技术上的联系，更存在着社会意义上的关系。任务完成的最终效率不仅取决于他们各自的表现，更取决于他们之间社会性互动的效率，也就是他们之间实现信息分享与知识整合的效率①。通过将组织成员的角色界定与分工协作的实施相联系，我们可以得到如下结论：在多个组织成员共同完成某一项任务的情况下，一旦没有实现分工协作，则所有组织成员均只构成任务完成者的角色，彼此之间不存在任何意义上的相互联系；相反，一旦实现了充分的分工协作，则每个组织成员都将同时扮演任务执行者和任务控制者的双重角色：相对于其自身而言，表现为任务执行者；相对于其他组织成员而言，则表现为任务的控制者。从而，通过在任务完成的背景下引入组织成员"角色"概念，我们在分工协作和作业链长度的度量之间建立起了联系。在多个组织成员的情况下，一旦没有实施分工协作，所有组织成员都仅变现为任务执行者的角色，此时，与任务完成相对应的作业链的长度将等于"1"②；相反，一旦实施了充分的分工协作，则所有组织成员都将在同一条作业链上分别从事着不同的、但却相互联系的作业，从而均扮演着任务执行者和任务控制者的双重角色，此时，与任务完成相对应的作业链长度将等于组织成员的数量。因此，在给定组织成员数量的前提下，与某项任务完成相对应的作业链长度被假定为只可能有两种情形：要么等于1，要么等于组织成员的数量。也就是说，本书只考虑任务分割中的两个极端情形，并借助这两种情形来分析作业链长度与舞弊和差错概率之间的关系。在这一分析过程中，我们假定组织

---

① 我们可以借助音乐中齐唱与合唱之间的区别来说明在多个组织成员共同完成某项任务的情况下实施与未实施分工协作之间的区别。齐唱是指大家演唱完全相同的旋律，除了彼此的演唱速度必须一致之外，在整个演唱过程中，不同个体之间不存在任何意义上的配合。与齐唱不同，合唱是一门声乐艺术，因此，基于艺术表现的需要，不同个体往往被安排演唱全然不同但却相互配合的旋律，这些不同的旋律被综合在一起，便形成美妙动听的和声。严格地说，齐唱也在一定程度上实现了合作，因为每个个体的演唱速度必须完全一致。相反，在本书所讨论的背景下，一旦没有实现分工协作，不同组织成员完成任务的速度也没有被强求一致。从这个意义上说，在没有实现分工协作的情况下，多个个体为完成某项任务而聚集在一起，顶多只能算得上是一个名义上的工作团队。

② 此时所谓的"作业链"实质上已浓缩为一个作业点，因而并不存在严格意义上的作业链。当然，我们可以将其看作作业链的特殊情形。

成员的数量是给定的,并且假定这一数量是最优的。也就是说,本章只是试图在相对的意义上对作业链的最优规划做出分析。

在本章所发展的委托代理模型中,委托人是作为科层制组织的企业,通常也可以看作企业的所有者,或者科层中某个级次的主管人员;代理人则是组织成员,通常也被称作雇员。在博弈的过程中,由委托人决定是否在组织成员之间实现分工协作,从而决定着作业链的长度。本章关于模型的构建是在假设委托人与代理人之间具备完全信息的条件下进行的。也就是说,本章假设组织内只存在一种类型的雇员,委托人了解这一情形,并进一步了解雇员的具体类型。我们对代理人的具体类型做出如下定义:随着舞弊实施所需要耗费努力的上升,代理人将相应地减少他们将要实施的舞弊行动[①]。由于舞弊实施所需要耗费的努力将给代理人带来负效用,因此,以上关于代理人类型的定义是符合直觉的。为了展开博弈分析,本章引入一个重要概念,即"保留金额"(RA)[②],所谓保留金额,是指为了使舞弊成为代理人的一个占优策略,代理人认为必须从舞弊中所获得的最小收益(即阈值)。只有当预期的舞弊收益大于或等于保留金额时,代理人才可能具有实施舞弊的动机,因为此时舞弊带来的预期净效用为正;相反,当预期的舞弊收益低于保留金额时,代理人将没有动机实施舞弊,因为舞弊带来的预期净效用为负。由此可见,保留金额实际上构成代理人是否实施舞弊行为的一个临界值。保留金额越大,实施舞弊的心理门槛越高,代理人的舞弊动机自然就越弱。因此,保留金额与代理人的舞弊动机负相关。在模型建立的过程中,由于坚持成本最小化分析导向,因此,我们必须对相关成本做出规定。此处的"成本"是指与作业链设计(即作业链长度)相关的成本,比如舞弊与差错给组织带来的损失,以及代理人的工资成本等。也就是说,我们所定义的成本函数中没

---

① 由此可见,我们是在舞弊倾向的意义上来定义组织成员的类型。事实上,代理人完全可能有着不同类型,也就是有着完全不同的舞弊倾向。比如,某些代理人的舞弊动机非常强烈,以至于舞弊努力的上升并不一定能够促使他显著地降低其舞弊动机。也就是说,不同的代理人完全可能有着不同的舞弊倾向,从而表现为不同的类型。此外,代理人之间也可能存在不完全信息。以上情形在本书中均未予以考虑,这将构成未来的研究方向。

② 经济学中的一个重要概念是"保留工资"(reservation wage),这一概念的含义是:如果市场工资尚未达到处于劳动力市场之外的人对其边际闲暇小时价值的判断,那么这些人宁愿不工作,也不愿意接受工资水平达不到自己认为的最低要求的报酬的工作,即"保留"自己的劳动力。"保留金额"中的"保留"就是借自经济学中的"保留工资"中的"保留"。二者在理论上实际上都表现为一种机会成本。

有考虑作业链设计对组织总体营运效率所产生的影响。

虽然单一代理人模型通常不具有足够的现实性，但是为了给为后面将要发展的多代理人模型的分析提供一个对比的参照，我们仍然对此做出讨论。在一个直观的意义上，在单一代理人的情形下，组织成员通常只能扮演任务执行者的角色，而不可能同时担任任务的执行者和控制者的双重角色。其理由是人们更容易纠正和发现他人的舞弊与差错，而不是自己的舞弊与差错。也就是说，一个组织成员在独立工作的情况下既没有动机纠正自己的舞弊，也没有能力发现自己的差错。然而，为了在不同模型之间寻求可比性，我们假定即使在单一代理人的情形下，委托人也可以对代理人的角色做出不同安排。也就是说，代理人既可能仅承担任务执行者的角色，也有可能同时承担任务执行者和控制者的双重角色。这意味着我们假设即使在独立完成任务的情况下，代理人仍然可能主动抑制自己的舞弊动机，并控制自己的差错①。本书的这一假设并非没有任何现实基础。比如，一旦组织的激励机制使得代理人的报酬以及其他非货币性收益（如职位晋升等）与任务完成的结果密切相关，则即使在独立完成任务的情况下，代理人的任务完成过程也将变得小心翼翼。

单一代理人模型的分析表明，纯粹的工资激励并不足以成为一个防止舞弊的有效措施②。这意味着纯粹的激励无法有效地解决舞弊问题。此外，虽然舞弊被发现后所施加的处罚足以影响代理人的保留金额，进而影响到舞弊动机，然而研究显示，实施舞弊所需努力的上升带来的负效用将对保留金额产生更大的影响。这就是说，虽然增强代理人的舞弊难度以及增强舞弊发现后对代理人所施加的处罚都将提高代理人的保留金额，然而，与增强代理人的处罚相比，在其他条件不变的前提下，增加代理人实施舞弊所必须耗费的努力对其保留金额具有更大的效应。以上研究结论表明了内部控制设计的重要性，因为事前的控制机制比事后的奖惩机制能够更有效地降低舞弊的概率③。

---

① 这类似于所谓的"自我控制"。

② 现实的情况是，并非只有工资最低的仓库保管员或出纳员才有实施舞弊动机，事实上，那些工资最高的管理人员同样具有强烈的舞弊动机，如通过不合规地报销所谓的"办公用品"，以及公车私用等在职消费。因此，舞弊问题的有效解决必须依赖于控制机制与激励机制的交互使用。

③ "防患于未然"讲的就是这个道理。

4.3.2 代理人策略、假设以及参数符号

在单一代理人的情况，代理人的可行集中包含着两种行动，即选择实施舞弊，以及选择不实施舞弊：$A_1 = \{舞弊，不舞弊\}$。从而，代理人也就拥有两种类型的策略。第一种策略是选择不实施舞弊，从而为工资而工作；第二种策略则是选择实施舞弊，如果被发现，便试图说服公司相信这一行为是无意的，从而逃避处罚。至于差错，则被假定是无法避免的，并且为自然所决定。如果采取第一种策略，代理人的支付就是工资。如果采取第二种策略且没有被发现，代理人的支付将是舞弊所带来的收益加上工资减去为了实施舞弊所耗费的努力；如果代理人实施舞弊但却被发现，他的支付将取决于这一行为是否最终被委托人决定为故意的[①]。如果行为被决定是无意的，代理人的支付是他的工资减去为实施舞弊所付出的努力；如果行为被决定是有意的，他的支付将是工资减去委托人所施加的处罚。代理人与委托人之间的完整博弈过程如图 4-1 所示。

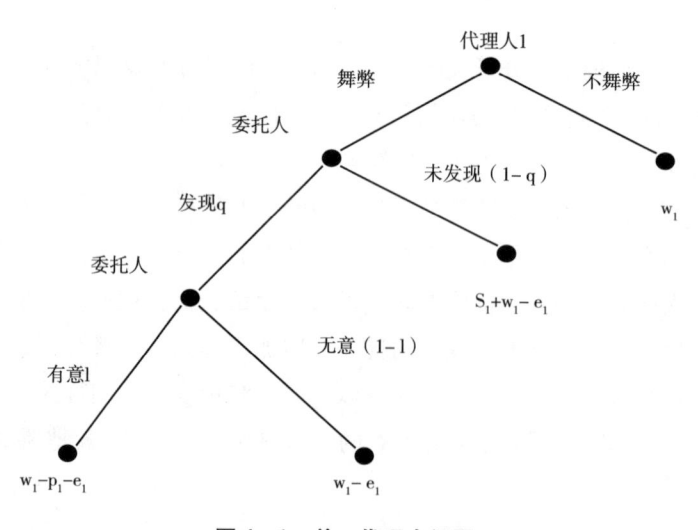

图 4-1 单一代理人问题

[①] 模型中没有考虑代理人被错误地认定为舞弊以及因为无意识的差错而被处罚这两类特殊情形。

除了前文已交代的委托人与代理人之间的完全信息假设以及代理人类型假设之外，为了具体构造单一代理人模型，本书进一步提出如下假设。

（1）如果实施舞弊对于其个人而言是理性的，则任何一个给定的代理人都会这么做；也就是说，如果代理人从舞弊的实施中获得的效用高于从可行集中的其他行动中获得的效用，则一个理性的代理人将选择实施舞弊。这实际上与我们之前已讨论过的代理人类型假说是一致的。

（2）代理人仅拥有一个期间的时间窗口，他的效用是期末货币财富的增函数，是实施舞弊所需努力以及舞弊发现之后被委托人所施加处罚的减函数。也就是说，本书所构造的模型属于单期间模型。

（3）委托人所施加的货币性惩罚是代理人工资的增函数，因此，改变工资将间接地影响到惩罚。也就是说，一旦代理人的舞弊行为被委托人发现，并最终被界定为故意，则一个高工资的代理人将招致相应的更高的惩罚。在本模型中，对于任何一个给定的代理人，工资属于外生常量。

（4）为了简化数学处理，假设代理人的效用函数分别体现在工资、舞弊收益以及事后惩罚三个方面，这意味着代理人是风险中性的，并且有一个线性效用函数。

（5）与代理人仅被界定为任务执行者相比，在代理人被同时界定为任务执行者以及任务控制者双重角色时，所实施的舞弊被发现的概率更高，一旦发现后，被委托人认定为故意的可能性也更高。

（6）由于同时作为任务执行者和控制者的代理人既意识到他自己的具体任务，也拥有关于他的任务如何被嵌入到公司总体的控制结构中的知识，因此，相对于任务执行者而言，同时作为任务执行者和控制者的代理人能够更容易地实施舞弊。

（7）舞弊的概率随着舞弊实施所必须耗费的努力以及委托人所施加的处罚的上升而下降。也就是说，为实施舞弊所必须付出的努力与舞弊被发现后所施加的处罚构成代理人的负效用或负激励。

最后，本书将模型中所涉及的参数符号做如下规定：

$q \equiv$ 舞弊行为被发现的概率

$\quad q_H \equiv$ 舞弊被发现的高概率 $\qquad q_L \equiv$ 舞弊被发现的低概率

$l \equiv$ 委托人决定代理人的舞弊行动是故意的概率

$l_H \equiv$ 高概率 $\qquad l_L \equiv$ 低概率

$w_1 \equiv$ 代理人 1 的工资

$S_1 \equiv$ 代理人 1 从舞弊中获得的收益,亦即代理人实施的舞弊给组织带来的损失①

$e_1 \equiv$ 代理人 1 实施舞弊所必须付出的努力

$e_H \equiv$ 高努力水平　　　　　　　$e_L \equiv$ 低努力水平

$p_1 \equiv$ 舞弊被发现后由委托人向代理人所施加的处罚 [$p_1 = f(w_1)$]

$C_{E(P)} \equiv$ 代理人仅承担任务执行者角色时的保留金额

$C_{E(C)} \equiv$ 代理人同时承担任务执行者及控制者双重角色时的保留金额

4.3.3 委托人策略、假设以及参数符号

在本章所发展的模型中,我们一般性地假设作业链设计不影响组织的生产效率②。也就是说,在实现成本最小化目标的过程中,我们不用考虑组织的生产成本。因此,构建模型时所需考虑的成本主要包括代理人工资、差错成本与舞弊成本。与允许一定舞弊和差错的存在相比,试图彻底消除舞弊与差错的成本可能更高,因此,在成本最小化目标的引导下,舞弊与差错的最小化必须是成本有效的,也就是必须符合成本最小化目标③。为了实现成本最小化目标,委托人仅拥有一项选择权,即要么将代理人界定为任务的执行者,要求将其同时界定为任务的执行者与控制者。外生于模型的设定,委托人还能够决定在发现舞弊时是否寻求最大化处罚。此外,模型中没有考虑委托人决定某一个事件是否是为有意的具体过程,而是将主观意图的最终决定定义为一个随机事件。

与委托人相关的假设被列举如下。

(1) 由于不能观察或直接控制影响成本的许多变量,组织在实现成本最小化过程中受到诸多制约。

---

① 一方面,来自舞弊的效用（U〈S〉）为代理人实施舞弊提供了激励。另一方面,舞弊给组织带来的成本几乎一定会超过 S,因为还存在诸如法律费用、审计费用等。这就是说,组织成本 = S + 其他成本 = S′。其中,S′被假定为 S 的单调增函数。因此,为了简化表达,但又不至于损害模型的一般性,本书将舞弊所导致的组织成本定义为 S。

② 事实上,作业链通常会对组织的生产效率产生影响,进而影响到组织的生产成本。本书没有考虑这一情形。

③ 这实际上构成了内部控制设计的经济约束条件。

（2）委托人能够直接控制代理人的工资及其在任务完成过程中所承担的角色。

（3）雇员工资的选择外生于本模型。

（4）委托人不可能观察到所有的舞弊及差错；也就是说，仅仅被发现的那些舞弊和差错能够被观察。另外，委托人也无法观察舞弊和差错的侦测概率。不过，这些变量能够通过某些可观察变量的变化从而推断出来。

（5）就潜在的差错与舞弊以及相应的未能被侦测的概率而言，担任任务执行者与控制者的代理人与仅担任任务执行者的代理人相比更低。

（6）就一个被发现的舞弊被委托人认定为故意的概率而言，双重角色的代理人将高于单一角色的代理人。

（7）双重角色的代理人的工资并不必然比单一角色的代理人的工资更高，二者只是职能不同而已。

最后，我们将相关参数的符号做如下规定。

$\Phi \equiv$ 差错未被发现的概率

$\quad \Phi_H \equiv$ 高概率 $\qquad \Phi_L \equiv$ 低概率

$E \equiv$ 差错成本，也就是差错给组织带来的损失

$\quad E_H \equiv$ 差错的高成本或高差错水平 $\quad E_L \equiv$ 差错的低成本或低差错水平

$C_{F(P)} \equiv$ 当代理人仅承担单一角色时的组织成本

$C_{F(C)} \equiv$ 当代理人同时承担双重角色时的组织成本

$S_{1(P)} \equiv$ 承担单一角色的代理人所获得的舞弊金额

$S_{1(C)} \equiv$ 承担双重角色的代理人所获得的舞弊金额

$\lambda \equiv$ 委托人决定已被发现的错误行动属于故意（也就是认定为舞弊）的概率，亦即委托人不相信代理人宣称行动是无意的概率

从而，本书将单一代理人模型下组织的总成本函数表示如下。

总成本 $= w_1 + (1-q)S + \Phi E$

4.3.4 模型分析

在博弈分析的过程中，我们假定代理人与委托人同时采取第一步行动。代理人选择一个特定的舞弊金额 S_1：$S_1 \in [s, S]$。其中，下限 $s \geqslant 0$，S 则为受到组织资产价值限制的上限。依赖于代理人的效用函数，这个上限可能

与组织的净资产一样大,也可能非常之小,比如利用办公电话打一次私人电话所发生的耗费。这就是说,S 因特定的组织以及特定的代理人而定。此外,虽然 s≥0,但对于绝大多数组织中的绝大多数雇员而言,在他们的效用函数中,s 将严格地大于 0。

在代理人选择 S_1 时,委托人将同时选择代理人在完成任务中所发挥的功能,即单一角色还是双重角色。在对内部控制(也就是委托人对代理人角色的设定)做出观察之后,代理人将决定 RA_1 是否大于或小于 S_1。如果 S_1 > RA_1,代理人将实施舞弊;如果 S_1 < RA_1,代理人将不会实施舞弊。在代理人实施舞弊之后,委托人既可能发现、也可能没有发现舞弊的存在。一旦被发现,委托人既可能将其认定为有意的,也可能将其认定为无意的。

单一代理人所面临的问题被呈现在图 4-1 中。图 4-1 显示,只有当从舞弊中所获得的效用高于从工资(w_1)中所获得的效用,代理人才可能实施舞弊。这一条件可用式(4.1)表示。式(4.1)表明,代理人来自舞弊的效用在计算过程中经过若干调整,这一调整过程同时涉及舞弊行为被/未被发现的概率〔q 以及(1-q)〕以及委托将代理人的行为任务为故意/无意的概率〔l 以及(1-l)〕。

$$ql[w_1 - p_1 - e_1] + q(1-l)[w_1 - e_1] + (1-q)[w_1 + s_1 - e_1] \geq w_1 \quad (4.1)$$

经过简单的数学运算,式(4.1)可进一步转化为(推导过程参见附录):

$$S_1 \geq (e_1 + qlp_1) / (1-q) \quad (4.2)$$

式(4.2)中,$(e_1 + qlp_1) / (1-q)$ 代表保留金额(RA_1)。RA 因此等于实施舞弊所耗费的努力加上预期处罚的期望值之和,然后通过舞弊行为未被发现的概率予以贴现。式(4.2)表明,代理人的工资对于 RA_1 并没有直接的影响。也就是说,代理人的舞弊动机并不直接地随着工资水平的变化而变化。不过,由于工资间接地影响到舞弊发现后委托人所施加的惩罚,并且二者正相关,因此,工资水平对于 RA_1 具有间接的效应。由于这一间接效应受到舞弊行为被发现的概率以及舞弊发现后被委托人认定为故意的概率的双重影响,因此,工资水平对代理人保留金额的间接影响相对有限。从而,我们得到设计命题 1。设计命题 1 带给我们的重要启示是:虽然工资性激励能够在一定程度上间接地降低舞弊发生概率,但舞弊概率的降低仍然主要依赖于设计有效的内部控制。

设计命题1：

  工资性激励只能通过影响舞弊发现后委托人所施加的处罚从而间接地影响代理人的舞弊动机。由于这一间接影响受到舞弊行为被发现的概率以及舞弊发现后被委托人认定为故意的概率的调整，因此，单纯的工资性激励无法有效地降低舞弊发生的概率。

  式（4.2）的分母显示，随着舞弊行为被发现的概率（q）的增加，S_1大于RA_1的概率将下降，代理人的舞弊动机也就相应减弱。我们将这一因果关系概括为设计命题2。设计命题2带给我们的启示是由于事后被发现的概率直接影响到事前的舞弊动机，因此，内部控制设计的一个重要目标就是设法提高潜在舞弊被发现的概率。

设计命题2：

  舞弊行为被发现的概率（q）越高，则RA越大，从而代理人实施舞弊的动机也就越弱，反之亦然。

  通过分析式（4.2）的分子，我们将能够获得有关内部控制设计的进一步知识。无论是实施舞弊所必须耗费的努力，还是舞弊被发现后由委托人施加给代理人的处罚，二者所带来负效用（或负激励）的上升都将提高代理人的保留金额，从而降低S_1大于RA_1的概率。这意味着，在内部控制设计过程中，为了有效地降低舞弊概率，应该将以上两项措施结合起来使用。同时，由于舞弊被发现后由委托人施加给代理人的处罚对于代理人保留金额的影响必须经过舞弊被发现的概率与舞弊被发现之后委托人将其决定为故意的概率之积的调整，因此，与提高代理人的处罚相比，提高舞弊实施难度从而加大代理人实施舞弊所必须耗费的努力将对抑制代理人的舞弊动机产生更大的影响。当然，这一增量影响将取决于以上两项概率的高低。随着两项概率的上升，这一增量影响将缩小，反之，则上升。也就是说，舞弊被发现后所施加的处罚对于代理人舞弊动机的抑制功能将直接取决于舞弊被发现的概率以及舞弊发现后被委托人认定为故意的概率。从而，我们得到设计命题3。设计命题3带给我们的一种重要启示是对于降低舞弊发生的概率而言，事前的预防远比事后的处罚来得有效。由于内部控制的重要功能就是事前预防，因此，内部控制的有效设计与降低舞弊概率至关重要。

设计命题 3：

与舞弊发现后被委托人所施加的处罚（p_1）所带来的负效用相比，代理人为实施舞弊所必须耗费的努力（e_1）所带来的负效用对 RA 产生更大的影响。因此，虽然改变代理人的努力以及改变代理人的处罚将改变代理人的保留金额，但是，在其他条件不变的情况下，与改变代理人处罚相比，改变代理人努力对于改变代理人的保留金额具有更大的影响（推导过程参见附录）。

由于 RA 的提高可以抑制代理人的舞弊动机，从而降低舞弊的概率，因此，对于寻求组织成本最小化的委托人而言，试图最大化代理人的保留金额将是理性的。在博弈过程中，委托人所面临的选择是决定代理人在任务完成过程中的角色，而委托人对于代理人角色的选择将影响到 RA。当代理人表现为单纯的任务执行者时，代理人相对更容易地将舞弊宣称为无意的差错，此时，委托人将已发现舞弊决定为故意的概率 λ 处于相对更低的水平，代理人的保留金额也将降低，舞弊动机相对更强；相反，当代理人同时承担任务完成者与控制者双重角色时，由于代理人对于与其所完成任务相关的内部控制拥有足够的知识，因此，委托人不太愿意相信代理人对于舞弊行动所做的"无意识"的宣称，此时，λ 将处于相对较高的水平，代理人的保留金额相对更大，舞弊动机也就相对更弱。此外，在双重角色的情况下，由于存在一定的激励结构，潜在舞弊被发现的概率（q）也将更高，这也在一定程度上增加了代理人的保留金额。委托人对于任务完成过程中代理人角色的设定不仅影响到舞弊被发现的概率以及委托人将已发现的舞弊认定为故意的概率，同时还影响到代理人为实施舞弊所必须付出的努力的数量。当代理人仅承担任务执行者的角色时，由于代理人对与任务完成相关的内部控制缺乏了解，因此，代理人为实施舞弊通常必须付出更大的努力（e_1），这将导致代理人保留金额的上升，从而降低舞弊的概率；当代理人同时承担任务执行者与控制者双重角色时，由于代理人充分了解相关的内部控制结果，因此，为实施舞弊所必须耗费的努力相对更低，这将降低代理人的保留金额，从而提高舞弊的概率。以上关系被呈现在表 4-1 中。表 4-1 显示，当单一角色代理人与双重角色代理人在实施舞弊过程所需耗费的努力相差不大，并且随着委托人所施加的事后处罚（p_1）的上升，双重角色代理人的保留金额更可能大于单一角色代理人的保留金额，从而具有更弱的舞弊动机。

第4章 内部控制设计的均衡分析

表4-1　　　　　　舞弊的保留金额——单一代理人模型

雇员类型	雇员努力	侦测概率	保留金额（RA）	情形
P	e_H	q_L	$[e_H + (q_L)(l_L)p_1]/(1-q_L)$	$C_{E(P)}$
C	e_L	q_H	$[e_L + (q_H)(l_H)p_1]/(1-q_H)$	$C_{E(C)}$

表4-2列示了当委托人对代理人角色做不同设定情况下的组织成本函数。根据表4-2，组织成本最小的情形是当委托人将代理人设定为双重角色时，因为当 $S_{1(P)} = S_{1(C)}$ 时，$C_{F(C)} < C_{F(P)}$ 总是成立的。由于舞弊的金额被事前决定，也就是在代理人角色明确之前便已决定，因此，所得到的舞弊金额 S_1 并不因代理人的角色不同而不同。相反，S_1 取决于 RA_1，二者之间的关系如下式所示：

当 $RA_1 \geq S$ 时，$S_1 = 0$；当 $RA_1 \leq S$ 时，$S_1 = S$。

表4-2　　　　　　组织总成本——单一代理人模型

雇员类型	差错未发现概率	差错成本	组织成本	情形
P	Φ_H	E_H	$w_1 + \Phi_H E_H + (1-q_L)S_P$	$C_{F(P)}$
C	Φ_L	E_L	$w_1 + \Phi_L E_L + (1-q_H)S_C$	$C_{F(C)}$

虽然 $C_{F(C)}$ 为最小组织成本情形，但 $C_{E(C)}$ 是否将导致一个最大的 RA 仍有待最终决定。根据表4-2，在下列条件成立时，对于代理人而言，$C_{E(C)} \geq C_{E(P)}$：

$$q_H l_H (1-q_L) - q_L l_L (1-q_H) \geq [e_H(1-q_H) - e_L(1-q_L)]/p_1 \quad (4.3)$$

当委托人寻求最大化处罚（p_1）时，式（4.3）右边的项目将被最小化。随着式（4.3）右边项目的降低，$C_{E(C)} \geq C_{E(P)}$ 的概率将上升。因此，当上述条件成立时，委托人能够在实现成本最小的同时最大化代理人的保留金额，从而降低代理人实施舞弊的概率，并且使得如下条件更可能成立：$S_{1(P)} = S$，以及 $S_{1(C)} = 0$。由此可见，在将代理人设立为双重角色的同时寻求最大化处罚，委托人将能够最大可能地降低舞弊概率并且最小化组织成本。相反，若代理人不寻求最大化处罚，式（4.3）中的右边项目将被最大化，从而以下条件更可能成立：

$$q_H l_H (1-q_L) - q_L l_L (1-q_H) \leq [e_H(1-q_H) - e_L(1-q_L)]/p_1 \quad (4.4)$$

此时，下列情况更可能出现：$C_{E(C)} \leq C_{E(P)}$。这反过来使得如下条件更可能成立：$S_{1(P)} = 0$，以及 $S_{1(C)} = S$。但这一条件的成立并不对应着组织成本的最小化。总之，一旦将代理人设定为双重角色，并且寻求事后的处罚机制，则委托人在实现组织成本最小化的同时，实现了代理人保留金额的最大化。在后面的多代理人模型中，这一因果关系将得到进一步的讨论。

4.4 双代理人模型

4.4.1 一般性讨论

在单一代理人模型的基础上，本节通过增加了第二个代理人，从而进一步发展出双代理人模型。在单一代理人的情况下，某一特定的任务将由该代理人全部承担，不存在严格意义上的分工协作。但是，在两个代理人的情况下，委托人可以将该项任务分解为相互联系的不同作业，并分别交由两个代理人完成，从而在他们之间实现有效的分工协作。与单一代理人模型不同，由于实现了分工协作，双代理人模型中的舞弊实施必须取决于两个代理人之间实现合谋。为了讨论的便利，本书将合谋请求的发起者定义为代理人1，将合谋请求的接受者定义为代理人2[①]。从而，为了实施舞弊，代理人1必须向代理人2提出合谋请求，以寻求代理人2对于合谋行为的共同参与。只有当代理人2接受了代理人1发出的合谋情形，舞弊才能实际发生，否则，舞弊将无法被实际实施。在分工协作的情况下，代理人1的问题是决定是否为实施舞弊而向代理人2提出合谋请求，代理人2的问题则是决定是否接受代理人1的合谋请求。代理人1面临的问题列示在图4-2中，代理人2所面临的问题列示在图4-3和图4-4中。如果两个代理人之间确实实现合谋，并且被委托人发现，从而被进一步认定为有意，最终将会出现经典的"囚徒困境"博弈。在这一博弈中，两个代理人的最优策略是都向委托人告发对方。由于现有文献对这一博弈已充分讨论过，本书不打算就此做出进一步的分析。

---

① 在现实中，作为共同完成某项任务的两个组织成员，双方都有可能向对方提出合谋请求。不过，将合谋请求的提出者定义为代理人1，并不损害模型结论的一般性。

第4章 内部控制设计的均衡分析

经典的"囚徒困境"博弈

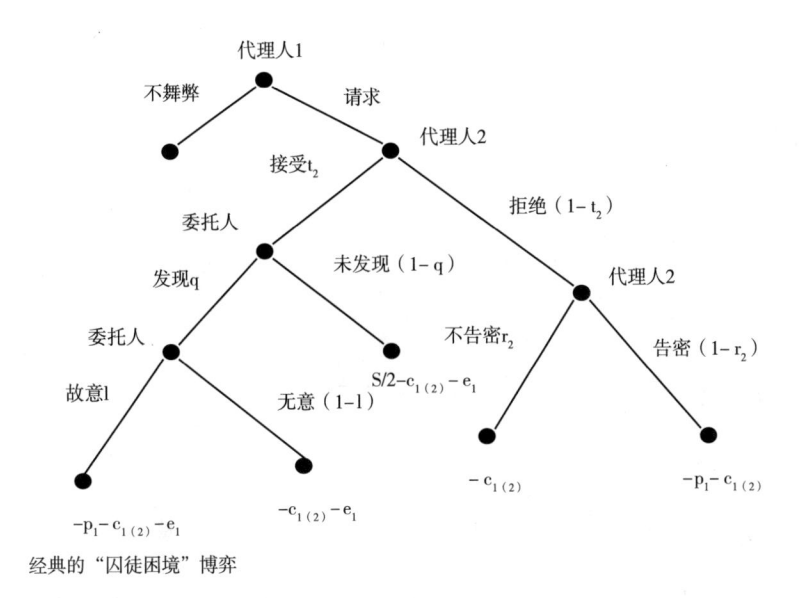

图4-2 代理人1的合谋问题：双代理人模型

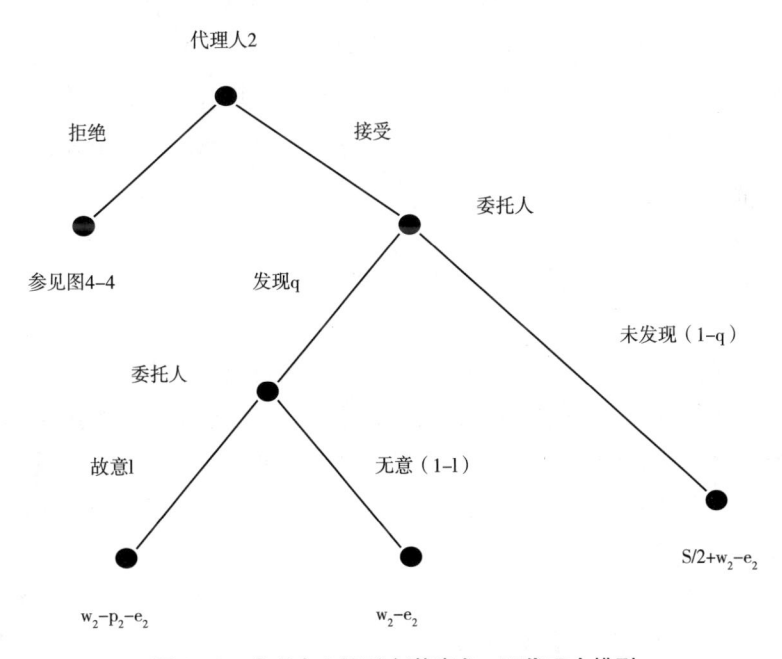

图4-3 代理人2接受合谋请求：双代理人模型

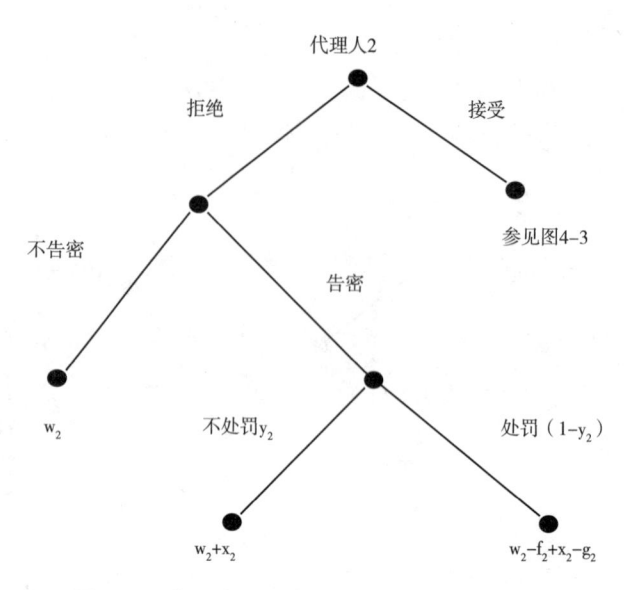

图 4-4　代理人 2 拒绝合谋请求：双代理人模型

通过与单一代理人模型作对比，双代理人模型的分析表明分工协作将提高代理人的保留金额，从而有效地降低舞弊的概率。同时，与单一代理人模型一样，本章节研究表明组织成本的最小化以及代理人保留金额的最大化将在代理人被定义任务执行者和控制者双重角色并且委托人寻求最大化事后处罚时出现。

4.4.2　代理人策略、假设及参数符号

在代理人 1 与代理人 2 之间实现分工协作的情况下，代理人 1 必须决定是否为实施舞弊而寻求代理人的配合，代理人 2 则必须决定是否接受代理人 1 的舞弊请求。如果代理人 2 决定不接受舞弊请求，则代理人 2 必须进一步决定是否向委托人报告代理人的舞弊企图。由此，我们可以将两个代理人的行动集作如下表示：

A_1 = {请求，不请求}　　　A_2 = {接受，拒绝/告密，拒绝/不告密}

为了发展双代理人模型，在单一代理人模型的基础上，本节进一步提出如下假设：

（1）一旦代理人的请求被接受，就不存在代理人相互背信情形的出现。

也就是说，我们假设两个代理人在实现合谋过程中彼此相互信任；

（2）假设代理人 2 是风险中性的；

（3）如果舞弊实际发生，则每个代理人将从舞弊总金额中得到等额的分配；

（4）委托人不会向合谋的告密者提供奖励。

此外，在单一代理人模型的基础上，本节对相关的参数符号做出进一步规定：

$t_2 \equiv$ 代理人 2 接受舞弊请求的概率

$r_2 \equiv$ 代理人 2 拒绝舞弊请求但不向委托人告密的概率

$e_i \equiv$ 代理人 i 为实施舞弊所必须付出的努力，$i = 1, 2$

$c_{1(2)} \equiv$ 舞弊发起人（即代理人 1）向代理人 2 提出舞弊请求所必须付出的努力

$S/n \equiv$ 代理人 i 从舞弊所得中获得的效用（假定该效用等于所分得的金额）

$P_i \equiv$ 一旦舞弊被发现，委托人向代理人 i 受到的处罚 $[U_i(P_i) = f(w_i)]$

$y_2 \equiv$ 在告密的情况下，代理人 2 未被委托人或其所在群体（即代理人 1）实施惩罚的概率

$x_2 \equiv$ 代理人 2 在告密的情况下所得到的内在激励①

$f_2 \equiv$ 代理人 2 因告密而受到委托人的惩罚②

$g_2 \equiv$ 代理人 2 因为告密而受到所在群体施加的非货币处罚（比如，受到所在群体的排斥等）

4.4.3 委托人策略、假设及参数符号

在两个代理人的情况下，委托人能够就是否在他们之间实现分工协作进

---

① 我们假设委托人不向告密的代理人提供奖励，但这并不意味着代理人就没有告密的动机。实际上，代理人的内在激励可能构成代理人实施告密的动机。这些内在激励通常表现为组织文化对于代理人的影响，以及代理人本身的道德观念和价值观念。

② 一般人认为由于告密行为对组织有利，因此，委托人通常不会向合谋告密者施加惩罚。但是，当谴责的舞弊行为是为了组织利益而实施的话，如上市公司为欺骗投资者而采取的财务造假行为，此时，代理人的不合作行为就可能受到委托人的惩罚。这些惩罚既可能是货币性的，更可能是非货币性的。

而对代理人的角色做出选择。前已述及,委托人存在着两种选择。第一种选择是让两个代理人从事完全相同的工作,也就是让他们独立地完成整个任务①。此时,两个代理人均仅表现为任务执行者,彼此之间在工作上是完全独立的,不存在任何意义上的合作。由此,虽然存在两个代理人,但实际上并不存在分工协作,因为二者的职责是完全一致的,二者之间不存在任何意义上的社会性互动。委托人的第二种选择是将一个完整的任务有机地分解为两个相互联系的作业,并将两项作业分别交由两个代理人完成。此时,任务的完成将取决于两个代理人之间的密切合作。在这一情形下,单独地看,每个代理人都扮演者任务执行者的角色;相对于另外一个代理人而言,每个代理人又同时扮演着任务控制者的角色,代理人在完成任务的过程中彼此之间将实现相互牵制与相互协作。在单一代理人模型中,代理人也可能充当双重角色,但这安排能否有效地抑制代理人的舞弊动机,将取决于相关激励机制的存在。但是在多代理人模型中,双重身份的安排即意味着分工协作的实现,此时,舞弊发生的概率能否被有效地降低,不再取决于既有的激励机制,而是取决于两个代理人之间是否真正实现了有效的分工协作,也就是取决于作业链的长度。与单一代理人模型一样,在双代理人模型中,委托人的目标仍然是实现组织成本的最小化,并且在假设代理人保留金额的上升能够降低舞弊概率的前提下,最大化两个代理人的保留金额。与双代理人相对应,我们增加如下参数:

$\alpha \equiv$ 两个代理人之间相互进行的差错调整②

$AC \equiv$ 作业链长度。如果 $AC = 1$,表明两个代理人均被设定为任务执行者,二者之间不存在分工协作;如果 $AC = 2$,表示将整个任务被分解为两项作业,从而在两个代理人之间实现了分工协作。

---

① 我们可以通过一个"搬石头"的例子进一步说明委托人这一选择的现实性。假设有两个人一起将一堆石头从 A 处搬到 B 处。第一种方案是两个人单独完成整个搬运动作,二者之间不存在任何意义上的配合。第二种方案则是在搬运的过程两人一起分工协作。在第一种情形下,表面上看是两个人一起工作,但二者之间不存在任何意义上的互动,也就是信息分享与知识整合,因此表现为"1 + 1 = 2";在第二种情形下,由于二者之间存在分工协作,比如其他一个人的偷懒行为会自然地受到第二个人的监督,因此,两人之间存在着社会意义上的互动,因此表现为"1 + 1 > 2"。当然,如果两个代理人通过合谋实现集体偷懒时,则可能表现为"1 + 1 < 2"。

② 因为每个人都可能犯错,因此,随着代理人的增加,潜在的差错也相应增加。但另一方面,在实施分工协作的情况下,由于代理人之间相互牵制和相互协作,代理人之间又可能相互纠正彼此的差错。

在两个代理人的情况下,组织成本将同时包括第二个代理人的额外工资以及额外差错所导致的损失。最终,组织的成本函数可以表示为:

组织总成本 $= w_1 + w_2 + (1-q)S(2) + \Phi\alpha 2E$

4.4.4 模型分析

当 $AC = 1$ 时,由于两个代理人之间不存在任何意义上的分工协作,因此,代理人行动的分析与单一代理人并无二致,只是表现为多个单一代理人模型的简单叠加。因此,在对代理人的行动做出讨论时,我们仅关注 $AC = 2$ 的情形,也就是实现分工协作的情形。

与单一代理模型一样,委托人与代理人的第一步选择将同时进行。每个代理人分别选择一个舞弊金额 S_i,委托人将对代理人角色做出设定从而确定是否在两个代理人之间实施分工协作。舞弊的总金额构成了两个代理人所选择舞弊金额的函数,即 $S(2) = f(S1,S2) = S$。根据图 4-2,代理人 1 的占优策略是:当来自舞弊金额的效用大于舞弊行为本身所需要的努力以及实现合谋的努力之和时,他将实施舞弊。这条路径在图 4-2 中具有唯一可能为正的支付函数,因而可以表示为:$S/2 > c_{I(2)} + e_1$。其他所有路径只可能出现负的支付函数。根据图 4-2,一旦实施分工协作,在下列条件成立的前提下,代理人 1 将向代理人 2 发出舞弊请求(推导过程参见附录):

$$S/2 \geq [c_{I(2)}/t_2(1-q)] + [e_1/(1-q)] + [qlp_1/(1-q)] + [p_1(1-t_2)(1-r_2)/t_2(1-q)] \quad (4.5)$$

在式(4.2)成立的前提下,根据式(4.5)我们将得到如下结果(推导过程参见附录):

$$S/2 > c_{I(2)} + e_1 \quad (4.6)$$

一旦代理人 2 接受代理人 1 的舞弊请求,舞弊就将发生。此时(推导过程参见附录):

$$RA_1 = [c_{I(2)}/t_2(1-q)] + [e_1/(1-q)] + [qlp_1/(1-q)] + [p_1(1-t_2)(1-r_2)/t_2(1-q)]$$

相较于单一代理人模型,此处的 RA_1 中多了两个符号为正的项目,因而比单一代理人模型中的 RA_1 更大。由此可见，在双代理人的情况下，分工协作所带来的合谋成本将通过提高代理人的保留金额，从而降低代理人的舞弊动机。不过，由于合谋所导致代理人保留金额的上升幅度将取决于相关概率的大小。当舞弊被发现的概率（q）很高，并且代理人 2 接受代理人 1 所发出的舞弊请求的概率（t_2）越低，则代理人 1 的保留金额存在着大幅度的上升，反之，则上升的幅度相对有限。以上结论将在多代理人模型得到进一步的论证。

代理人 2 存在着三种选择，他可以接受舞弊请求，也可以拒绝舞弊请求并且实施告密，还可以拒绝舞弊请求但不实施告密。根据图 4-3，当式（4.7）成立时，代理人 2 将接受代理人 1 所发出的舞弊请求（推导过程参见附录）：

$$w_2 + S/2[1-q] - e_2 - qlp_2 > \mathrm{argmax}\{w_2;\ y_2[w_2 + x_2] + (1-y_2)[w_2 - f_2 + x_2 - g_2]\} \tag{4.7}$$

式（4.7）意味着双代理人模型存在着以下两种情形：

1. 情形之一：Argmax = w_2

在这一情形之下，如果来自舞弊的效用大于因舞弊所导致的、经过舞弊未被发现的概率（1-q）所贴现的努力与处罚所带来的负效用，代理人 2 将接受代理人 1 发出的舞弊请求（推导过程参见附录）。

$$S/2 > [e_2/(1-q)] + [qlp_2/(1-q)] \tag{4.8}$$

此时，代理人 2 的保留金额为：

$$RA_2 = [e_2/(1-q)] + [qlp_2/(1-q)]$$

因为代理人 1 的保留金额为：

$$RA_1 = [c_{1(2)}/t_2(1-q)] + [e_1/(1-q)] + [qlp_1/(1-q)] + [p_1(1-t_2)(1-r_2)/t_2(1-q)]$$

因此，代理人 1 的保留金额大于代理人 2 的保留金额。此时，只要代理人 1 试图寻求合谋，代理人 2 就可能接受代理人所发出的舞弊请求。

2. 情形之二：$\text{Argmax} = y_2[w_2 + x_2] + (1 - y_2)[w_2 - f_2 + x_2 - g_2]$

在该情形之下，当式（4.9）成立时，代理人 2 将接受舞弊请求（推导过程参见附录）：

$$S/2 > [e_2/(1-q)] + [qlp_2/(1-q)] + [y_2-1]f_2/(1-q) + [x_2/(1-q)] + [(y_2-1)g_2/(1-q)] \quad (4.9)$$

因为 $0 \leq y_2 \leq 1$，因此式（4.9）的中间项目 $(y_2 - 1)f_2/(1-q)$ 和最后项目 $[(y_2 - 1)g_2/(1-q)]$ 一定是非正的。这意味着，无论是委托人还是代理人所在团队对代理人的告密行为所施加的惩罚，都将通过提高等式（4.9）的左边大于右边的概率，从而增加舞弊发生的概率。此时，情形之二下的舞弊概率要大于情形之一。这一结论带个我们两个启示：其一，作业链长度设计对于抑制基于组织利益的舞弊行为没有太大的效应，因为在这一情形下，代理人的不合作行为（比如告密行为）将会受到组织的惩罚；其二，在一个具有相对强势的部门文化的群体或团队中，作业链长度对于抑制组织成员的舞弊行为也没有太大效应，因为在这一情形下，代理人的不合作行为将受到该群体其他同事的排挤。这就意味着，为了有效地发挥内部控制的功能，必须避免有悖于组织文化的部门亚文化的产生。同时，对于那些确实需要建立独特文化的组织单元而言（比如产品研发团队），则应避免通过提高作业链长度来抑制组织成员的行为不确定，而应该将其内部控制更多地建立在信任的基础上。式（4.9）同时表明，代理人 2 所拥有的道德意识（x_2）将通过降低式（4.9）成立的概率，从而抑制舞弊发生的概率。这表明组织文化建设以及人力资源政策在确保内部控制的正常运行方面发挥中重要作用。

最后考虑委托人所面临的问题。与单一代理人模型不同，双代理人模型中的委托人能够通过设定代理人角色从而决定作业链长度（AC）。此时，AC = 1 和 AC = 2 是委托人的两种可能选择。以代理人 1 为例，表 4 - 3 列示了代理人角色在不同设定条件下的保留金额。由于 $c_{I(2)}$、t_2 和 r_2 都不受委托人决策的影响，因此，当下列条件满足时，$C_{E(C)} \geq C_{E(P)}$ 成立：

$$q_H l_H(1 - q_L) - q_L l_L(1 - q_H) \geq [e_H(1-q_H) - e_L(1-q_L)/p_1] \quad (4.10)$$

当委托人寻求最大化处罚（p_1）时，式（4.10）右边的项目将被最小化。随着上式右边项目的降低，$C_{E(C)} \geq C_{E(P)}$ 的概率将上升。因此，当上述条件成立时，委托人能够在实现成本最小的同时最大化代理人的保留金额，从而降低代理人实施舞弊的概率。由此可见，与单一代理人模型相一致，通过将代理人设立为双重角色以实现分工协作，同时结合最大化处罚，委托人将能够最大可能地降低舞弊概率并且最小化组织成本。事实上，由于在双重角色代理人与单一角色代理人的舞弊努力相差不大的情况下，AC＝2 时的代理人保留金额要大于 AC＝1 时的保留金额（见表 4－3），因此，委托人将选择在两个代理人之间实施分工协作，也就是选择 AC＝2。

表 4－3　　　　　　代理人 1 的保留金额——双代理人模型

雇员类型	雇员努力	侦测概率	保留金额（RA）	情形
P	e_H	q_L	$[c_{1(2)} + p_1(1 - t_2)(1 - r_2)]/t_2(1 - q_L)$ $+ (e_H + q_L l_L p_1)/(1 - q_L)$	$C_{E(P)}$
C	e_L	q_H	$[c_{1(2)} + p_1(1 - t_2)(1 - r_2)]/t_2(1 - q_H)$ $+ (e_L + q_H l_H p_1)/(1 - q_H)$	$C_{E(C)}$

4.5　N—代理人模型

4.5.1　一般性讨论

通过向双代理人模型中增加 (n-2) 个代理人，本章节进一步对 N—代理人模型做出分析。如果委托人不实现职责分离，也就说每个代理人都从事着完全相同的工作，彼此之间不存在任何意义上的分工协作，则每个代理人都面临着与单一代理人模型同样的问题。此时，N—代理人模型及其结果与单一代理人模型是一样的。如果委托人在界定代理人角色的过程中实现了分工协作，则在实施舞弊时 n 个代理人都必须同时参与。我们将舞弊行动的发起者仍然定义为代理人 1。为了实施舞弊行动，本书假定代理人 1 必须寻求获得其他 (n-1) 个代理人的合作。也就是说，在分工协作的情况下，若要成功实施舞弊，合谋必须在 n 个代理人之间同时进行。即使一个代理人拒绝合作，舞弊就不会发生①。因此，代理人1所面临的问题是决定是否向其他 (n-1) 个代理人发出合谋请求，与这一问题相对应的决策过程如图4-5所示。该决策树仅有一条可接受的路径，此时，所有的 (n-1) 个代理人都接受发起人的舞弊请求，从而舞弊可能发生。其他代理人面临的问题是决定是否接受发起人的舞弊请求。因为我们假定每个代理人都独立地行动，因此，每个代理人将面临与双代理人模型中代理人2所面临的同样问题，其决策过程如图4-3和图4-4所示。与双代理人模型一样，委托人的选择将表现为通过决定代理人在任务完成过程中的角色从而决定作业链的长度。N-代理人模型的分析同样显示分工协作有助于提高代理人的保留金额，从而降低舞弊的概率，同时，与单一代理人模型以及双代理人模型一样，本章节研究显示组织的最低成本与雇员的最大成本将在代理人同时界定为任务执行者和任务控制者的双重身份并且寻求最大化惩罚出现。

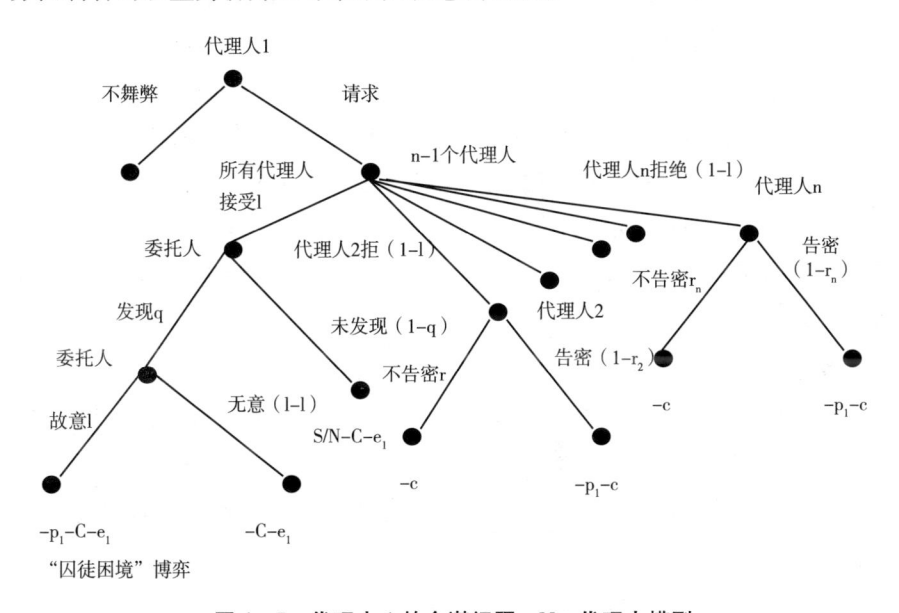

图 4-5 代理人1的合谋问题：N—代理人模型

---

① 这只是一种假设，目的是为了简化数学处理。事实上，很多舞弊行为只需要在一条作业链上的某几个作业点（也就是某几个代理人）之间实现合谋即可。不过，上述假设并非不具有任何现实性。如果某一个舞弊没有得到与完成任务相关的所有代理人的合作，则该舞弊被发现的概率将非常高。此时，代理人实施舞弊的动机也就自然下降。

与双代理人模型一样，如果代理人之间的合谋被委托人发现，并且委托人将其判定为故意，则代理人之间的博弈将演变为经典的"囚徒困境"博弈，此时，每个代理人的最优策略将是告诉委托人其他代理人对舞弊行为的参与。由于这一个博弈已被现有文献充分讨论过，本书不打算就此做出分析。

4.5.2 代理人策略、假设与参数符号

如果未实现分工协作，每个代理人都仅表现为任务执行者角色，此时，所有的 n 个代理人将拥有与单一代理模型中代理人同样的行动集：$A_1 = \cdots = A_n = \{舞弊，不舞弊\}$。然而，一旦在 n 个代理人之间实现了分工协作，每个代理人都将同时表现为任务执行者与控制者的双重身份。就其本身的工作而言，属于任务执行者，相对于其他代理人而言，则表现为任务控制者[①]。此时，代理人 1 面临的问题是决定是否为实施舞弊而寻求其他代理人的合作，其他代理人面临的问题则是决定是否接受代理人 1 的舞弊请求。如果一个代理人拒绝合作，则该代理人必须决定是否实施告密。从而，我们将所有代理人的行动集表示如下：

$A_1 = \{请求；不请求\}$ $A_2 = \cdots = A_n = \{接受；拒绝/告密；拒绝/不告密\}$

我们将与 N—代理人模型相关的新增假设规定如下：

（1）为了便于数学处理，我们假定每个代理人面临着同样的合谋成本，以及一个同样的舞弊请求接受概率；

（2）每个代理人拥有自己的工资 w_i，告密的内在激励 x_i，以及被发现所导致的处罚 P_i。

同时，我们将新增的参数及其符号做如下规定：

$t_i \equiv$ 代理人 i 接受舞弊请求的概率，$i = 2, \cdots, n$

$r_i \equiv$ 代理人 i 拒绝舞弊请求但不实施告密的概率

[①] 由此可见，任务控制者是在相对意义上讨论的。在分工协作的情况下，每个代理人相对于其他代理人而言，都构成任务的控制者，因为任何一个代理人若想要实施舞弊，都必须取得其他所有代理人的同意。

$e_j \equiv$ 代理人 j 为实施舞弊所必须付出的努力；j = 1，…，n

$c_{1(i)} \equiv$ 发起人（即代理人 1）向代理人 i 提出合谋请求所付出的努力

$S/n \equiv$ 代理人 j 从舞弊行动中所分得金额 [$S = f(S_1, \cdots, S_n)$]

$p_j \equiv$ 一旦舞弊被发现，代理人 j 所受到的处罚 [$p_j = f(w_j)$]

$y_i \equiv$ 代理人 i 告密之后没有受到委托人或其所在群体惩罚的概率

$x_i \equiv$ 代理人 i 实施告密行为的内在激励

$f_i \equiv$ 代理人 i 因告密行为被委托人施加的处罚

$g_i \equiv$ 代理人 i 因告密行为而被所在群体（也就是其他代理人）施加的非货币性惩罚

$C_1 \equiv$ 为了说服（n-1）个代理人参与舞弊，舞弊发起人（即代理人 1）累积所付出的努力（$\sum c_{1(i)} = nc_1 = C_1$，其中，$c_i = c_k$）

$B \equiv$ 某些冗长数学表达式的替代标示（详见后文之说明及附录）

4.5.3 委托人策略、假设及参数符号

与双代理人模型一样，委托人的选择包括代理人角色的设定及其相应的作业链长度。代理人能够选择将整个任务平行地交给每个代理人同时完成，从而不实施分工协作，也可以将整个任务分解为 n 个前后相连的作业点并分配给 n 个代理人，从而实现分工协作。在前一种情况下，AC = 1，每个代理人都仅表现为任务的执行者，彼此之间不存在任何意义上的合作与联系；在后一种情况下，AC = n，代理人均同时表现为任务执行者以及任务的控制者，彼此之间在完成任务的过程中相互合作，彼此联系。与之前一样，委托人的决策目标是寻求最小化组织成本，并且在假定代理人保留金额的提高将导致舞弊概率下降的前提下，最大化每个代理人的保留金额。

在 n 个代理人的情况下，组织成本包括另外（n-1）个代理人的工资及其差错所带来的损失。从而，组织的总成本表达式为：

组织总成本 = $\sum w_i + \Phi \alpha n E + (1-q) S(n)$

4.5.4 模型分析

与双代理人模型一样，在 AC = 1 的前提下，在分析代理人的行动时，多

代理人模型实质上与单一代理人并无二致，只是表现为 n 个单一代理人模型的简单叠加。因此，在对代理人的行动做出讨论时，我们仅关注已实现分工协作的情形，也就是 AC = n。

代理人与委托人同时做出第一步选择。每个代理人选择一个金额 S_i，委托人选择代理人功能以及职责分离程度。舞弊的总金额表现为 n 个代理人所选择舞弊金额的函数，即 $S(n) = f(S_1, \cdots, S_n)$。根据图 4–5，当来自舞弊的效用大于舞弊行动以及合谋行动所导致的努力时，代理人的占优策略是实施舞弊。这是唯一的一条可能具有正支付函数的路径，即 $S/n > C_1 + e_1$，所有其他的（$2^{n-1} - 1$）条路径都只有负的支付函数。图 4–5 显示，当下列条件满足时，代理人 1 将试图说服其他代理人参与舞弊（推导过程参见附录）：

$$S/n > [qlp_1/(1-q)] + [(C_1 + e_1)/(1-q)] + B/t(1-q) \quad (4.11)$$

根据式（4.8）和式（4.11），我们可以得到 $S/n > C_1 + e_1$。给定其他代理人接受，则舞弊将发生。此时，代理人 1 的保留金额将可表示为：

$$RA_1 = [qlp_1/(1-q)] + [(C_1 + e_1)/(1-q)] + B/t(1-q)$$

式（4.11）中 B 代表一个冗长的数学表达式，具体形式详见附录。由于 B 严格为正，因此，此处的 RA_1 一定大于单一代理模型以及两个代理人模型中的 RA_1[①]。同时，式（4.11）还表明，随着 n 的上升，B 也将上升，从而进一步加大代理人 1 的保留金额。也就是说，RA_1 严格地随着 n 的上升而上升。由此可见，在代理人之间是分工协作的前提下，代理人的保留金额 RA_1 与代理人数量 n 正相关，也就是与作业链的长度正相关。同时考虑到与未实现分工协作相比，实现了分工协作之后的代理人的保留金额更大，我们因而得到代理人的保留金额与作业链长度正相关的结论，也就是设计命题 4。

设计定理 4：

代理人的保留金额与作业链长度正相关。也就是说，随着作业链长度的增加，代理人的舞弊动机将越弱。

另外，n 的上升所导致的 B 的上升，将提高其他代理人接受代理人 1 的舞弊请求的概率。因为随着 RA_1 的上升，$RA_1 > RA_i$ 的概率也将上升。由于除

[①] 当然，N—代理人模型中的 RA 大于双代理人模型下的 RA 的具体幅度，将取决于有关概率的大小，包括舞弊被发现的概率以及其他代理人接受代理人 1 所提出的舞弊请求的概率。

第4章 内部控制设计的均衡分析

非 $S/n > RA_1$,代理人1将不会发出舞弊请求,因此,随着 $RA_1 > RA_i$ 概率的上升,$S/n > RA_1 > RA_i$ 的概率也将上升。通俗地说,只要代理人1认为舞弊划算,则其他代理人将更可能认为舞弊划算。这就是说,在作业链较长的情况下,由于舞弊成本相对较高,通常只有在舞弊金额或舞弊效用非常大的情况下,代理人1才会提出合谋请求。其他代理人显然了解这一情况,因此,在该情形之下,一旦代理人1提出舞弊请求,其他代理人通常推断潜在的舞弊效用非常大,因而更容易接受代理人1的舞弊请求。因此,随着作业链长度的增加,舞弊的数量呈下降趋势,但对于那些实际发生的舞弊而言,其金额则呈现出上升的趋势。

与双代理人模型中的代理人2一样,其他($n-1$)个代理人拥有同样的三个选择以及同样的支付函数结构。这些代理人可能接受舞弊请求,可能拒绝并向委托人告密,也可能拒绝但不告密。根据双代理人模型,在下列条件满足的情况下,($n-1$)个代理人中的每个代理人将接受舞弊请求:

$$w_2 + (S/n)(1-q) - e_i - qlp_i > \operatorname{argmax}\{w_i; y_i[w_i + x_i] \\ + (1-y_i)[w_i - f_i + x_i - g_i]\} \tag{4.12}$$

式(4.12)意味着N—代理人模型存在着以下两种情形:

1. 情形之一:Argmax = w_i

在这一情形之下,如果来自舞弊的效用大于经过舞弊未被发现的概率贴现之后的舞弊努力以及潜在处罚,亦即当下式成立时,则代理人将接受舞弊请求:

$$S/n > [e_i/(1-q)] + [qlp_i/(1-q)] \tag{4.13}$$

此时,$RA_i = [e_i/(1-q)] + [qlp_i/(1-q)]$。因为代理人1的保留金额($RA_1$)大于其他代理人的保留金额($RA_i$),即 $RA_1 = [qlp_1/(1-q)] + [(C_1+e_1)/(1-q)] + B/t(1-q)$,因此,一旦代理人1为实施舞弊而寻求合谋,则其他代理人将可能接受舞弊请求。

2. 情形之二:Argmax = $y_i[w_i + x_i] + (1-y_i)[w_i - f_i + x_i - g_i]$

在该情形之下,除非以下条件(与双代理模型中的条件〈9〉相同)得以满足,否则其他代理人将不会接受代理人1所提出的舞弊请求:

$$S/n > [e_i/(1-q)] + [qlp_i/(1-q)] + [y_i - 1]f_i/(1-q) +$$
$$[x_i/(1-q)] + [(y_i - 1)g_i/(1-q)] \qquad (4.14)$$

同样，在式（4.14）中，因为 $0 \leq y_i \leq 1$，中间以及最后项目均为非正。中间项目是经过贴现的由委托人施加告密惩罚，最后一个项目则是经过贴现的由拒绝合作的代理人所在群体（也就是其他代理人）施加的非货币性惩罚。因此，无论委托人施加的告密惩罚，还是由拒绝合作代理人所在群体施加的惩罚，都将提高上式成立的概率，从而提高舞弊发生的概率。因此，情形之二下的舞弊概率要比情形之一下的舞弊概率大。此外，与式（4.8）相比，情形二下的舞弊概率将随着代理人告密的内在激励的上升而下降。

最后考虑委托人所面临的问题。委托人面临的问题就是决定代理人的角色从而选择作业链的长度。在理论上，N—代理人模型中的委托人就作业链长度拥有 n 项选择：AC = 1，AC = 1，…，AC = n。然而，为了简化问题的分析，我们假设委托人只有两种选择，仅考虑两个极端的选择，即委托人要么选择 AC = 1，要么选择 AC = n。也就是说，要么在代理人之间不实施任何意义上的分工协作，要么在他们之间实施充分的分工协作。以代理人 1 为例，表 4-4 列示了在代理人角色做不同设定条件下的保留金额。由于 C_1、t_i 和 r_i 都不受委托人决策的影响，因此，当下列条件满足时，$C_{E(C)} \geq C_{E(P)}$ 成立：

$$q_H l_H (1 - q_L) - q_L l_L (1 - q_H) \geq [e_H (1 - q_H) - e_L (1 - q_L)/p_1] \qquad (4.15)$$

表 4-4　　　　　　代理人 1 的保留金额——N—代理人模型

雇员类型	雇员努力	侦测概率	保留金额（RA）	情形
P	e_H	q_L	$B/t_2(1-q_L) + (C + e_H + q_L l_L p_1)/(1-q_L)$	$C_{E(P)}$
C	e_L	q_H	$B/t_2(1-q_H) + (C + e_L + q_H l_H p_1)/(1-q_H)$	$C_{E(C)}$

当委托人寻求最大化处罚（p_1）时，式（4.15）右边的项目将被最小化。随着上式右边项目的降低，$C_{E(C)} \geq C_{E(P)}$ 的概率将上升。因此，当上述条件成立时，委托人能够在实现成本最小的同时最大化代理人的保留金额，从而降低代理人实施舞弊的概率。由此可见，通过将代理人设立为双重角色以最大化作业链长度，同时结合最大化事后处罚，委托人将能够最大可能地降低舞弊概率并且最小化组织成本。这一结论与之前的两个模型完全一致。

从而，我们可以得到设计命题5：

设计命题5：

组织成本与作业链长度以及舞弊发现后所施加处罚的程度负相关。也就是说，委托人要实现组织成本最小化，就必须实现作业链长度的最大化并且寻求事后处罚的最大化。

理解设计命题5的关键在于正确把握作业链长度最大化的内涵。此处所提到的作业链长度最大化，是在与完成某项任务相关的组织成员数量一定的情况，通过恰当的分工协作来实现的，而不是通过向任务完成团队中追加额外的组织成员从而实现作业链长度的最大化。也就是说，此处的作业链长度最大化是在相对意义上的最大化，而不是绝对意义上的最大化。为了理解这样一种相对意义上的作业链长度最大化，本书引入"分工协作程度"概念。我们将分工协作程度分为以下三种情形：最充分的分工协作、中度的分工协作以及最不充分的分工协作。最充分的分工协作意味不同组织成员分别从事着为整个任务完成所必需的、但却又完全不同的一部分子任务，即作业。也就说，不同组织成员之间所完成的那部分子任务没有任何重复。相反，最不充分的分工协作，是指为了完成某项任务，所有n个组织成员都从事着完全相同的工作，而这一"完全相同的工作"实际上就是该项任务本身。因此，最不充分的分工协作实际上就是没有实施任何意义上的分工协作。至于中度的分工协作，则是指任务团队中某些组织成员从事着完全相同或部分相同的子任务。体现在作业链长度上，与最充分的分工协作对应的作业链长度为n，与最不充分的分工协作对应的作业链长度为1，至于与中度分工协作相对应的作业链长度，则介于1~n之间。

为了具体地理解"分工协作程度"概念，我们以"搬石头"任务为例。假设工作任务表现为将位于A地的一堆石头搬到3米开外的B地，任务团队共有3人，分别为a、b、c。根据3人之间分工协作的不同程度，相应存在着3种不同的作业链设计。在最充分分工协作的情况下，a自A地拿起石头交给b，b将石头转交给c，c最后将石头放到B地。在这一过程中，a、b、c三人分别承担者不同的子任务，并且每个人只需在一个固定的位置工作，无须前后挪动。在最不充分分工协作的情况下，a、b、c三人必须分别将石头从A地独立地搬到B地，每个人在工作过程中必须不断移动，也就是不断地由A地到B地，再由B地回到A地。中度分工协作的一个可能的例子是，先由 a 和 b 先后将石头由 A 地交到 c 的手中，然后由 c 将石头放到 B 地。在这一过程中，a 和 b 从事着完全相同的工作（即子任务或作业），c 则从事着不同的工作；c 在原地工作，a 和 b 为了将石头交到 c 的手中，必须在 A 地和 c 之间做来回运动，其间大概有 2 米左右。三种情形下的作业链长度并不相同，在充分分工协作的情况下，作业链长度为 3，也就是团队中工作人员的数量；最不充分分工协作的情况下，作业链长度为 1；在中度分工协作的情况下，作业链长度为 2。根据设计命题 5，在作业链长度为 3 时，也就是在 3 人中实现最充分的分工协作时，组织成本，也就是 3 人的工资成本以及因为 3 人所进行的舞弊或发生的差错所导致的成本之和将达到最小化。当然，上述情形得以实现的另一个必要前提就是，必须寻求事后的处罚机制。在上述具体的例子中，这一结论并不太难理解。相对于其他两种情形，充分分工协作的优势体现在两个方面：第一，由于每个人的环环相扣，最大的减少了工作过程中的来回移动；第二，同样由于每个人的工作环环相扣，一旦某个人试图偷懒，则很容易被另外两个发现。当然，为了使得 3 人之间因分工协作而产生的相互监督机制能够得以正常运行，事后的处罚机制就显得非常必要。

在本章节结束之前，我们通过企业内部控制实践中的两个实际例子来说明设计命题 5 以及分工协作程度概念所包含的洞见。这两个例子分别是植入到会计与出纳之间互动关系的内部控制以及植入到董事会与管理层之间互动关系的内部控制。几乎在任何一家现代企业，会计与出纳之间的工作被区分得泾渭分明。会计不会从事属于出纳的那份工作，出纳更不能染指本应属于会计的相关事务。因此，基本而言，会计与出纳之间的职责分离达到了最充分的分工协作。相反，既可能是基于我国公司法的具体规定，也可能是基于公司长期以来形成的商业惯例，董事会与管理层之间的职责分离远不像会计与出纳之间那样清晰。董事会可能深度地介入到本应属于管理层的那些工作，比如战略决策的制定，管理层也常常作为董事会的成员而对那些本不该涉及的事务发挥影响，比如对管理层的考核以及管理层薪酬的决定。因此，董事会与管理层之间的职责分离处于中度分工协作程度。根据设计命题 5，我们便不难理解，为什么管理层未能得到董事会的有效监督而从公司领取

（或贪污）超额薪酬的概率要远远高于公司出纳贪污公款的概率了①。为了在内部控制的意义上解决董事会对于管理层的监督问题，最重要的措施就是必须对董事会与管理层的职责作出清晰的切割，以最大化二者之间的分工协作程度。职业化董事乃至职业化董事会的出现便是对此做出的反应。

4.6 小结

以成本最小化为分析导向，通过构造一个委托代理模型，本章的任务在于寻找作业链设计与组织成员的行为不确定之间的因果律。在完全信息假设的基础上，模型的构建与分析依次分为三个阶段：单一代理人模型、双代理人模型以及N—代理人模型。借助于这一层层递进的分析性研究，我们获得了一系列设计命题，现归纳如下：

设计命题1：工资性激励只能通过影响舞弊发现后委托人所施加的处罚从而间接地影响代理人的舞弊动机。由于这一间接影响受到舞弊行为被发现的概率以及舞弊发现后被委托人认定为故意的概率的调整，因此，单纯的工资激励无法有效地降低舞弊发生的概率；

设计命题2：舞弊行为被发现的概率（q）越高，则RA越大，从而代理人实施舞弊的动机也就越弱，反之亦然；

设计命题3：与舞弊发现后被委托人所施加的处罚（p_1）所带来的负效用相比，代理人为实施舞弊所必须耗费的努力（e_1）所带来的负效用对RA产生更大的影响。因此，虽然改变代理人的努力以及改变代理人的处罚将改变代理人的保留金额，但是，在其他条件不变的情况下，与改变代理人处罚相比，改变代理人努力对于改变代理人的保留金额具有更大的影响；

设计定理4：代理人的保留金额将与作业链长度正相关。也就是说，随着作业链长度的增加，代理人的舞弊动机将越弱；

设计命题5：组织成本与作业链长度以及舞弊发现后所施加处罚的

---

① 如果管理层从公司中领取了不该领取的高额薪酬，则这一行为与出纳所实施的贪污行为无异。

程度负相关。也就是说，委托人要实现组织成本最小化，就必须实现作业链长度的最大化并且寻求事后处罚的最大化。

设计命题1表明，由于纯粹的工资性激励无法有效地抑制组织成员的舞弊动机，因此，设计有效的内部控制对于降低组织成员的行为不确定至关重要。设计命题2和设计命题3分别表达了舞弊被发现的概率以及实施舞弊所需要付出的努力程度与代理人舞弊动机之间的关系。这两个命题表明，一个设计有效的内部控制既要能够提高潜在舞弊被发现的概率，同时还必须提高组织成员实施舞弊的难度。设计命题4表述的是作业链长度与组织成员舞弊动机之间的关系。结合设计命题2和设计命题3，我们将发现，作业链长度的增加之所以能够提高组织成员的保留金额从而降低其舞弊动机，是由于随着作业链长度的增加，潜在舞弊被发现的概率上升，组织成员实施舞弊所必须付出的努力也将提高。设计命题5进一步表达了作业链长度与组织成本最小化目标之间的关系。综合设计命题4和设计命题5，我们可以得到如下结论：为了最小化组织成员实施舞弊与发生差错的概率，以及最小化组织的相关成本，在与完成某项任务相关的组织成员数量一定的前提下，必须通过在组织成员之间实现最充分的分工协作以实现作业链长度的最大化，同时配合有效的事后处罚机制。

本章所开展的均衡分析以委托人与代理人之间的完全信息为基本前提；也就是说，我们假设组织内只存在一种类型的雇员，并且委托人了解雇员的这一具体类型。然而，这一假设可能并不完全与现实相符。组织内完全可能存在不同类型的雇员，而委托人并不确切地了解某一位雇员究竟属于哪一种类型。比如，虽然多数雇员的舞弊动机随着实施舞弊所需耗费的努力水平的上升而下降，但某些雇员的舞弊动机如此之强烈，以至于其舞弊动机对于舞弊努力耗费的上升并不敏感。显然，一旦考虑到委托人与代理人之间的不完全信息，以上某些设计命题的使用范围可能会受到一定的限制。除了委托人与代理人之间的不完全信息，即使不同代理人之间，也完全可能存在着不完全信息。因此，进一步就内部控制设计发展不完全信息条件下的委托代理人模型，是未来的一个重要研究方向。

在本章的模型建构过程中，一个潜在的假设是与完成某项任务相关的组织成员的数量是一定的，并且也被假定为最优的。因此，设计命题中所提到的作业链长度最大化，只是相对意义上的最大化，也就是在组织成员数量一定条件下的最大化。然而，就某个特定的组织而言，为完成某项任务被分配的组织成员（即岗位）的数量并不一定是最优的，从而使得现有的作业链长度在绝对意义上既可能太长，也可能太短。作业链长度太长，意味着应该减少与某项任务完成相关的组织成员的数量，从而相应地缩短作业链长度；相反，如果作业链长度太短，则意味着应该向某项任务的完成过程中增加一定数量的组织成员，从而拓展作业链的长度。也就是，在一个绝对的意义上，某个特定组织的特定任务完全可能对应着一个最优的作业链长度。因此，绝对意义上的最优作业链长度的决定将是未来的一个非常有潜力的研究方向。

在第3章中，我们曾将作业链设计概括为作业链长度、宽度和密度的设计。然而在本章中，我们只是就作业链长度的设计做出分析性研究。事实上，虽然作业链长度在一定程度上消化了作业链宽度和密度的相关信息，但宽度与密度的设计原理与长度的设计原理完全可能存在着系统性的差异，比如，宽度体现的是纵向关系的控制，而长度则主要体现的是横向关系的控制。此外，内部控制设计还同时包括作业点设计，包括政策与标准的设计，然而，本章对此却完全没有涉及。因此，在未来的研究中，可以进一步拓展研究边界，从而对内部控制设计的因果律做出更为系统的探索。

| 第 5 章 |

结　　论

在科层制的背景下，通过将内部控制理解为一个重要的组织现象，以哲学、社会学、经济学以及组织理论为基础，本书试图发展一套组织视角的内部控制理论。我们认为，一套完整的内部控制理论至少必须回答以下三个相互关联的基本问题：其一，什么是内部控制？也就是关于内部控制的定义；其二，作为组织现象的内部控制为什么会存在？也就是关于内部控制存在的基本价值；其三，为最大化内部控制存在的基本价值，内部控制设计应当依循的原理与原则是什么？也就是关于内部控制的机制设计。其中，前两个问题与内部控制的性质直接相关，最后一个问题则攸关内部控制的设计。通过为以上三个方面的基本问题提供一套探索性的解决方案，本书在对内部控制的性质提供理论解释的基础上，进一步为内部控制的设计提供了一套逻辑一贯的设计语言。作为理论构建的逻辑起点，本书将内部控制的基本目标定义为在技术和经济双重约束的条件下实现偏差的最小化。现将本书的主要观点概括如下。

本书首先回答了什么是内部控制以及内部控制存在的基本价值是什么这两个基本问题，从而为内部控制的性质提供理论解释。基于 COSO 框架关于内部控制性质的"过程观"，对上述两个问题的回答意味着通过"过程"的解剖，从而透视"过程"的内在结构，并理解这一"内在结构"是如何为内部控制在科层制组织中的存在带来价值。通过将组织目标实现过程中所面临的不确定性定义为科层制组织所面临的基本问题，我们首先论证了组织成员的机会主义以及有限理性构成内部控制存在的基本前提。作为组织目标实现不确定性的现实度量，偏差产生的行为基础是组织成员的行为失范与行为失败。其中，机会主义构成组织成员行为失范的心理学依据，有限理性则构成组织成员行为失败的生物学依据。因此，通过引致行为失范和行为失败，机会主义和有限理性构成偏差产生的人性根源，进而为内部控制的存在提供了基本前提。为了有效地应对组织成员的机会主义和有限理性，组织成员之间的信息分享与知识整合便相应地成为两项基本的组织策略或组织过程。信息分享之所以有助于降低组织成员的机会主义，主要由于以下几个原因：其一，信息不对称是产生机会主义的重要根源，而充分的信息分享将有助于降低组织成员之间相互面临的信息不对称水平；其二，作为组织内部正式的沟通过程，信息分享通过维系组织系统内各要素之间的关系模式，从而确保不同的组分和要素能够持续稳定地整合为一个统一的系统；其三，有效的信息分享或沟通有助于强化组织的核心价值观，从而弱化组织成员违背核心价值观的主观动机，同时强化组织成员对于违背核心价值观行为的负面道德评价。知识整合则主要通过以下两个途径弱化组织成员个体的有限理性：首先，通过综合组织成员的个体知识，知识整合可以提高集体知识或组织知识的完备性；其次，由于在知识整合过程中不同来源的知识得以相互映照，知识整合还可以提高集体知识或组织知识的可靠性。为了在组织成员之间实现充分的信息分享与有效的知识整合，权威沿着科层制组织的科层结构实现纵向的扩散以及在同一科层级次上实现横向的扩散便成为必然。透过权威的纵向以及横向扩散，科层制组织内部形成了一个网络状的权力体系，所有的组织成员被结构化在这一权力体系之中。权威扩散之所以为基于信息分享的有效沟通所必需，主要原因包括：首先，为了维持有效的沟通体系，必须赋予采集、处理和传递信息行为的合法性；其次，有效的沟通要求组织中的每一个成员都有一个明确的、正式的沟通渠道，而正式沟通渠道的形成必然有赖于正式权力体系的建构；最后，网络状、立体式的权力体系将有助于降低信息的收集与传递成本，从而提高信息分享的效率。权威扩散之所以为有效的知识整合所必需，主要原因是与解决组织所面临基本问题（亦即组织目标实现的不确定性）相关的知识绝大部分属于默会知识，而默会知识的不可编码性将导致知识无法在不同组织成员之间实现转移，因此，知识整合的过程必定是一个组成成员亲身参与的社会性过程。也就是说，为了充分利用组成成员的个体知识，就必须通过权威扩散的方式，将所有组织成员结构化为一个权力体系，使他们能够凭借权力将其个体知识输入到决策系统，从而被综合地运用。最终，本书将内部控制定义为一个实现权威扩散、信息分享与知识整合的一体化过程。通过结构化组织成员之间的关系模式，权威扩散、信息分享与知识整合的一体化将促进科层秩序的形成。正是通过将"秩序植入科层"，内部控制在经济和技术双重约束的条件下最小化组织成员发生行为失范与行为失败的概率，从而为组织目标的实现提供合理保证。最终，本书实现了内部控制性质的"过程观"向"秩序观"的跃升。

为了对上面所提到的第三个问题做出回答，本书首先在内部控制性质研究的基础上确立内部控制设计研究的权力范式。权力范式与控制论范式相对而言。控制论范式是传统内部控制研究的主流范式。不过，由于科层制组织属于非决定性的人类系统（或社会系统），因此，在内部控制设计研究中应用控制论范式，意味着将复杂的人类系统降解为一个简单的控制论系统（比如机械系统），也就是将机械系统的控制逻辑简单地推广到人类系统的控制过程之中。因此，控制论范式在引导内部控制设计研究中面临着严重的逻辑困境。为此，通过将企业的组织性过程定义为一个以权力为规定性的政治性过程，本书最终确立了内部控制设计研究的权力范式。权力范式以权力分析为依归，同时将权力分析与信息分析和知识分析有机地结合起来。本书关于内部控制性质的认定构成了权力范式确立的直接依据，福柯的"微观权力论"则进一步奠定了权力范式确立的哲学基础。

在权力范式的基础上，本书借助制度分析就内部控制的设计发展了一套内在逻辑一致的概念框架。概念框架首先表现为一系列应用于内部控制设计实践与设计研究的基础性概念。这些基础性概念包括作为内部控制研究对象的行为与关系、作为内部控制基本分析单元的任务与作业、作为内部控制基本模式的行为控制以及作为内部控制基本功能的行为约束与行为优化。作为内部控制设计知识的重要组成部分，这些基础性概念将成为权力范式的基本分析工具。它们不仅可以用来引导内部控制的设计实践，同时也为内部控制的设计研究提供了最基本的概念逻辑。基于以上各基础性概念之间所存在的内在关联，本书概括了"行为"与"作业"之间所存在的逻辑关系和控制关系，并因此将内部控制的机制设计现实地定义为作业设计。同时，借鉴交易成本经济学的分析逻辑，本书在以上概念的基础上进一步对内部控制设计过程的逻辑结构做出规划，从而为内部控制的设计提供一个基本的思想路径。内部控制设计过程的逻辑结构自上而下依次穿越组织、任务和作业三个层面，先后表现为组织背景分析、任务识别、任务分析和作业设计四个阶段。组织背景分析关注的是与内部控制设计密切相关的两个组织变量：组织结构与组织文化。其中，组织结构在组织设计的意义上为内部控制的设计提供直接约束，表现为"硬性"的组织背景变量；组织文化则在组织发展的意义上通过影响内部控制的后续运行从而为内部控制设计提供间接约束，表现为"软性"的组织背景变量。任务识别的目的在于确定最小任务单元，从而明确内部控制设计的具体界面。以一个综合的任务分类体系为基础，不同类型的任务将采用相应的任务识别方法。以任务识别为基础，任务分析的目的是明确任务的具体属性，从而根据不同的任务特征以有效地分配控制资源。本书将任务属性概括为以下三个维度：任务复杂性、任务重要性以及任务专业性。作业设计所要解决的基本问题是在约束功能与优化功能之间实现恰当的权衡，也就是在作业链与作业点的控制刚性与控制弹性之间寻找平衡。作业设计同时在作业链以及作业点两个层面上进行，具体表现为作业链结构设计以及作业点结构设计。其中，作业链结构表现为作业链长度、宽度以及密度三个维度，作业点结构则表现为政策与标准两个维度。通过分别实现任务属性与作业链结构和作业点结构之间的匹配，本书进一步得到了任务属性与作业链结构之间的关系矩阵以及任务属性与作业点结构之间的关系矩阵。总之，内部控制设计的基础性概念与内部控制设计过程的逻辑结构共同构成一个完整的概念框架。

以概念框架为基础，借助委托代理模型，本书最后对内部控制设计展开均衡分析，从而提出了5个方面的设计命题。均衡分析依次分为三个层次：单一代理人模型、双代理人模型以及N—代理人模型。单一代理人模型的分析表明，由于纯粹的工资性激励并不足以成为一个防止舞弊的有效措施，因此，内部控制的存在对于降低组织成员发生舞弊和差错的概率有着基本的必要性。此外，虽然舞弊被发现后所施加的处罚足以影响代理人的保留金额，进而影响到舞弊动机，但实施舞弊所需努力的上升带来的负效用将对保留金额将能够产生更大的影响。因此，事前的内部控制设计比事后的奖惩机制能够更有效地降低舞弊的概率。多代理人模型的分析表明，代理人的保留金额与作业链长度正相关；也就是说，随着作业链长度的增加，代理人的舞弊动机将越弱。此外，组织成本与作业链长度以及舞弊发现后所施加处罚的程度负相关；也就是说，在与完成某项任务相关的雇员数量被给定的前提下，委托人要实现舞弊和差错概率以及相应组织成本的最小化,就必须实现作业链长度的最大化,并且寻求事后处罚的最大化。

逐步推进理论模型的一般性将成为未来内部控制理论研究的重要方向。首先,本书所建立的理论与模型主要适用于科层制组织的科层结构,然而,科层制组织中的非科层结构(如共同体)是否存在内部控制以及内部控制的具体形态将是一个需要值得进一步探讨的理论问题。随着工作团队的大量出现,针对组织的非科层结构展开内部控制的理论研究显得越来越重要。与科层结构以权威为基础不同,非科层结构主要建立在信任以及文化的基础之上。因此,一个可能的推断是:与科层结构的内部控制以权威为基础不同,非科层结构的内部控制将以信任与文化为基础。不过,在真正了解非科层结构中信任机制与文化机制促进信息分享与知识整合效率的具体机制及其内部控制设计的原则与机理之前,我们还有相当长的一段路要走。可以预期,随着对非科层结构中所存在的内部控制的性质与设计的理解日渐深入,我们将能够针对整个科层组织而获得一套完整的内部控制理论体系。其次,在本书的研究中,我们多次暗示着在科层制组织内存在着不同层次的控制机制。比如,乌奇和马奎尔(1975)提出了局部控制机制和组织范围控制机制的概念,迈耶尔(2000)提出了低端控制机制、中端控制机制与高端控制机制概念,我们则提出微观控制机制、中观控制机制以及宏观控制机制概念。虽然以上概念在未来的理论研究中可能需要做进一步的提炼与发展,但组织内部存在着不同层次的控制机制则是一个基本的事实。根据现有文献,这些不同形式的控制机制具体包括内部控制(internal control)、组织控制(organization control)、管理控制系统(management control system,MCS)以及管理的控制职能(control functions of management)。虽然这些控制形态之间的区别显而易见,但它们之间一定还存在着某种基本性的联系。正是这一基本性联系使得它们共同进入到控制的版图。因此,未来的一个重要的研究方向就是在理清不同控制形态之间层次性的基础上,进一步概括出它们所具有的共同属性,从而构造一个更具一般性的控制理论。我们可以将这一综合了内部控制、组织控制、管理控制系统以及管理的控制职能的一般性控制理论称为科层组织的控制理论①。再次，随着网络式组织的大量出现，对网络式组织的内部控制理论做出探讨将具有重大意义。与单一式组织不同，网络式组织表现为多个单一组织之间的非一体化合作，不同单一组织之间的互动不再以权威为基础。根据交易成本经济学，网络式组织对单一式组织的取代实质上表现为混合制对科层制的取代。最后，如果将眼界从单一式组织和网络式组织放大到整个社会，我们将会发现，整个社会实际构成了一个庞大的"组织"系统。通过将整个社会系统看做一个组织，我们可以预期将组织的控制理论进一步拓展到整个社会，从而形成更具有一般性的社会控制理论。一个可能的构想是：科层制组织内部控制的基本价值在于促进组织秩序的形成，整个社会内部控制的基本价值则在于促进社会秩序的形成。不过，与单一科层制组织不同，整个社会是一个极其复杂的系统。这一复杂性至少体现在以下两个方面：其一，与单一科层制组织相比，整个社会的目标函数将更为复杂。可以想象，在这一目标函数之下聚集着许多相互冲突的具体目标；其二，与单一科层制组织相比，整个社会系统的构成要素将更加多元、更加异质。由于整个社会系统所具有的种种复杂性，社会控制理论的发展将是一个充满挑战的研究方向。不过，正是由于整个社会系统所具有的复杂性，社会控制理论的发展同时又是一种充满机会的研究方向。系统的复杂性使得社会目标在其实现过程中所面临的不确定性要远甚于单一的科层制组织，整个社会系统对控制的内在需求自然也就远甚于单一的科层制组织，而社会控制理论将有助于我们从微观层次上理解社会发展过程中所充满的不确定性及其应对之策。发展社会控制理论，实际上是透过微观的视角来研究宏观的问题。与福柯的观点一致，我们坚信对宏观结构的理解必须借助于对微观机制的研究。在一个更宏大的背景下，我们预期，社会控制理论的发展将可能为会计学界研究社会问题并最终实现会计理论研究的社会化提供一个非常重要的契机②。

作为本书的结束，我们借助图5-1对以上所归纳的未来研究预期作出概括。面对这样一个研究蓝图，我们期待着国内学术界将有更多的智力资源

---

① 由于"组织控制"（organization control）在组织理论文献中具有特定的含义，因此，为了区分，我们将综合了组织控制、管理控制系统、内部控制以及管理的控制职能的控制理论称为组织的控制理论，而不是组织控制理论。

② 会计理论研究的社会化是会计学研究与社会学研究深度融合的过程。借助独特的研究视角，会计学研究完全可能为社会学理论的发展做出贡献。

投入这一激动人心的研究领域当中,并乐观地预期一个适用于社会性系统的一般性控制理论必将在社会科学的理论版图中占据一席之地!

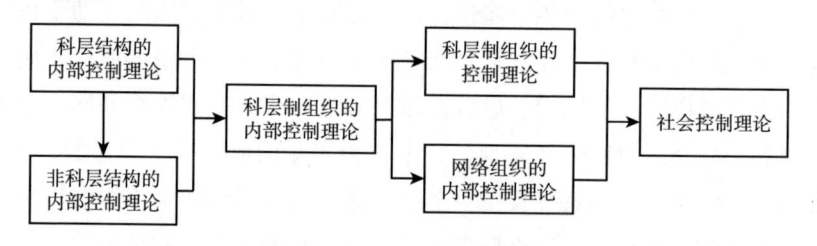

图 5-1　未来研究方向的预期

参 考 文 献

[1] 艾尔弗雷德·钱德勒. 战略与结构 [D]. 云南出版社, 2002.

[2] 艾尔弗雷德·钱德勒. 看得见的手：美国企业的管理革命 [D]. 商务印书馆, 1987.

[3] 奥利弗·E. 威廉姆森. 资本主义经济制度 [D]. 商务印书馆, 2003.

[4] 彼得·布劳, 马歇尔·梅耶. 现代社会中的科层制 [D]. 学林出版社, 2001.

[5] 邓习议. 四肢结构论：从实体主义到关系主义的新推进 [Z]. 南京大学博士学位论文, 2009.

[6] 福柯. 福柯集. 杜小真编选, 上海远东出版社, 1998.

[7] 福柯. 权力的眼睛 [D]. 上海人民出版社, 1997.

[8] 弗兰克·H. 奈特. 风险、不确定性与利润 [D]. 商务印书馆, 2006.

[9] 格奥尔格·克劳斯. 从哲学看控制论 [D]. 中国社会科学出版社, 1981.

[10] 格尔哈德·帕普克. 知识、自由与秩序 [D]. 中国社会科学出版社, 2001.

[11] 贾良定. 专业化、协调与企业战略 [D]. 南京大学出版社, 2002.

[12] 卡尔·波普尔. 客观知识——一个进化论的研究 [D]. 上海译文出版社, 1987.

[13] 刘东. 企业网络论 [D]. 中国人民大学出版社, 2003.

[14] 罗伯特·安东尼, 维杰伊·戈文达拉扬. 管理控制系统 [D]. 人民邮电出版社, 2010.

[15] 罗伯特·西蒙斯. 战略实施中的绩效评估和控制系统 [D]. 东北财经大学出版社, 2002.

[16] 雷恩. 管理思想史 [D]. 中国人民大学出版社, 2009.

[17] 李心合. 内部控制：从财务报告导向到价值创造导向 [J]. 会计研究, 2007 (4)：54-60.

[18] 理查德·罗蒂. 后哲学文化 [D]. 上海译文出版社, 2004.

[19] 林钟高, 徐虹, 吴玉莲. 交易成本与内部控制治理逻辑 [J]. 财经研究, 2009 (2): 111-121.

[20] 林钟高, 郑军. 基于契约视角的企业内部控制研究 [J]. 会计研究, 2007 (10): 53-61.

[21] 米歇尔·克罗齐埃. 科层现象 [D]. 上海人民出版社, 2002.

[22] 潘琰, 郑仙萍. 论内部控制理论的构建: 关于内部控制基本假设的探讨 [J]. 会计研究, 2008 (3): 63-67.

[23] 切斯特·I. 巴纳德. 经理人员的职能 [D]. 机械工业出版社, 2007.

[24] 罗斯·L. 瓦茨, 杰罗尔德·L. 齐默尔曼. 实证会计理论 [D]. 东北财经大学出版社, 1999.

[25] 维纳. 控制论 [D]. 科学出版社, 1963.

[26] 邬焜. 信息哲学——理论、体系与方法 [D]. 商务印书馆, 2005.

[27] 杨雄胜. 内部控制理论研究的新视野 [J]. 会计研究, 2005 (7): 49-54.

[28] 杨雄胜. 内部控制理论面临的困境及其出路 [J]. 会计研究, 2006a (2): 53-59.

[29] 杨雄胜. 内部控制的性质与目标: 来自演化经济学的观点 [J]. 会计研究, 2006b (11): 45-52.

[30] 约翰·P. 科特, 詹姆斯·H. 赫斯克特. 企业文化与经营业绩 [D]. 中国人民大学出版社, 2004.

[31] 张一兵. 广松涉: 关系存在论与事的世界观 [J]. 哲学动态, 2002 (8): 21-39.

[32] 张宜霞. 企业内部控制的范围、性质与概念体系 [J]. 会计研究, 2007 (7): 36-43.

[33] Adler P. S. Market, Hierarchy, and Trust: The Knowledge Economy and the Future of Capitalism, Organization Science, 2002, 12 (2): 215-234.

[34] Amigoni F. I sistemi di controllo direzionale, Giuffre. Varese, 1978.

[35] Ansoff H. I., R. G. Brandenburg. A Language for Organization Design: Part I. Management Science, 17 (12) Application Series, 1971: 705-716.

[36] Ansoff H. I., R. G. Brandenburg. A Language for Organization Design: Part II. Management Science, 17 (12) Application Series, 1971: 717-731.

[37] Anthony R. N., V. Govindarajan. Management Control Systems, ninth ed. Irwin McGraw-Hill, Boston, MA, 1998.

[38] Arendt H. On Violence. London: Penguin, 1970.

[39] Argyris C., R. Putnam, D. McLain Smith. Action Science: Concepts, Methods, and Skills for Research and Intervention. Jossey-Bass, San Francisco, CA, 1985.

[40] Argyris C. Knowledge for Action: A Guide to Overcoming Barriers to Organizational Change. Jossey-Bass, San Francisco, CA, 1993.

[41] Arrow Kenneth J. The Organization of Economic Activity: Issues Pertinent to the Choice of Market versus Nonmarket Allocation. In The Analysis and Evaluation of Public Expenditure: The PPB System. Vol. 1. U. S. Joint Economic Committee, 91st Congress, 1st Session. Washington, D. C.: U. S. Government Printing Office, 1969.

[42] Arrow Kenneth J. The Limits of Organization. First ed. New York: W. W. Norton, 1974.

[43] Ashion R. H., P. R. Brown. Descriptive Modeling of Auditors' Internal Control Judgments: Replication and Extension. Journal of Accounting Research 18 (no. 1, Spring), 1980: 269 – 277.

[44] Ashmos D., G. Huber. The system's paradigm in organization theory: Correcting the record and suggesting the future. Academy Management Review, 1987 (12): 607 – 621.

[45] Ashton R. H. An Experimental Study of Internal Control Judgments. Journal of Accounting Research (Spring), 1974: 143 – 157.

[46] Astley G. Administrative Science as socially constructed truth. Administrative Science Quarterly, 1985 (30): 497 – 513.

[47] Auditing: A Journal of Practice and Theory 5 (no. 1): 57 – 70.

[48] Balachandran B. V., R. Ramanan. Optimal Internal Control Strategy Under Dynamic Conditions. Journal of Accounting, Auditing, and Finance (Winter), 1988: 1 – 18.

[49] Banathy B. H. Designing Social Systems in a Changing World. Plenum, New York/London, U. K., 1996.

[50] Barley S. Technology as an occasion for structuring. Administrative Science Quarterly, 1986 (31): 78 – 108.

[51] Barley S. R., G. Kunda. Design and Devotion: Surges of Rational and Normative Ideologies of Control in Managerial Discourse. Administrative Science Quarterly, 1992 (37): 363 – 399.

[52] Bartunek J. M. Changing interpretive schemes and organizational restructuring: The example of a religious order. Administrative Science Quarterly, 1981 (29): 224 – 241.

[53] Bate S. P. Using the culture concept in an organization development setting. Journal of Application Behavioral Science, 1990, 26 (1): 83 – 106.

[54] Bate S. P. Strategies for Cultural Change. Butterworth – Heinemann, Oxford, U. K., 1995.

[55] Blau P. M. Exchange and Power in Social Life. New York: Wiley, 1964.

[56] Blau P. M., W. R. Scott. Formal Organizations: A Comparative Approach. San Francisco: Chandler, 1962.

[57] Blunt P. Prisoners of the paradigm: Process consultants and 'clinical' development practitioners. Public Administration and Development, 1997 (17): 341-349.

[58] Bodnar G. Reliability Modeling of Internal Control Systems. The Accounting Review, 1975, 50 (4): 747-757.

[59] Bohm D. Wholeness and the Implicate Order. ARK Paperbacks, New York, 1988.

[60] Boland R. J. The Process and Product of System Design. Management Science, 1978 (24): 887-898.

[61] Bolton P., M. Brunnermeier L. Veldkamp. Leadership, coordination and mission driven management. AFA 2009 San Francisco Meetings Paper, 2008.

[62] Bourdieu P. An Outline of Theory of Practice. Cambridge University Press, Cambridge, 1977.

[63] Buber M. I and Thou. (translated by Walter Kaufmann). Scribner's Sons, New York, 1970.

[64] Bunge. Causality and Modern Science, 3rd rev. ed. Dover Publications, New York, 1979.

[65] Burrell G., G. Morgan. Sociological Paradigms and Organizational Analysis. Heinemann, London, U. K, 1979.

[66] Burnsand T., G. M. Stalker. The management of Innovation. Tavistock, London, 1961.

[67] Byung T. R. An Analytical Approach to Accounting Materiality. Journal of Business Finance & Accounting, September, 1982: 397-412.

[68] Capra F. The Tao of Physics. Shambhala Publications, Boston, MA, 1975.

[69] Carmichael D. R. Behavioral Hypotheses of Internal Control, 1970, 45 (2): 235-245.

[70] Carzo R., Yanouzas, John, Formal Organization: A Systems Approach. Irwin, 1967.

[71] Chalmers A. F. What Is This Thing Called Science. Hackett Publishing Co., Indianapolis, IN, 1994.

[72] Chandler A. D. Organizational Capabilities and the Economic History of the Industrial Enterprise. Journal of Economic Perspectives. 1992, 6 (3): 79-100.

[73] Chandler A. D. Strategy and structure. Cambridge, Mass.: MIT Press. Subsequently pulished in New York: Doubleday&Co., 1966.

[74] Checkland P. Systems Thinking, Systems Practice. Wiley, New York, 1981.

[75] Checkland P., J. Scholes. Soft Systems Methodology. Wiley, New York, 1990.

[76] Chenhall R. H. Management control systems design within its organizational context: findings from contingency-based research and directions for the future. Accounting, Organization and Society, 2003, 28 (2 - 3): 127 - 168.

[77] Chenhall R. H., Morris, D. Organic decision and communication processes and management accounting systems in entrepreneurial and conservative business organizations. Omega, International Journal of Management Science, 1995 (23): 485 - 497.

[78] Child J. Organization Structure and Strategies of Control: A Replication of the Aston Study. Administrative Science Quarterly, 1972, 17 (2): 163 - 177.

[79] Churchman C. The Systems Approach and its Enemies. Basic Books, New York, 1979.

[80] Coase R. 1937. The Nature of the Firm. Ecomomica, 1979 (4): 386 - 405.

[81] Committee on Auditing Procedure, American Institute of Certified Public Accountants, The Auditor's Study and Evaluation of Internal Control, Statement on Auditing Procedure No. 54 (American Institute of Certified Public Accountants, 1972).

[82] Committee of Sponsoring Organizations of the Treadway Commission, Internal Control——Integrated Framework, July 1994 Edition.

[83] Cooley J. W., B. J. Cooley. Internal Accounting Control Systems: A Simulation Program for Assessing Their Reliabilities. Simulation and Games 13 (no. 2, June), 1982: 211 - 231.

[84] Covaleskia M. A. M. W. Dirsmithb, S. Samuelc. Changes in the institutional environment and the institutions of governance: extending the contributions of transaction cost economics within the management control literature. Accounting, Organizations and Society, 2003 (28): 417 - 441.

[85] Cushing Barry. A Mathematical Approach to the Analysis and Design of Internal Control Systems. The Accounting Review, 1974, 49 (1): 24 - 41.

[86] Cushing Barry. A Further Note on the Mathematical Approach to Internal Control. The Accounting Review, 1975, 50 (1): 151 - 154.

[87] Daft R. L., H. J. Macintosh. A tentative exploration into the amount and equivocality of information processing in organizational work units. Administrative Science Quarterly, 1981 (25): 207 - 244.

[88] Das T. K., Teng B. - S. Trust, control, and risk in strategic alliances: an integrated framework. Organization Studies, 2001, 22 (2): 251 - 283.

[89] Deetz S. Describing differences in approaches to organization science: Rethinking

Burrell and Morgan and their legacy. Organization Science, 1996 (7): 191 – 207.

[90] Denison D. R., K. M. Aneil. Toward a Theory of Organizational Culture and Effectiveness. Organization Science, 1995, 6 (2): 204 – 223.

[91] Donaldson L. In Defense of Organization Theory: A Reply to the Critics. Cambridge University Press, Cambridge U. K, 1985.

[92] Donaldson L. For Positivist Organization Theory: Proving the Hard Core. Sage, London, U. K., 1996.

[93] Dubin R. Power, Function and Organization. Pacific Sociology Review, 1963 (6): 16 – 24.

[94] Dyer J. H., H. Singh. The relational view: Cooperative strategy and sources of interorganizational competitive advantage. Academy Management Review, 1998 (23): 660 – 679.

[95] Eccles R. G. The Quasifirm in the Construction Industry. Journal of Economic Behavior Organization, 1981 (2): 335 – 357.

[96] Emerson R. M. Power-dependence Relations. American Sociology Review, 1962 (27): 31 – 41.

[97] Emery F. E., E. L. Trist. Towards a Social Ecology. Penguin, Harmondsworth, U. K., 1972.

[98] Endenburg G. Sociocracy as Social Design. Eburon, Delft, The Netherlands, 1998.

[99] Etzioni A. Organizational Control Structure. in J. G. March, ed., Handbook of Organizations, Rand McNally, Chicago, Ill., 1965: 650 – 677.

[100] Evans P. B. Multiple Hierarchies and Organizational Control. Administrative Science Quarterly, 1996 (20): 250 – 259.

[101] Evans P., T. S. Wurster. Blown to Bits: How the New Economics of Information Transforms Strategy. Harvard Business School Press, Boston, MA, 2000.

[102] Ewusi-Mensah K. The external organizational environment and its impact on managerial information systems. Accounting, Organizations and Society, 1981, 6 (4): 310 – 316.

[103] Ezzamel M., Green, C., Lilley, S., Willmott, H., Changing Managers and Managing Change. CIMA, London, 1995.

[104] Fama E. F., Jensen, M. C. Separation of Ownership and Control. Journal of Law and Economics, 1983, 26 (4): 301 – 325.

[105] FASB. Discussion Memorandum: Criteria for Determining Materiality, 1975.

[106] FASB. Statement of Financial Accounting Concept No. 2 "Qualitative Characteristics of Accounting Information", 1980.

[107] Felix W. L., M. S. Niles. Research in Internal Control Evaluation. Auditing: A

Journal of Practice and Theory 7 (no. 2, Spring), 1988: 43 – 60.

[108] Friedman M. TheMethodology of Positive Economics. Essays in Positive Economics, Chicago: University of Chicago Press, 1953.

[109] Frost P. Introduction to "Crossroads" section. Organization Science. 1996 (7): 190.

[110] Fuller B. Operating Manual for Spaceship Earth. Simon & Schuster, New York, 1969.

[111] Galbraith J. R. Designing complex organizations. Addison-Wesley, 1973.

[112] Gambetta D., ed. Trust: Making and Breaking Cooperative Relations. Basil Blackwell, Oxford, U. K., 1988.

[113] Gibbons M., C. Limoges, H. Nowotny, S. Schwartzman, P. Scott, M. Trow. The New Production of Knowledge. Sage, London, U. K., 1994.

[114] Giddens A. The Constituttion of Society: Outline of a Theory of Structuration. University of California Press, Berkeley, CA., 1984.

[115] Giglioni G. B., A. G. Bedeian. A Conspectus of Management Control Theory: 1900 – 1972. Academy of Management Journal, 1974 (17): 292 – 305.

[116] Glassman R. B. Persistence and Loose Coupling in Living Systems. Behavioral Science, 1973 (18): 83 – 98.

[117] Gonedes N. J. Optimal Timing of Control Messages for a Two-State Markov Process. Journal of Accounting Research (Autumn), 1971: 236 – 252.

[118] Gouldner A. Organizational Analysis, in Robert Merton, L. Broom and L. Cottrell (Eds.), Sociology Today. New York: Harper and Row, 1959: 400 – 428.

[119] Grimlund R. A. An Integration of Internal Control System and Account Balance Evidence. Journal of Accounting Research 20 (no. 2., pt. 1., Autumn), 1982: 316 – 342.

[120] Hambrick D. C. WhatIf the Academy Actually Mattered? Academy Management Review. 1994 (19): 11 – 16.

[121] Hamilton R. E., W. F. Wright. Internal Control Judgments and Effects of Experience: Replications and Extensions. Journal of Accounting Research 20 (no. 2, Autumn), 1982: 756 – 765.

[122] Hayek F. A. The Use of Knowledge in Society, The American Economic Review, 1945, 35 (4): 519 – 530.

[123] Hart O. An Economist's Perspective on the Theory of the Firm. Columbia Law Review. 1989 (89): 1757 – 1774.

[124] Helal S. R. An Application of Reliability Engineering Concepts to the Analysis of the Accounting Control Systems. Ph. D. diss., University of Illinois, Urbana-Champeign, 1983.

[125] Hollinger R. C. Acts against the Workplace: Social Bonding and Employee Deviance. Deviant Behavior, 1986 (7): 53 – 75.

[126] Huff A. S. Changes in Organizational Knowledge Production. Academy Management Review. 2000 (25): 288 – 293.

[127] James W. Pragmatism and the Meaning of Truth. Harvard University Press, Cambridge, MA, 1978.

[128] James B. Bower, Robert E. Schlosser. Internal Control – – Its True Nature. The Accounting Review, 1965, 40 (2): 338 – 344.

[129] Jaques E. Measurement of Responsibility. Tavistock Publications, London, U. K., 1962.

[130] Jensen M. C. The Modern Industrial Revolution, Exit, and the Failure of Internal Control Systems, The Journal of Finance, 1993, 48 (3): 831 – 880.

[131] Jonas H. A Critique of Cybernetics. Social Research, 1953 (20): 172 – 192.

[132] Julia Mundy. Creating dynamic tensions through a balanced use of management control systems. Accounting, Organizations and Society. 2009 (16): 293 – 320.

[133] Kamm J. The balance of innovative behavior and control in new product development. DBA Dissertation. Graduate School of Business Administration, Harvard University, 1980.

[134] Kamminga P. E., Jeltje Van der Meer-Kooistra. Management control patterns in joint venture relationships: A model and an exploratory study. Accounting, Organizations and Society, 2007 (32): 131 – 154.

[135] Kilman R. H. Five Steps for Closing the Culture-gaps, in R. H. Kilman, M. J. Saxton and R. Serpa (Eds.), Gaining Control of the Corporate Culture, San Francisco, CA: Jossey-Bass, 1985.

[136] Knechel W. R. The Use of Quantitative Models in the Review and Evaluation of Internal Control: A Survey and Review. Journal of Accounting Literature 2, 1983: 205 – 219.

[137] Knechel W. R. An Analysis of Alternative Error Assumptions in Modeling the Reliabilityfor Accounting System. Journal of Accounting Research 23 (no. 1, Sping), 1985a: 194 – 212.

[138] Knechel W. R. A Stochastic Model of Error Generation in Accounting Systems. Accounting and Business Research (Summer), 1985b: 211 – 221.

[139] Kreps D., M. Spence. Modelling the Role of History in Industrial Organization and Competition. In George Feiwel, ed., Issues in Contemporary Microeconomics and Welfare. London: Macmillan, 1985.

[140] Langfield-Smith K. Management control systems and strategy: a critical review. Ac-

counting, Organization and Society. 1997, 22 (2): 207 - 232.

[141] Lawrence T. B., Morse E. A., Fowler S. W. Managing your portfolio of connections. MIT Sloan Management Review, 2005, 46 (2): 59 - 65.

[142] Lord R. G., P. J. Hanges. A Control System Model of Organization Motivation: Theoretical Development and Applied Implications. Behavioral Science, 1987 (32): 161 - 178.

[143] Lowe Adolph. On Economic Knowledge: Toward a Science of Political Economics. New York: M. E. Sharpe, 1965.

[144] Mackenzie K. D. Virtual Positions and Power. Management Science, 1986 (32): 622 - 642.

[145] March J. G. The Business Firm as a Political Coalition. Journal of Politics, 1962 (24): 662 - 678.

[146] March J. G., H. A. Simon. Organizations. New York: Wiley, 1958.

[147] Mautz R. K., W. G. Kell, M. W. Maher, A. G. Martin, R. R. Reilly, D. G. Severance, B. J. White. Internal control in U. S. Corporations: The State of the Art. New York: Financial Executives Research Foundation, 1980.

[148] Mead G. H. Mind, Self and Society: From the Standpoint of a Social Behaviorist. University of Chicago Press, Chicago, IL, 1932.

[149] Meer-Kooistra R. W. Scapens. The governance of lateral relations between and within organizations. Management Accounting Research, 2008 (19): 365 - 384.

[150] Meister D. Methods of Predicting Human Reliability in Man-Machine Systems. Human Factors, December, 1964: 621 - 46.

[151] Menger Karl. Problems in Economics and Sociology. Trans. F. J. Noch. Urbana: University of Illinois Press, 1963.

[152] Merchant K. A. Control in Business Organizations. Pitman, 1985.

[153] Merchant K. A. Simons R. Research and control in complex organizations: An overview. Journal of Accounting Literature, 1986 (5): 183 - 201.

[154] Merton R. K. Bureaucratic Structure and Personality. Social Theory and Social Structure, 3rd ed. New York: Free Press, 1958.

[155] Merton R. K. The Sociology of Science. University of Chicago Press, Chicago, IL, 1973.

[156] Miller J. G. Living Systems. McGraw Hill, New York, 1972.

[157] Miner J. B. Participating inProfound Change. Academy Management Journal, 1997 (40): 1420 - 1428.

[158] Moldoveanu M. C., R. M. Bauer. On the Relationship between Organizational Com-

plexity and Organizational Structuration. Organization Science, 2004, 15 (1): 98 – 118.

[159] Montuori A., R. Purser. Ecological futures: Systems theory, postmodernism, and participative learning in an age of uncertainty. D. Boje, R. Gephart, T. Thatchenkery, eds. Postmnocernd Management and Organization Theory. Sage Publications, Thousand Oaks, CA, 1996.

[160] Morgan G. The Schismatic Metaphor and its Implications for Organizational Analysis. Organization Studies, 1981 (2): 23 – 44.

[161] Nadler G., S. Hibino. Breakthrough Thinking. Prima, Rocklin, CA, 1990.

[162] Nelson R. R., S. G. Winter. An Evolutionary Theory of Economic Change. Cambridge, Mass.: Belknap Press of Harvard University Press, 1982.

[163] Nonaka I. A dynamic theory of organizational knowledge creation. Organization Science, 1994, 5 (1): 14 – 37.

[164] Okhuysen G. A., Eisenhardt K. M. Integrating Knowledge in Groups: How Formal Interventions Enable Flexibility, Organization Science, 2002, 13 (4): 370 – 386.

[165] Orrok J. D., K. E. Weick. Loosely Coupled Systems: A Reconceptualization. Academy of Management Review, 1990 (15): 203 – 223.

[166] Ostroff F., Smith D. The horizontal organization. McKinsey Quarterly, 1992 (1): 148 – 167.

[167] Otley D .T., A .J. Berry. Control, Organization and Accounting, Accounting. Organizations and Society, 1980 (5): 231 – 244.

[168] Otley D. B., J. Berry. Research in management control: an overview of its development. British Journal of Management, 1995 (6): 31 – 44.

[169] Ouchi W. G. A Conceptual Framework for the Design of Organizational Control Mechanisms. Management Science, 1975, 25 (9): 833 – 848.

[170] Ouchi W. G., M. A. Maguire. Organizational Control: Two Functions. Administrative Science Quarterly, 1975, 20 (4): 559 – 569.

[171] Pennings J. Measures of Organizational Structure: A Methodological Note. The American Journal of Sociology, 1973, 79 (3): 686 – 704.

[172] Penrose E. T. The Theory of The Growth of the Firm. Oxford: Oxford University Press, 1959.

[173] Pfeffer J. Organizational Design. Arlington Heights, IL: AHM Publishing Corporation, 1978.

[174] Pfeffer J. Barriers to theAdvance of Organizational Science: Paradigm Development as a Dependent Variable. Academy Management Review, 1993 (18): 599 – 620.

[175] Pfeffer J. Power in Organizations. Marshfield, MA: Pitman, 1981.

[176] Pfeffer J., G. R. Salancik. Organization Design: The Case for a Coalitional Model of Organizations, Organization Dynamics, 1977 (6): 15 – 29.

[177] Pfeffer J., G. R. Salancik. The External Control of Organizations: A Resource Dependence Perspective. New York: Harper and Row, 1978.

[178] Porter M. E. Competitive Advantage. New York: The Free Press, 1985.

[179] Priem R. L., J. Rosenstein. Is Organization Theory Obvious to Practitioners? A Test of One Established Theory. Organization Science, 2000 (11): 509 – 524.

[180] Pugh D., S. D. J. Hickson, C. R. Hinings, C. Turner. Dimensions of Organization Structure. Administrative Science Quarterly, 1968, 13 (1): 65 – 105.

[181] Rajendra P. Srivastava. A Note on Internal Control Systems with Control Components in Series. The Accounting Review, 1985, 60 (3): 504 – 507.

[182] Reason P. Three approaches to participative inquiry. Denzin and Lincoln, eds. Handbook of Qualitative Research. Sage, Thousand Oaks, CA, 1994.

[183] Richardson G. B. The Organization of Industry. Economic Journal, 1972 (82): 883 – 896.

[184] Riley P. A Structurationist Account of Political Cultures. Administrative Science Quarterly, 1983, 28 (3): 414 – 437.

[185] Robinson M. A. An Integer Goal Programming Methodology for Multiple Objective cost/benefit Analysis of Internal Accounting Control Systems. Ph. D. diss., University of Illinois, Urbana-Champaign, 1981.

[186] Rokeach M. The Nature of Human Values. New York: Free Press, 1973.

[187] Sathe V. Institutional versus Questionnaire Measures of Organizational Structure. The Academy of Management Journal, 1978, 21 (2): 227 – 238.

[188] Schön D. A. Educating the Reflective Practitioner: Towards a New Design for Teaching and Learning in the Professions. Jossey-Bass, San Francisco, CA, 1987.

[189] Shrivastava P. The role of corporations in achieving ecological sustainability. Academy Management Review, 1995, 20 (4): 936 – 960.

[190] Simon H. A. The Proverbs of Administration. Public Administration Review, 1946 (6): 53 – 67.

[191] Simon H. A. Administrative Behavior. 2d ed. New York: Macmillan. Original Publication: 1947.

[192] Simon H. A. The Sciences of the Artificial, 3rd ed. MIT Press, Cambridge, MA, 1996.

[193] Simons R. How new top managers use control systems as levers of control. Strategic Management Journal, 1994 (15): 169-189.

[194] Simons R. Levers of Control. Harvard Business School Press, Boston, MA, 1995.

[195] Spekle R. F. Explaining management control structure variety: a transaction cost economics perspective. Accounting, Organizations and Society, 2001 (26): 419-441.

[196] Srinidhi B. N., M. A. Vasarhelyi. Auditor Judgment Concerning Establishment of, 1986.

[197] Steven Maijoor. The Internal Control Explosion. International Journal of Auditing, 2000 (4): 101-109.

[198] Stigler G. J. The Division of Labor Is Limited by the Extent of the Market. Journal of Political Economy, 1951 (59): 185-193.

[199] Stinchombe A. L. Bureaucratic and Craft Administration of Production. Administrative Science Quarterly, 1959 (4): 168-187.

[200] Substantive Tests Based on Internal Control Reliability. Auditing: A Journal of Practice and Theory 5 (no. 2): 64-76.

[201] Sutherland 1. W. System Theoretical Limits on the Cybernetic Paradigm. Behavioral Science, 1975 (20): 191-200.

[202] Swayze W. S. Internal Control in Industrial Organizations. The Accounting Review, 1946, 21 (3): 272-277.

[203] Tannenbaum A. Control in Organizations, McGraw-Hill, New York, 1968.

[204] Tatikonda M. V., S. R. Rosenthal. Successful execution of product development projects: balancing firmness and flexibility in the innovation process. Journal of Operations Management, 2000 (18): 401-425.

[205] Thompson J. D. Organizations in Action. New York: McGraw-Hill, 1967.

[206] Torbert W. Developing courage and wisdom in organizing and in sciencing. S. Srivasta, ed. Executive Wisdom and Organizational Change. New Lexington Press, San Francisco, CA, 1997.

[207] Trevino L. K. Ethical Decision Making in Organizations: A Person-situation Interactionist Model. Academy of Management Review, 1986 (11): 601-617.

[208] Trevino L. K. The Social Effects of Punishment in Organizations: A Justice Perspective. Academy of Management Review, 1992 (17): 647-676.

[209] Trevino L. K., S. A. Youngblood. Bad Apples in Bad Barrels: A Causal Analysis of Ethical Decision-making Behavior. Journal of Applied Psychology, 1990 (75): 378-385.

[210] Tuomela T. S. The interplay of different levers of control: A case study of introdu-

cing a new performance measurement system. Management Accounting Research, 2005 (16): 293 - 320.

[211] Tushman M. L. A Political Approach to Organizations: A Review and Rationale. Academy of Management Review, 1977 (2): 206 - 216.

[212] Van Aken J. E. Management Research Based on the Paradigm of the Design Sciences: The Quest for Tested and Grounded Technological Rules. Journal of Management Study, 2004 (13): 236 - 252.

[213] Vardi, Y., Wiener Y. Misbehavior in Organizations: A Motivation Framework, Organization Science, 1996, 7 (2): 151 - 165.

[214] Vennix J. A. M. Group Model Building: Facilitating Team Learning Using System Dynamics. Wiley, Chichester, U. K., 1996.

[215] Victor B., R. S. Blackburn. Interdependence: An Alternative Conceptualization. Academy of Management Review, 1987 (12): 486 - 498.

[216] Von Bertalanffy L. The History and Status of General Systems Theory. in G. J. Klir (Ed.), Trends in General Systems Theory. New York: Wiley-Interscience, 1972.

[217] Walton E. J. The Comparison of Measures of Organization Structure. The Academy of Management Review, 1981, 6 (1): 155 - 160.

[218] Waterhouse J., P. Tiessen. A contingency framework for management accounting systems research. Accounting, Organizations and Society, 1978, 3 (1): 65 - 76.

[219] Weber R. Some Characteristics of the Free Recall of Computer Controls by EdpAuditors. Journal of Accounting Research 18 (no. 1), 1980: 41 - 214.

[220] Weick K. E. Educational Organizations as Loosely Coupled Systems. Administrative Science Quarterly, 1976 (21): 1 - 19.

[221] Widener S. K. An empirical investigation of the relation between the use of strategic human capital and the design of the management control system. Accounting, Organizations and Society 29, 2004: 377 - 399.

[222] Wieck. The collapse of sensemaking in organizations: The Mann Gulch disaster. Administrative Science Quarterly, 1993 (38): 628 - 652.

[223] Wiener Y. Commitment in Organizations: A Normative View. Academy of Management Review, 1982 (7): 418 - 428.

[224] Wilber K. Sex Ecology and Spirituality. Shambhalla, Boston, MA, 1996.

[225] Willingham J. J., W. F. Wright. Financial Statement Errorsand Internal Control Judgments, 1985.

[226] Williamson O. E. Markets and Hierarchies: Analysis and Antitrust Implications. New

York: Free Press, 1975.

[227] Williamson O. Comparative economic organization: the analysis of discrete structural alternatives. Administrative Science Quarterly, 1991 (36): 269 – 299.

[228] Williamson O. Transaction cost economics and organization theory. Industrial and corporate change, 1993a (2): 107 – 156.

[229] Williamson O. E. Calculativeness, trust, and economic organization. Journal of Law and Economics, 1993b (36): 453 – 502.

[230] Wolf F. A. Taking the Quantum Leap. Harper & Row, New York, 1980.

[231] Wood R. E. Task complexity: definition of the construct. Organizational Behavior and Human Decision Processes, 1986: 60 – 82.

[232] Yoav Vardi Yoash Wiener. Misbehavior in Organizations: A Motivational Framework. Organization Science, 1996, 7 (2): 151 – 165.

[233] Yuji Ijiri, G. L. Thompson. Applications of Mathematical Control Theory to Accounting and Budgeting (The Continuous Wheat Trading Model). The Accounting Review (April), 1970: 246 – 258.

[234] Zannetos Z. S. Some Thoughts on Internal Control Systems of the Firm. The Accounting Review, 1964, 39 (4): 860 – 868.

[235] Ziman J. Real Science: What It Is, and What It Means. Cambridge University Press, Cambridge, U. K., 2000.

附录

公式推导与命题证明

一、式（4.2）的推导

在单一代理人的情况下，如果从舞弊中所获得的预期效用大于从工资中所获得的效用，该代理人将实施舞弊。根据图 4-1，该条件可用下式表述：

$$q l[w_1 - p_1 - e_1] + q(1-l)[w_1 - e_1] + (1-q)[w_1 + s_1 - e_1] \geq w_1 \quad (4.1)$$

对式（4.1）做简单的数学整理：

$$q l[w_1 - p_1 - e_1] + q(1-l)[w_1 - e_1] + (1-q)[w_1 + s_1 - e_1] \geq w_1$$

$$qlw_1 - qlp_1 - qle_1 + qw_1 - qe_1 - qlw_1 + qle_1 + w_1 + S - e_1 - qw_1 - qS + qe_1 \geq w_1$$

$$(1-q)S - qlp_1 - e_1 \geq 0$$

$$S \geq (e_1 + qlp_1)/(1-q) \quad (4.2)$$

证毕

二、设计命题 3 的证明（只考虑 N=1 和 N=2 两种情形）

当 N=1 时：

令 $RA_{1(A)} = [e_{1(A)} + qlp_{1(A)}]/(1-q)$ s.t. $p_{1(A)} > e_{1(A)}$

令 $RA_{1(B)} = [e_{1(B)} + qlp_{1(B)}]/(1-q)$ s.t. $e_{1(B)} > p_{1(B)}$

且 $e_{1(B)} = p_{1(A)} > e_{1(A)} = p_{1(B)}$ 从而：$RA_{1(B)} = [p_{1(B)} + ql\, e_{1(B)}]/(1-q)$

假设 $RA_{1(A)} \geq RA_{1(B)}$

则 $[e_{1(A)} + ql\, p_{1(A)}]/(1-q) \geq [p_{1(A)} + ql\, e_{1(A)}]/(1-q)$

$e_{1(A)} + ql\, p_{1(A)} \geq p_{1(A)} + ql\, e_{1(A)}$

$(1-ql)e_{1(A)} \geq (1-ql)\, p_{1(A)}$

$e_{1(A)} \geqslant p_{1(A)}$

由于上式与之前的条件相矛盾，因此，$RA_{1(A)} < RA_{1(B)}$

证毕

当 $N = 2$ 时：

令　　$RA_{1(A)} = [c_{1(2A)}/t_2(1-q)] + [e_{1(A)}/(1-q)] + [qlp_{1(A)}/(1-q)] +$
　　　　$[p_{1(A)}(1-t_2)(1-r_2)/t_2(1-q)]$

$$s.t.\ p_{1(A)} > e_{1(A)} = c_{1(2A)}$$

从而：$RA_{1(A)} = [e_{1(A)}/t_2(1-q)] + [e_{1(A)}/(1-q)] + [qlp_{1(A)}/(1-q)] +$
　　　　$[p_{1(A)}(1-t_2)(1-r_2)/t_2(1-q)]$

令　　$RA1(B) = [c_{1(2B)}/t_2(1-q)] + [e_{1(B)}/(1-q)] + [qlp_{1(B)}/(1-q)] +$
　　　　$[p_{1(B)}(1-t_2)(1-r_2)/t_2(1-q)]$

$$s.t.\ e_{1(B)} = c_{1(2B)} > p_{1(B)}$$

且　　　　$c_{1(2B)} = e_{1(B)} = p_{1(A)} > p_{1(B)} = c_{1(2A)} = e_{1(A)}$

从而：$RA1(B) = [p_{1(A)}/(1-q)] + [p_{1(A)}/(1-q)] + [e_{1(A)}ql/(1-q)] +$
　　　　$[e_{1(A)}(1-t_2)(1-r_2)/t_2(1-q)]$

假设 $RA_{1(A)} \geqslant RA_{1(B)}$

则 $[e_{1(A)}/t_2(1-q)] + [e_{1(A)}/(1-q)] + [qlp_{1(A)}/(1-q)] + [p_{1(A)}(1-t_2)(1-r_2)/t_2(1-q)] \geqslant$
$[p_{1(A)}/(1-q)] + [p_{1(A)}/(1-q)] + [e_{1(A)}ql/(1-q)] + [e_{1(A)}(1-t_2)(1-r_2)/t_2(1-q)]$

整理上式，得：

$$e_{1(A)}[1 + t_2 - t_2ql - (1-t_2)(1-r_2)] \geqslant p_{1(A)}[1 + t_2 - t_2ql - (1-t_2)(1-r_2)]$$

$$e_{1(A)} > p_{1(A)}$$

上式与之前的条件相矛盾，因此，$RA_{1(A)} < RA_{1(B)}$

当 $e_{1(A)} \neq c_{1(2A)}$ 以及 $e_{1(B)} \neq c_{1(2B)}$ 时，上述结论仍然成立。

证毕

三、式（4.5）的推导

如果从舞弊所获得的期望效用大于从工资获得的效用，代理人 1 将发出合谋请求。根据图 4-1，该条件可表述为：

附录：公式推导与命题证明

$$(1-t_2)(1-r_2)[w_1 - p_1 - c_{1(2)}] + r_2(1-t_2)[w_1 - c_{1(2)}] + t_2(1-q)[w_1 + S/2 - e_1 - c_{1(2)}]$$
$$+ t_2ql[w_1 - p_1 - c_{1(2)} - e_1] + t_2q(1-l)[w_1 - e_1 - c_{1(2)}] \geq w_1$$

整理上式，并解出 S/2：

$$S/2 \geq [c_{1(2)}/t_2(1-q)] + [e_1/(1-q)] + [qlp_1/(1-q)] +$$
$$[p_1(1-t_2)(1-r_2)/t_2(1-q)] = RA_1 \tag{4.5}$$

四、式（4.6）的推导

如果舞弊能够成为一个占优策略，则 S/2 必须大于 $c_{1(2)} + e_1$。证明如下：

假设：$c_{1(2)} + e_1 \geq [c_{1(2)}/t_2(1-q)] + [e_1/(1-q)] + [qlp_1/(1-q)] +$
$$[p_1(1-t_2)(1-r_2)/t_2(1-q)]$$

上式等价于：

$$t_2(1-q)c_{1(2)} + t_2(1-q)e_1 \geq c_{1(2)} + t_2e_1 + (1-t_2)(1-r_2)p_1 + t_2ql_1$$

经过简单的数学整理，得到：

$$t_2c_{1(2)} \geq [1 + t_2q]c_{1(2)} + t_2qe_1 + l_2qlp_1 + (1-t_2)(1-r_2)p_1$$

由于上式一定不能成立，因此，如果代理人 1 发出舞弊请求，并且式（4.5）成立，则：

$$S/2 > c_{1(2)} + e_1 \tag{4.6}$$

证毕

五、式（4.7）的推导

根据图 4-3，代理人 2 一旦接受舞弊请求，其效用函数可表达如下：

$$ql(w_2 - p_2 - e_2) + q(1-l)(w_2 - e_2) + (1-q)[S/2 + w_2 - e_2]$$

当上式大于代理人来自工资的效用 w2（拒绝但不告密）或者拒绝舞弊请求并实施告密的预期效用时，代理人 2 才能可能接受舞弊请求，其中，拒绝舞弊请求并且实施告密的预期效用可表示如下：

$$y_2(w_2 + x_2) + (1 - y_2)(w_2 - f_2 + x_2 - g_2)$$

经过整理后，上述条件可表述为：

$$w_2 + S/2[1-q] - e_2 - qlp_2 > \text{argmax}\{w_2; y_2[w_2+x_2] + (1-y_2)[w_2-f_2+x_2-g_2]\} \tag{4.7}$$

证毕

六、式 (4.8) 和式 (4.9) 的推导

情形之一：

根据图 4-2，当且仅当下式成立时，代理人 1 才会发出舞弊请求：

$$S/2 \geq [c_{1(2)}/t_2(1-q)] + [e_1/(1-q)] + [qlp_1/(1-q)] + [p_1(1-t_2)(1-r_2)/t_2(1-q)] \tag{4.5}$$

代理人 2 接受舞弊请求的条件因而可表述为：

$$w_2 + S/2(1-q) - qlp_2 - e_2 > w_2$$

整理后得：

$$S/2 > [e_2/(1-q)] + [qlp_2/(1-q)] \tag{4.8}$$

证毕

情形之二：

根据图 4-3，在下列条件成立的前提下，代理人 2 才会接受舞弊请求：

$$w_2 + S/2(1-q) - e_2 - qlp_2 > y_2(w_2+x_2) + (1-y_2)(w_2-f_2+x_2-g_2)$$

整理后得：

$$S/2 > [e_2/(1-q)] + [qlp_2/(1-q)] + [y_2-1]f_2/(1-q)] + [x_2/(1-q)] + [(y_2-1)g_2/(1-q)] \tag{4.9}$$

证毕

七、式 (4.10) 的推导

当来自舞弊的预期效用大于从工资中获得的效用，代理人 1（即舞弊发起者）将向其他代理人发出舞弊请求。根据图 4-2，上述条件可表述为：

$$tql(-p_1-C-e_1) + tq(1-l)(-C-e_1) + t(1-q)[(S/n)-C-e_1] + A > 0 \tag{4.10}$$

其中，A ≡

$$(1-t_2)r_2(-c_{1(2)}) + (1-t_2)(1-r_2)(-p_1-c_{1(2)}) + (1-t_3)r_3(-c_{1(3)})$$
$$+ (1-t_3)(1-r_3)(-p_1-c_{1(3)})$$
$$+ \cdots + (1-t_n)r_n(-c_{1(n)}) + (1-t_n)(1-r_n)(-p_1-c_{1(n)})$$

假设每个代理人具有相同的合谋成本以及相同的接受合谋概率，上式将转换为：

$$(1-t)r_2(-c_1) + (1-t)(1-r_2)(-p_1-c_1) + (1-t)r_3(-c_1) + (1-t)(1-r_3)(-p_1-c_1)$$
$$+ \cdots + (1-t)r_n(-c_1) + (1-r_n)(-p_1-c_1)$$

上式等价于：

$$n(1-t)(-c_1) + (1-t)(n-r_2-r_3-\cdots r_n)(-p_1)$$

从而：$\quad -A = n(1-t_1)c_{1(2)} + (1-t_1)(n-r_2-r_3-\cdots r_n)p_1 = B$

对式（4.10）进行整理，从而解出 S/n：

$$S/n > [qlp_1/(1-q)] + [(C_1+e_1)/(1-q)] + B/t(1-q) \qquad (4.11)$$

证毕